JIEGOU ZHUYI
YOUAI ZHENGZHIXUE YANJIU

解构主义
友爱政治学研究

曹丽新　著

人民出版社

目　录

绪 论

雅克·德里达（Jacques Derrida 1930—2004），20 世纪下半期最重要的法国哲学家之一、后结构主义代表。1930 年 7 月 15 日生于当时的法属殖民地阿尔及利亚首都阿尔及尔的一个犹太人家庭里，他从小就饱经死亡的威胁和种族歧视之苦。经过一番艰苦奋斗，德里达进入法国攻读学位，之后在大学中从事教学工作。1966 年在美国约翰·霍普金斯大学，德里达宣读了题为《人文学科话语中的结构、符号和嬉戏》的论文，对自柏拉图以来的西方形而上学提出种种质疑。德里达因此一举成名，接着于 1967 年发表了三部奠基之作：《言语与现象》《书写与差异》和《论文字学》，创立了解构主义理论，从此成为 20 世纪哲学话语的中心人物，也开始了他作为著名哲学家和思想家的讲学生涯，形成以其为核心的解构主义思潮。德里达勤于著述，一生共发表著作45部，被翻译成22种语言，其思想涉猎广泛，在哲学、文学、艺术、宗教等领域都引起巨大波澜，成为欧美知识界最有争议性的人物。他的“国家论文”（博士论文，英文题目是：The Time of a Thesis：Punctuations）答辩一推再推，直到1980年，50岁的德里达才成功地通过了答辩。1992年英国剑桥大学授予他名誉博士学位，曾在剑桥教授中引起轩然大波，最后以336比204票通过。他的解构理论动摇了整个传统人文科学的基础，也成为整个后现代思潮最重要的理论源泉之一。解构主义对自柏拉图以来的西方形而上学传统大加责难，对西方几千年来贯穿至今的哲学思想和那种传统的不容置疑的哲学信念发起猛烈攻击，打破了现有的单元化的秩序，包括既有的社会政治统治权威、婚姻秩序、伦理道德规范及个人意识上的秩序，比如创作习惯、接受习惯、思维习惯和人的内心较抽象的文化底蕴积淀形成的无意识的民族性格。德里达及其解构思想，对中国学界也有广泛的影响，其晚期的政治哲学思想更是引起广泛的关注。

哲学，就其根本使命而言，就是对人类生存进行自觉的理论反思，为人类的生存和发展提供哲学智慧。“哲学要想切合时宜，就必须给我们提供生存的智慧。”① 因此任何一个哲学家的思想必须体现其时代特征，都不能回避其所在时代的生存困

① ［美］赫舍尔：《人是谁》，隗仁莲、安希孟译，贵州人民出版社1994年版，第13页。

境。德里达的友爱政治学思想是对现代资本主义自由民主制度之下人类所面临的生存境遇的深入反思。尤其是在前苏联解体之际，福山、柯耶夫等人开始宣扬资本主义自由民主制度胜利，马克思主义破产，资本主义全球一体化基本实现，人类历史已经终结的背景之下，德里达强调马克思主义对资本主义的批判并没有过时，在当代资本主义全球化发展这一条件下，资本主义自由民主制度并没有终结历史，也没有真正实现人类自由、平等和民主。德里达以“友爱”为切入点，对于当代资本主义民主危机和文化危机提出了独特的哲学见解，既坚持了对传统形而上学弊端的解构性批判，又体现出对于马克思关于人类解放的共产主义理想维度即正义精神的肯定和继承。

我们正经历的时代，是理想与现实激烈碰撞的时代，也是断裂的时代，精神荒芜的时代。传统的形而上学遭到拒斥，现代精神也遭到质疑，自由、平等、人权、博爱、民主等美好的价值理想并没有实现，相反，人类依然处于苦难和罪恶之中。我们将何去何从，彼岸在哪里？而深陷泥淖的现代人又如何能找到救命的稻草？这是许多关注人类命运的思想家的追问。20世纪后期哲学发生了转向，研究的中心由语言分析哲学转向政治哲学。哲学逐渐将审视的目光转移到人的现实生存状态和人的生存意义上来。哲学家们不再专注于概念的推演和逻辑证明，而是回归生活世界，直面人的生存困境，关注人在政治生活中的价值和意义。我们自由吗？我们平等吗？民主吗？这些从远古就被人们孜孜不倦地追索的理想在今天仍然是遥远的彼岸。20 世纪 70 年代以后，正是在追寻这些问题的答案中，政治哲学得到普遍的认可和关注。重铸政治概念、重组政治话语、重塑政治生活已成为政治哲学不可推卸的责任。以罗尔斯、诺齐克为代表的社群主义、哈贝马斯等新马克思主义和后马克思主义、后现代主义、女权主义、绿色生态主义等都为当代西方社会的病症把脉，做出各种各样的诊断。80 年代以后，在政治哲学转向的过程中，德里达也逐渐从隐晦地影射政治问题转为直接表达其政治立场和政治观点，相继发表了《马克思的幽灵》《友爱的政治学》等著作，论题涉及法律、宗教、民主、友爱、正义、宽恕、款待等问题。其中，《友爱的政治学》是德里达明确以政治为题目论述政治哲学核心问题的第一本著作。他在对西方传统本体论哲学同一性思维的批判基础上，审视了西方资本主义民主政治体制之下人类的生存境遇。在笔者看来，德里达晚期政治哲学的论述，可以集中概括为一种友爱的政治学，因为宽恕、款待等问题都可以归纳为一种友爱的精神。德里达关于政治哲学的一系列著作发表之后，西方哲学界开始了关于德里达学术问题的持续探讨，解构主义的政治哲学成为研究的热点。他所强调的友爱的政治思想唤起我们对于民主的形而上学思考。透过德里达的独特视角，我们可以发现一个他为我们开启的更为广袤而深邃的视域，这对于我们全面地认识与理解当代西方友爱政治的传统和民主政治现实，理性而客观地面对我国的友爱观念传统以及民主政治的现实基础，从中汲取更多的有益因素来讲是大有裨益的。

一、问题的提出：自由民主政治困境的哲学反思

哲学永远与人的生存世界息息相关，所以哲学具有时代特征，“任何真正的哲学都是自己时代的精神上的精华”①。哲学不是空洞的说教或高雅的游戏，而是一种责任，是社会的良知。生活在现实生存土壤之上的哲学，是对时代的回响，是背负着沉重责任的反思。

（一）民主困境：民主理想与现实的断裂

“民主”，从字面上理解就是“人民统治”，这是自古希腊以来人们一直孜孜追求的理想。“我们生活在或者看起来生活在一个民主的时代”②，民主是现代社会发展不可避免的趋势。罗伯特·A. 达尔指出：“现代民主的观念与实践是政治生活中两次重大转变的产物”③。第一次即希腊城邦民主和中世纪意大利的城市共和国。这一次民主实践虽然提出了公民平等、自由和正义等观念，并建立起相应的选举、公民议政等政治制度形式，但是却都偏处一地并且昙花一现。而第二次转变，是民主的观念迈向民族、国家的辽阔领域，深入广大民众内心，这是

---

① 《马克思恩格斯全集》第 1 卷，人民出版社 1995 年版，第 220 页。

② ［英］参见戴维·赫尔德：《民主的模式》，燕继荣等译，中央编译出版社 2004 年版，“英文版序言”。

③ ［美］罗伯特·A. 达尔：《民主及其批评者》，曹海军、佟德志译，吉林人民出版社 2006 年版，第 293 页。

从资本主义自由民主制度确立开始的。由此，“作为一种政治观念、渴望和意识形态，民主几乎已经赢得了现代意义上的普遍影响”①。

资本主义自由民主制度的建立标志着人类历史的进步和政治文明的发展。首先，自由民主制度消除封建罪恶，颠覆了君主专制主义的绝对权威和神权政治的合法性，实现了人民主权。代议民主制使国家不再是个人或少数人的财产，政府成为人民统治的机构，由人民选举代表来进行管理，表达人民意志，向人民负责。其次，自由民主理念和实践彻底改变了人们的思想观念，不仅在制度上保证了公民的自由、平等和人权，而且唤醒了在封建专制和神学压制下的公民意识。再次，民主是自由公正的保证，也是发展的推动力。自由的创造力，公正的竞争力，民主的凝聚力，是推动经济社会发展进步的最根本动力。人民有民主才能有自由创造，才能充分发挥人民的积极性、创造性和聪明智慧。最后，自由民主是社会稳定、和谐和平的基石。政治民主，社会公正，政治透明，矛盾和问题能够及时化解，人民团结和谐和自由幸福，国家就会稳如磐石。政权的更迭和领导人的变更通过合法途径实现，就避免了因权力争夺而引发的战争。

然而现代社会形成伊始，关于民主的理论和实践就存在着

① ［美］罗伯特·A. 达尔：《民主及其批评者》，曹海军、佟德志译，吉林人民出版社 2006 年版，第 293 页。

激烈的争论。尽管现代社会公认民主政治是最有效的政治组织方式，但是，自由民主也并不是最完美的，也并未取得预想中的成功。相反，整个西方的民主理论正经历着一场合法性的危机。①

首先，由于理性主义和本质主义的泛滥，自由民主理论侧重于工具性而忽略价值性层面。现代民主制度日益工具化、程序化和技术化，建立了一整套理性化的官僚行政管理制度。这种制度下行政权力不断膨胀、扩大和脱离人民意志，忽视了民主的本质是实现人的自由和平等，选举过场只会消减人们的政治热情和民主信念。少数服从多数的原则本身就忽略了少数人的权利和利益，社会的两极分化不是仅仅通过福利国家的建立就完全能够解决的。

其次，民主制度建设依靠制度设计和程序完善，没有考虑到民主政治所需要的人际关系基础，忽视了人与人之间深层关系对于现代民主政治建设的重要意义。民主的内涵除了自由、平等之外还包括博爱，也就需要人与人的友爱和信任，这对于民主来说更为重要。

再次，资本主义自由民主存在种种限制和界限，例如男性、民族、主权国家。所以，由于这种排他性和重重界限，在民族国家体制框架内，民主政治体制与民主实践面临诸多困

① 参见［美］查特尔·墨菲:《政治的回归》，王恒、藏佩洪译，江苏人民出版社 2001 年版，第 2 页。

境，在解决当今的民族、宗教和国家冲突时表现出无能，尤其是在全球化过程中，失业、无家可归者、移民、贫富分化、军火工业和贸易、核扩散、恐怖主义、种族冲突等问题不能得到真正解决。进行社会主义民主政治建设是我国当前政治发展的核心任务，也是关乎我国能否长治久安和飞速发展的主要因素。但是，面对民主理想与现实之间的巨大断裂，面对西方自由民主理论的困境和这些现实问题，我们不得不反思什么是民主，重新认识探索怎样真正实现人的自由、平等和民主。

（二）民主困境的回应：两种回应的断裂

现代思想家在对现代社会发展中的政治问题的反思过程中提出很多理论，从不同的角度为现代社会诊治。对于民主政治困境的反思，学术界大致可以分为两种回应：一方面是政治学维度的回应，强调通过制度完善和程序设计来修正自由民主的弊端，以求最大限度地实现自由、平等和人的权利；另一方面是实践哲学和伦理学维度的回应，主张恢复希腊政治的伦理精神，以纠正民主政治之中包含的工具主义和功利主义。这两种回应之间是相互断裂的，这也构成了当代政治哲学争论焦点。追踪到自由主义和社群主义之间的争论，也就体现在罗尔斯更注重个人自由和权利，强调通过程序和制度安排实现人的平等和正义；而麦金泰尔强调群体的道德、善的重要。如何来解决这一分歧成为当代政治哲学发展面临的不可回避的问题。

1. 政治学维度：民主政治的制度建设

西方大部分自由主义和保守主义思想家都是从政治学维度（明确地说是政治科学的维度）反思自由民主政治危机的，尽管他们之间也存在着理论差异甚至是分歧，但他们共同的一个特点就是没有对政治传统进行深入反思，仍沿用传统的政治概念和范畴，按传统的形而上学的思维方式思考这些政治问题，存在着尊重个体自由和维护共同体和谐一致的矛盾冲突。在现代民主政治研究中，民主政治建设更多的是依靠制度建设，强调现代技术理性和科学方法对于政治制度建构的决定性影响，而不是深层的人际关系构建，因而忽略了人与人之间的亲密关系的建立对于现代民主政治建设的重要意义。自由主义关注个体自由的实现，力图通过制度设计和程序完善来实现民主的价值追求。典型的是罗尔斯等人都试图通过制度建设维护社会的公平和正义，依靠制度安排来实现分配正义，保证社会弱势的权益和社会的稳定和谐。罗尔斯晚期是从政治角度思考民主和正义，把正义局限在政治的正义，可以通过公共理性达成重叠共识，反对哲学上的自由和正义，承认并力图完善自由民主制度。诺齐克更激进地提出只有最弱意义上的国家具有道德合法性，指出国家的职能就是保护个人自由和权力不受侵犯，从而限制了政治对社会共同体的意义。保守主义则限制市场，依靠政府福利政策、宗教和传统伦理精神来协调社会矛盾。

2. 政治哲学维度：民主理念的价值建构

另一个维度是从政治哲学的角度反思现代民主政治。持有这种观点的思想家认为，希腊时期的政治学和伦理学是紧密相关的，相互渗透和影响，善和正义是政治学的终极目标，而现代民主政治抛掉了传统政治学中的精神和灵魂，单纯地依靠现代科学技术使政治成为无人性的冷冰冰的机器，因而丧失了道德认同。他们主张现代民主政治应该继承和弘扬希腊的伦理精神。民主制度是一种形式化、程序化的东西，起着重要的社会调节作用。而民主设计不是与道德无关的，我们不能为狼设计一种民主制度，其中个体内心的道德发展不容忽略。民主离不开有民主意识的人，离不开公民意识的提高。民主的理想应该超出代议制程序设计，保证自由个体享有同样的权利。因而，教育是公民素质提高的一个重要途径，政治、经济、文化因素以及实践交往也都对其产生影响。制度如果没有对应的普遍的文化素养和公民意识，就不可能完善。

对于这一问题，马克思思想本身也存在矛盾，他既肯定西方的自由民主主义，同时又对之加以批评，指出了其阶级统治的本质，并提出推翻资本主义制度、建立共产主义理想。但是，马克思没有提到共产主义的民主，他构想的共产主义中的自治并不等同于民主。因为在他看来，民主是一种政治体制，在国家和政治都消亡的共产主义社会中也已经不再存续了。西方马克思主义对启蒙精神、传统思想和现代社会作了深入的反思和批判，深入到社会建制、文化权利、心理性格机制等，并在此基础上提出合理的社会构想。但即使是哈贝马斯的交往行动理论及公共领域理论也是在话语交往的基础上进行的协商民主模式，没有超出语言、民族、国家主权等障碍，这样的协商只是一种利益的均衡，无法跨越话语霸权的干预和殖民的可能性。哈耶克曾试图把普遍抽象的哲学和经验的制度摸索两种方式结合，用契约论来探索出路。但是他没有思考深层的人性问题，因而，也并没有从根本上解决两种回应之间的分歧。

（三）德里达的回应：友爱的政治学

在上面提到的对自由民主两种分裂的态度中，德里达可以归为第二种，德里达从政治哲学角度思考民主，追求民主的理想。德里达很少直接涉及制度问题，而是更深入地分析了存在论的问题。在他看来讨论制度必须对其起点进行重新反思和追问。而民主政治制度的起点，在德里达看来，就是友爱。德里达把友爱关系作为民主政治的伦理纽带并在此基础上对现实民主进行批判。德里达认为，友爱关系并不是单纯的个人伦理问题，而是带有深刻政治意蕴的政治问题。所以在这种意义上，德里达实际上是提出了不同于两种回应的另一种回应。

在德里达看来，民主政治不能只讲制度，而制度也不是冷冰冰的、和人对立的东西。民主制度需要公民的参与，需要对公民进行民主教育和熏陶。民主建设需要少数人意见不受排斥，需要一种相异性，倾听不同的声音，如果都是赞同票，那么民主就毫无意义。制度需要有制度意识，而有自由道德的人是其核心因素。民主建设应该把程序和公民的伦理道德联系起来，但是在当代政治中两者却是分裂的。自由民主制度有其优点，如代议制、宪政，对统治者的不信任和法律监督，体现出民主中的一个层面，即对普遍平等、自由的追求，实现多数人的统治。但是民主还有更高的追求，即实现每个人的善，使每个人的潜能得到发挥和完善。正如亚里士多德追求善，然后追求友爱，最后追求人类的幸福生活。如果只是想实现多数人的统治，那么代议制是最好的，但是这种追求遗失了民主最终的理想。

政治概念和民主概念如何串联起来？德里达在圆桌会议中指出去政治化和再政治化。当今现实中出现非政治化的趋势。非政治化意指政治的终结，没有对抗性。政治存在的依赖前提是对抗，对抗消除了，就没有政治了。马克思主义的政治观也以对抗为核心，阶级压迫是对抗的表现形式，一旦阶级压迫消除了，政治也就不存在了。福山、施米特都如此。德里达主张再政治化，即没有政治的政治，是和现实非政治化的趋势相对而言的，针对它并与之相对抗。再政治化实质是没有政治，而没有的只是敌我肉体上消灭的对抗性政治，而再化的是否定性之外的差别性。墨菲继承施米特，指出民主是对抗性的，德里达批判施米特，主张对抗要用差别性来取代，同时也批判哈贝马斯所主张通过协商达成一致的交往行动。德里达指出，对抗可以有，但民主真正的含义没有你死我活的对抗性，而是要尊重差异性。在这一点上，德里达给予尼采更多的肯定，用尼采来克服施米特。德里达提出自己的民主概念，但是一种理想性的民主观念怎样转向政治呢？在对话采访中，德里达指出，政治关乎冲突与和解，关乎人类如何联合起来形成社会。历史上有几种人类联合形式，民主只是其中一种，所以，民主是政治的表现形式之一。民主政治是政治的存在形式，是人类联合在一起的形式。民主、政治就是讲人类联合、人类相处和交往。而在众多政治形式中，民主是较好的一种，较理想的一种。但是民主又不仅仅是一种政治组织方式，真正的民主是未来民主、即将到来的民主。他赋予民主一种弥赛亚性，使民主的现实和理想之间充满张力。

德里达从人类友爱关系切入分析民主问题，相对于从政体切入的分析更深入到人性、人的存在方式和生活世界等深层基础。和亚里士多德、卢梭等思想家的政治哲学总是兼顾政治学和伦理学两个方面一样，德里达也是把政治、哲学和伦理连接起来，其中介就是友爱。友爱关系既涉及人与人之间的亲密关系，也涉及个人的道德品质。德里达对现代民主政治危机问题的独特分析视角和解构式的回应，是解决当下西方自由民主政治的困境问题的重要理论反思成果，也是我国进行民主政治建设可借鉴的理论资源。

二、德里达友爱政治学研究的学术梳理

法国总统希拉克说："因为有了德里达，法国向世界贡献

了一种最重要的哲学家，他的思想深刻影响了法国今天的知识界。”① 德里达无疑是20世纪最伟大的哲学家之一。自从他1966年在美国霍普金大学的结构主义研讨会上作题为《人文科学话语中的结构、符号和游戏》的报告而一举成名以后，“解构”在西方乃至中国产生了极大的反响，它的思想极具吸引力，深深地影响着当代的思想家们以及整个学术研究。

但是，解构思想也遭到许多的责难和抨击。主要集中在以下几方面：第一，许多人指责德里达的著作文字艰深难懂，指责其观点过于武断。解构的文本，一反写作规范和文法语法规范，没有中心，没有逻辑，语言深奥，句法怪异，常态的阅读方式很难抓住其精神要旨。第二，很多人根据德里达早期思想文本，把德里达的哲学简单归结为解构和解构主义，认为解构不过是语言游戏，文本游戏，专门在文本中寻找作者在语词和语法使用上的矛盾。尽管德里达一直反对被称为解构主义和后现代主义。在他们看来，所谓解构哲学，就是“反对逻各斯中心主义和言语中心主义，否定终极意义，消解二元对立，消除概念淤积，拒斥形而上学，为新的写作方式和阅读方式开辟广泛的可能性。”② 解构也被认为是以揭示文本的内在矛盾、并将这一矛盾优先化以使文本自我解体为目的的文本游戏。第

① [英] 斯图亚特·西姆：《德里达与历史的终结》，王昆译，北京大学出版社2005年版，第2页。

② [法] 雅克·德里达：《论文字学》，汪堂家译，上海译文出版社1999年版，“译者的话”，第1页。

三，一些学者指出德里达只解构却不建构。人们总是期待着一种思想的完整性，把德里达的解构看作是无情的批判，彻底地摧毁，并归结为怀疑主义、相对主义、反历史主义、反价值主义和虚无主义等。第四，批判德里达不关心政治。激进的马克思主义西方学者认为他是无勇气的学者，T. 伊格尔顿就曾耻笑他不进行阶级斗争，只是做语言搏斗的小人物。

德里达在 20 世纪 90 年代以后开始正面地回应并明确表明自己的政治见解和立场，一直到逝世都在从事政治理论分析和政治实践。在诸多文本中，1994 年发表的《友爱的政治学》是重中之重，所以一发表就引起很多关注，引发人们重新反思友爱观念和政治概念，关注一些现实的政治问题。

（一）国外友爱政治学的研究现状

从古希腊开始友爱问题就和民主政治有着不可分割的关联，但之后友爱逐渐被限定在私人领域。所以关于友爱的研究大体可以分为两类，一类是从伦理角度探讨人与人之间的友爱关系，主要有莫里斯·布朗肖的《论友爱》、伊丽莎白·特尔弗的《友爱》等，这些文章都赞美友爱是人间至情，是人的生存方式之一，探讨友爱的本质和价值，友爱与爱情、家庭的关系，以及朋友之间如何相处。

第二类研究是评述以往关于友爱问题的论述，如理查德·马尔甘的《友爱在亚里士多德政治理论中的作用》，鲁斯·阿比的《尼采论友爱》，希瑟·迪维尔的《复兴希腊——

罗马式友爱》等。这些文章都回归经典文本，着重分析古希腊到现代的大思想家们对于友爱的论述，从中吸取精华，大部分都认为现代友爱关系被破坏或者变异了，主张返回古典，复兴希腊——罗马式的友爱模式。在这些分析中，有一些已经涉及了友爱和政治的关系问题的探讨。例如哈特的《作为政治的友爱：友爱理论与实践中阶级观念的起源》一书，提出现代人怀疑友爱闯入了政治，情绪表达对社会秩序平稳运作是一种威胁。他认为友爱的理念已经淡入了背景，并被作为政治世界明智秩序的主要原理的市场交换所替代。这就与古希腊和罗马社会对友爱的高度重视形成反差。

德里达的《友爱的政治学》直接把友爱和政治联系在一起探讨，从友爱关系入手解构现代政治，引起对友爱政治的研究。主要有：

1. 述评研究：Eduardo A Velasquez 收编的文集“*Love and Friendship--Rethinking Politics and Affection in Modern Times*”中，有一篇弗雷德·达尔马的《德里达与友爱》。文中指出友爱在现代社会里一直处于被围困的状态，友爱的困境在公民的或政治的友爱领域中特别明显，而德里达以一种新颖的方式重新思考了友爱，尤其是政治友爱。但是他反对德里达把古典遗产完全归结为以互惠为价值，以同源的、内在论的、有限论的和政治论的和谐为标志。他详细分析了德里达对于亚里士多德和尼采的友爱观念的褒贬，并指出德里达对亚里士多德的解构过于偏激，最后导致德里达迷失方向。Ewan Morrison 的

"*Politics of Friendship*"指出《友爱的政治学》标志着德里达的政治转向。指出德里达转向重估政治，重新审视责任、承诺和政治忠贞等政治概念，德里达的方法是指出历史上每一个人试图给朋友和敌人下定义背后的矛盾和不平衡的运动。认为德里达是在形而上学被拒斥，主体被消解以后，在对他者的责任基础上重新对主体自我的确定和构建。文中没有谈及古典的友爱传统，只是分析了德里达对施米特的解构。肯定了解构是一种激进的文化力量，破坏帝国主义敌对的僵死的文化中的二元对立，在理论上动摇了压迫的等级制结构，但同时也批判指责德里达陷入解构方法的陷阱，没有明确表明自己对启蒙精神和马克思主义的看法，甚至没有明确说明自己的观点。

2. 比较研究：麦卡锡的《在政治边缘》文中评论到德里达形成了一种与众不同的后形而上学态度的范例谋求使一种解构策略位于形而上学的层面，以便瓦解和取代它。麦卡锡从保存康德哲学以来的现代批判哲学出发，把德里达同乔治·赫伯特·米德和哈贝马斯相比较，认为三者观点和道德取向相去并不遥远，但是在最低限度的友爱实现问题却存在异议，德里达认为新的友爱观念和未来的民主都处于即将到来之中，而米德和哈贝马斯却认为这种对人类、对他者的责任在生活世界中并非不可能存在，而且是理所当然的。麦卡锡赞同米德强调个体和社会的平行论，但否认德里达对不对称性的注重。哈贝马斯则恢复了康德式的伦理传统，在其话语伦理中各种规范的合法化只能通过所有个体都要服从其规则的、被告知的、非强制的和理性化的协议的中介。由此，平等尊重的原则反映在要求个体的人自由参与协议之中，而对社会规范的关注则被普遍的和互惠的获得看法的要求所控制，每个人在其中都重视他人的处境，并被赋予同等的重要性。

3. 解构的伦理、政治研究："*The ethics of deconstruction*"、Diane Moira Duncan"*The Pre-Text of Ethics On Derrida and Levinas*"、Christina Howells"*Derrida——Deconstruction from Phenomenology to Ethics*"这三部书集中对德里达的解构思想和勒维纳斯的他者伦理学进行比较分析，挖掘出解构对于他者的尊重和责任，以及德里达对勒维纳斯的批评和超越，尤其是对海德格尔和胡塞尔的不同理解。Morag Patrick"*Derrida, Responsibility and Politics*"、A.J.P Thomson"*Deconstruction and Democracy*"两本书集中论述了解构之中蕴含的伦理和政治意蕴，指出解构不是拆毁原有的政治框架和制度体系，而是指出政治中的伦理和责任，强调政治和民主中必须进行解构，阐述了解构和民主之间的关系。

4. 相反的观点。米歇尔·帕卡鲁克在题为《政治友爱》的文章中，讨论了公民手足情谊在政治集团内部的必要。这正是德里达所批判的观点。

（二）国内德里达友爱政治学研究现状

国内关于友爱的论述，古往今来，可谓汗牛充栋，数不胜数。但对友爱问题的研究大多都是从伦理道德的角度进行的，赞美人与人之间的美好情感，关于友爱和政治关系没有专著性的研究成果，甚至很少有人提及。就现有资料来看，只有评论亚里士多德、蒙田关于友爱思想的文章略有涉及。近期，涌现出一些对于德里达《友爱的政治学》和德里达晚期政治哲学的研究。

德里达早期的大部分作品，国内做了大量的翻译、整理和研究工作，但对于《友爱的政治学》研究并不多，大多停留在介绍层面，介绍得都不够全面。如夏可君的《德里达与友爱政治学》，介绍《友爱政治》的主要章节，划分为三个部分：第一，德里达对友爱传统的解构；第二，对施米特敌人的回应；第三，对尼采或许新哲学召唤的未来民主的期待。他在此基础上主要研究南希关于共同体的形成与到来的共同体问题。陆扬在《政治与解构》中介绍德里达晚期三本重要著作《往返莫斯科》《马克思的幽灵》《友爱的政治学》主要内容。主要集中在阐释德里达批判西方哲学传统追求同一性，并通过友爱、家庭、阶级、民族、国家这些同质的未经分化集团来寻求同一性。共和国追求博爱，四海之内皆兄弟，使分离的个人通过博爱的自然血统，联结为一个整体。但是这种自然血统并不存在，只是语言上的约定俗成，而且是建立在等级关系之上的，指出民主永远即将到来，永不会完善。张旭《德里达的友爱的政治》介绍得相对全面，详细分析了德里达的解构思想，考察德里达与海德格尔、尼采和勒维纳斯的理论渊源。但也有缺陷：第一，把德里达对传统友爱政治的解构归结为解构男性中心主义和同一性。第二，认为德里达的友爱政治与施米特的敌我划分的神学政治截然对立。第三，没有考察德里达对尼采的友爱和敌人辩证关系的分析。

公开发表的文章有两篇。张文喜的《解构与友爱政治》主要阐述德里达解构亚里士多德基于共同体的概念和和谐稳定的同一主体之上来诠释友爱导致民主存在不可调和的两个方面。指出德里达主张将兄弟关系非自然化，提出具有无限异质性又无限可能性的不在当下的未来民主。指责德里达即将到来的民主缺乏实践境遇，无法兑现，只能依靠神秘的启示，与马克思所提出的共产主义完全不同。李振的《论德里达解构的政治哲学思想》分析了德里达的政治观点，涉及种族主义、世界主义、战争和民主问题。对于友爱政治也只是概括性论及。

研究得较为深入透彻的有香港中文大学的刘国英的《非亲缘性与他者：德里达的友情诠释论及其政治意涵》。文章中把德里达的友爱政治理解为解构友爱的"兄弟情谊"的趋同排异模式，以对他者的尊重、距离和无限责任为旨趣，建立新的超越"兄弟情谊"的新的友爱关系，并在此基础上超越民主的限制，追求一种普遍的共同体的未来指向的新民主。刘国英在这里指出德里达的友爱政治是一种新的伦理观，也是一种新的政治实践。另外有胡继华题为《后现代语境中伦理文化转向》的专著详细分析了勒维纳斯、德里达和南希三位大哲学家思想中的伦理转向。其中，阐释了德里达的正义观和弥赛亚主义，介绍了德里达如何解构亚里士多德的古希腊传统的友爱观念和尼采的友爱观，在德里达的友爱政治中探寻一种美好理想的期待和终极的价值的追求。

综上所述，从国内外的研究文献中可以看出，对于德里达的友爱政治学思想大致形成以下观点：第一，认为德里达的视角独特。从友爱关系入手分析民主政治问题，梳理友爱观念史，体现了解构阅读的细腻和深刻。但是这类研究并没有对德里达所阐述的友爱观念史进行详细的分析。第二，认为德里达的友爱政治学中贯穿着伦理价值维度。但是这类研究对友爱政治学中的伦理关怀所包含的价值和理想内涵并没有深入分析。第三，认为德里达的友爱政治学和未来民主政治构想只停留在理论层面，缺乏马克思主义的实践性，所以德里达的思想是不同于马克思主义的。

就目前研究状况来说，同早期解构思想研究相比，晚期政治哲学的研究相对少。国外学者的研究理论挖掘得较为深入，研究范围已经涉及现象学、存在论、伦理学等诸多方面，无论是对解构与民主的关系，还是解构主义与马克思主义的关系，都作了深入的研究。而国内的研究可以说是刚起步，对晚期德里达思想的翻译和介绍还不充分，研究范围也相对狭窄，没有十分深入和系统。

三、问题研究的理路

论文通过分析德里达晚期重要著作《友爱的政治学》和其

他政治哲学著作，分析德里达政治哲学思想的理论旨趣，进而侧重于德里达思想中友爱、民主和政治内涵以及未来民主建构问题，着重阐发友爱政治学思想的理论渊源、基本内涵及其与马克思主义、后马克思主义的关系。

（一）问题研究的重点

1. 现代思想中对友爱的理解存在明显缺陷。人与人之间的友爱被看成是建立在利益一致和相互信任基础上的个人之间的一种亲密关系，被限制在私人领域，因而，友爱的政治意蕴被忽视了。实际上，友爱不仅仅是一个实证的范畴，还具有理想的维度，它意味着人类普遍的相互信任和相互承担责任。应该说，友爱不仅仅是一个伦理学的基本范畴，在政治哲学中也占有重要地位，它涉及个人与他者、诸多他者之间的关系，是民主政治的深层基础和前提。

2. 国际交往、移民、恐怖主义、生态等问题，都是摆在人类面前的亟待解决的难题。把友爱仅限于私人关系的传统友爱观念，不能解决当代民主的发展问题，应该批判地继承传统的友爱观，建构普遍开放的友爱理念，并且在此基础上形成新的普遍平等的民主政治理想，推动民主政治实践。

3. 友爱的政治学思想，表现出德里达对当代现实民主政治问题关注和思考。因而可以说，解构不只是文本阅读的游戏，还是民主理论的探索。民主政治的建设既需要继承人类文化中的民主传统，又要重新理解民主的普遍理想维度，解构的民主既是传统的，也是现实的和未来的，解构并没有瓦解民主的理想。

4. 德里达的政治哲学思想中的未来民主理想建立在对当代资本主义制度、当代普遍不平等现象批判的基础上，民主既是经济和政治权利的民主，机会和结果的平等，也是人和人之间友爱关系的重建。这一思想继承马克思主义的资本主义政治经济学批判的精神实质，具体地探索了人类解放的深层含义，弘扬了马克思自由人的联合体这样一种人类未来相互关系的理想。我们今天仍然需要马克思主义关于正义和人的解放的价值维度来推动民主政治建设。在这个意义上，德里达的友爱政治学思想仍然是马克思主义的。

（二）问题研究的理路

为探讨德里达基于友爱和民主关系建构的友爱政治学思想的解构体系和基本内涵，笔者拟从以下几个方面入手进行研究：

第一章论述了德里达的友爱政治学理论的缘起。首先，介绍德里达晚期所探讨的政治哲学问题与德里达成长经历和生活背景之间的关系。接纳、宽恕、款待、友爱、移民、欧洲和民主等等问题的反思，都和德里达所经历的孤独和被排斥的成长体验和犹太教的熏陶不无关系。其次，分析友爱政治学思想的方法论基础，即德里达的解构理论的本质内涵。友爱政治学是传统形而上学解构的继续和深入，也是解构理论的一种政治实践。再次，介绍友爱政治学理论的现实背景。德里达对福山和科耶夫宣称的资本主义自由民主政治终结历史和资本主义新世界秩序的批评，指出现代自由民主政治正面临着困境，启蒙走向自我毁灭，民主的理想与现实之间的断裂，现代民主制度工具化、程序化、计算性等弊端，以及全球化背景下的霸权与殖民。

第二章和第三章，是对德里达《友爱的政治学》的文本解读，集中阐述德里达友爱政治学对西方思想史中友爱谱系和政治概念的解构。德里达友爱政治学思想中最鲜明的特点是将政治哲学问题的思考与哲学史的研究有机地结合起来，他在对古典和现代友爱观念发展史进行解构性阅读的基础上，指出友爱观念的经典论述中普遍认为友爱典范即兄弟情谊，在这种友爱典范中存在着对于对称性、同一性、男性中心主义和计算性等特征，因而导致建立在这种友爱观念基础之上的民主和政治概念和实践中包含着等级界限划分、趋同排异和菲勒斯中心主义。德里达一方面指出友爱典范和民主政治之间的矛盾，同时强调友爱的政治性，并把解构的矛头指向政治神学家卡尔·施米特所提出的敌我划分的政治概念。本研究以德里达解构主义的视野对施米特的政治概念及政治哲学理论进行深入评析。

第四章和第五章，论述德里达在对西方友爱观念、民主政治观念和实践的解构基础之上发现的另一种友爱、政治和未来民主。指出在希腊友爱典范和基督教的普遍友爱观念之中包含着一种不同于兄弟情谊典范的品质，非对称性、不在场性、普遍性、异质性。其中，着重分析尼采如何通过一种也许和可能的强调而发现朋友和敌人之间的辩证关系，进而颠覆传统友爱谱系。这两章的重点是对于民主本质的反思。结合当代思想家巴塔耶、布朗肖和南希关于爱和共同体的论述和勒维纳斯的他者伦理学，分析民主的本质是一种承诺，也就是即将到来的未来民主。在新的、普遍的、不对称的和平等的友爱观念和爱敌人、保持差异性和距离的友爱实践基础上确立未来民主的超验维度和解放维度。在深入挖掘德里达提出的即将到来的民主的实质内涵过程中，分析德里达的未来民主和友爱政治建立的基础和原因来自于对他者的无限的责任，阐述个体由于对于他者的责任而与他者建立友爱，并在此基础上建立共同体，深入分析德里达与勒维纳斯、施米特、哈贝马斯以及南希的关系。这是在对德里达进行文本解读的基础上，开展理论上的比较研究，分析德里达与当代思想的交锋。

第六章是对德里达的友爱政治学和未来民主思想的评价，阐明德里达晚期政治哲学思想的影响及其给予我们的启示。这是在对德里达进行文本解读的基础上，开展理论和现实上的比较研究和挖掘概括。首先，对友爱、民主与人的生存方式之间的关系进行哲学反思，剖析民主和解构之间的密切关系。其次，从三方面分析比较德里达的政治哲学和马克思的实践哲学。结合《马克思的幽灵》阐述德里达政治哲学对马克思思想遗产中批判精神和正义、解放维度的继承，由此引出德里达所建构的新政治学，以及他提出的新的马克思主义民主政治，即未来民主政治的新国际。同时，德里达对于如何实现和具体操作没有深入，继承了马克思思想中的革命性而忽视了实践性。最后，分析德里达以友爱为核心的政治哲学思想对于后马克思主义和欧洲左翼激进民主政治的新走向的影响，以及对于全球化中伦理与民主反思与实践的影响。

理论的研究是为现实服务的，通过对德里达思想的研究，我们打开了理解马克思哲学中国化的新视界，并启迪我们分析中西友爱观念之异同以及我国友爱观念发展及其对民主政治的影响，为当代中国民主政治改革提供可借鉴的思想指导。此外，由于中西方文化背景的差异和时代发展的差距，德里达对于西方友爱观念的分析是以欧洲文化为基础和欧洲一体化现实为前提的，所以他给予我们的启示是有局限性的。但无论如何，德里达的友爱政治学视角独特，分析深入细腻，论证充分系统，引发我们回到哲学上重新深入反思民主，反思民主与人的生存方式的关系。德里达以友爱作为民主政治的伦理纽带对解决现代西方民主危机，全球化背景下重建新的民主理念和政治实践是有贡献的。德里达为我们指明了一条通往民主理想的道路，也让我们明白了民主政治建设不能停留于制度建构和程序设计，而应该关注人与人之间友爱关系的实现，深入民主政治的伦理基础和哲学底蕴。

第一章

友爱政治学的缘起

1988至1989年期间，德里达在巴黎一个研究班上以“友爱政治学”为主题做了系列演讲，并于1994年扩充修订出版了《友爱的政治学》一书。为什么德里达转而直接探讨政治问题？为什么德里达没有直接解构权力、统治、阶级等政治中的核心概念，而是以政治和政治哲学领域中的边缘性概念——友爱为线索来探讨政治哲学问题？友爱和政治以及民主的关系是什么？有人评价说，德里达类似于康德、黑格尔等思想家，到了晚年才涉足政治领域。这可以说是一种误读。因为，德里达本人曾明确表示“我所做的一切都直接或间接地与政治问题相联系”①，是以含蓄而迂回的方式在探讨着政治问题。而此时，

---

① 汪民安主编:《生产》(第一辑)，广西师范大学出版社2004年版，第52页。

德里达之所以直接转向政治，对友爱、政治概念、博爱、民主等一系列主题进行深入探讨，不仅同德里达个人的生活背景和成长经历相关，也不仅是回应对解构的政治需求，而是对政治理论、当代政治现实及人类未来的切实思考。

第一节　孤独和被排斥的生活背景和成长经历

1930 年 7 月 15 日，德里达出生在阿尔及利亚一个法籍犹太人家庭中。悲戚的童年成长经历、法国巴黎高师的求学经历以及犹太教的熏染，都对德里达的思想有很重要的影响。解构思想对中心和权威的叛逆、颠覆以及对差异和正义的肯定，尤其是德里达晚期思想的主题，宽容、好客、礼物、他者、友爱、共同体、民主等，都与其个人经历不可分割。

一、童年身份的异质性与思想的反叛

从作为阿尔及利亚籍犹太人的童年经验以及成长经历，可以看出“犹太人”的出身背景，影响了德里达对许多问题思考的角度。德里达本人始终对其在殖民地阿尔及利亚度过的凄惶童年耿耿于怀。在德里达出生前，他的哥哥就死于襁褓之中，10 岁时弟弟又因病而夭折。所以德里达的孩提时代最早的记忆，就是一种刻骨铭心孤独感，常常无缘无故地哭泣。在第二

次世界发展期间，由于犹太人的身份，德里达饱受纳粹排犹主义的欺凌和破坏，全家人不得不四处避难，小心翼翼地谨慎生活，因而形成一种孤僻且谨小慎微的性格。

影响最大的还是异于他人的身份造成的认同错位。德里达出生在一个以平庸刻板而严格遵守犹太教教规的犹太人家庭，自幼就不得不参加为数不少的宗教仪式。在这种特殊的犹太教文化氛围中，德里达很自然地听到人们用阿拉伯语交谈。但是，因为学校长期禁止学生讲阿拉伯语，导致了他几乎不会讲自己的语言，而且在这样一种异质的地域文化氛围中，他不得不学习阿尔及利亚的法语，别无选择，即使法国人曾作为上等人统治过他的家族。问题的实质不仅是语言问题，而且是文化问题。他选择法国文化，却永远涂改不了他的身份——阿尔及利亚人，只能身处在阿尔及利亚的讲法语的犹太人社区中。在身份认同上总有一种失宠和流浪感觉，一种背井离乡、无家可归的感觉。这种身份具有某种外在性，无法超越，无法消除。他必须从自己所讲的语言入手，才能复归他的母语的存在和身份的认同。身份的认同实际上是对自身差异的一种外在性趋同，所认同的正是自身的差异，也就是没有自身或排斥自身的差异。这种异质的成长环境，为他的解构思想埋下了反叛的种子，也预示着他将来要从语言、文字上入手来解构西方文化传统。这样复杂的精神背景也同样影响到他后来的写作风格和态度：他始终给人一种游离于西方（法国、德国、美国、希腊）文化之外的感觉，德里达以一种旁观者或外在者的姿态追问西方哲学文化的源头。

二、巴黎高师的求学经历

德里达的求学过程历经坎坷。第二次世界大战期间，犹太人的身份使他两次被维希政府和种族主义者赶出学校。1947年德里达在中学会考中失败。19岁时，他第一次离开家乡来到法国，参加能够升入巴黎高等师范学校的预备班考试。当时他住在寄宿学校，生活也极其艰难。第一次考试的失败使德里达深受打击并大病了一场。所有这些经历都是痛苦的。幼年时的体验使年轻的德里达产生反叛心理，他急于脱离犹太人的文化，但在法国立足的失败，又一次加速了他精神漂泊的痛苦和没有归属的恐惧感。尽管，接下来的考试他成功了，但想脱离以前的文化，融入法国社会并非易事，而且他曾经有过的精神创伤也深深地烙印在他反叛的灵魂深处。尽管他很努力地力图融入到法国社会之中，但由于口音等问题经常受到嘲笑和歧视。他曾经下很大工夫去练习法文的发音和书写，所以今天我们才能感受到德里达独特的语言魅力和演讲风采。这种经历使他深切体会到，在同一性诉求的社会中，移民们在主流社会中往往被视为异己的存在而遭到排斥。而全球化趋势下人口的流动将会进一步扩大，亟需新的交往理念和实践。这也就为德里达思考友爱、款待好客、权利和责任、民主等问题埋下了伏笔。

在法国高师学习过程中，良好的学术传统和学术气氛再加上名师的指点，为德里达读书和写作打下了扎实的基础。他开始大量阅读哲学家的著作，接触了很多哲学家的思想，成为他后来思想形成的宝贵资源。在高师这个法国思想家的摇篮里，萨特和加缪的存在主义哲学，启发了他的哲学文学化和文学哲学化的思维方式；对卢梭、黑格尔、尼采、弗洛伊德、胡塞尔、海德格尔、梅洛－庞蒂、列维－施特劳斯等著作的认真研读，使他对柏拉图以来的整个西方形而上学历史的变革，以及对整个西方的形而上学的统治地位有着全面而深刻的感受。无疑，这样的知识背景为后来其解构在场的形而上学体系、逻各斯中心主义和语音中心主义打下了坚实的理论基础。除了哲学著作的阅读，德里达还阅读了大量法国近现代文学作品，包括诗歌、戏剧、文论等。德里达对法国的当代文学的研究，奠定了德里达后来作品的基本风格：在文学与哲学之间写作。

可见，出身背景与学习经历给德里达的解构主义政治哲学的形成提供了一种可能，主要是潜意识的影响、向内的；然而，德里达友爱政治学思想的真正形成，还是建立在与勒维纳斯、布朗肖、南希等思想家交往和对几位思想家思想的批判吸收上①。德里达晚期关于他者、友爱和共同体等问题探讨

---

① 这几位思想家对德里达的影响，也就是德里达友爱政治学的理论资源，在涉及具体内容处具体阐述。

都来源于此。

三、犹太教传统的影响与反叛

犹太人的身份，使德里达自幼深受犹太教的熏染。犹太民族之所以拥有强大的民族意识和顽强的生命，源于他们有坚定的犹太教信仰。犹太教不仅仅是一个包涵一套宗教的教义、律法和组织的信仰体系，也是一种民族文化精神，包含了犹太民族生活的伦理道德规范、行为准则以及独特的生活方式。在犹太教中表现出犹太民族的认同性，同时也因自认是上帝所遴选的子民而将犹太人紧紧地维系在一起，正是这种根深蒂固的信仰忠诚使犹太民族历经磨难而生机永存。所以，犹太教对德里达的影响也是根深蒂固的，主要表现在对正义、平等和弥赛亚救世主观念的追求和信仰。同时，德里达并没有最终走向神学，而是叛离了犹太教，并对宗教和信仰、弥赛亚主义和弥赛亚性进行了解构性的区分。

首先，犹太教中坚忍不拔追求理想的精神培养了德里达犹太学者的精神气质。犹太教在长期的民族危难下所形成的坚韧和不屈不挠为理想奋斗的崇高精神；犹太教的苦难意识以及虔诚、执着，对信仰所持有的超验、非功利追求，对德里达在精神气质上有一定熏陶作用。与许多犹太著名学者的风格相似，德里达形成了对真理执着追求的精神气质，培养了学习、思考的工作习惯，形成了用人类已有的知识来武装自己、从前人的思想中汲取营养的研究方法。

其次，犹太教和基督教的区别之一是，犹太教把对于经典的多重解释作为神圣著作，认为每一种解释都丰富了智慧的宝库，需要更进一步的思考。而基督教把《圣经》等同于代表神圣目的的逻各斯，是绝对的真理，无须论证，只需信仰。任何文字都无法诠释上帝的真理。所以，一切注解都是派生的、补充的，依赖于神圣著作。德里达用犹太教的多样性、差异性反对希腊式基督教传统的逻各斯中心主义，反对二元对立中的等级划分以及绝对同一性导致的排他性。

再次，犹太教中平等、公平、正义等价值诉求和关注现实生活的特性，激发德里达对现实社会的关注与思考。犹太教的目的主要是伦理目的，这种平等、正义思想观念比基督教博爱精神更能体现对现实生活的价值关切。爱因斯坦的话直截了当地表现出犹太人的这种诉求："像摩西、斯宾诺莎和卡尔·马克思这样一些人物，尽管他们并不一样，但他们都为社会正义的理想而生活，而自我牺牲；而引导他们走上这条荆棘丛生的道路的，正是他们祖先的传统。"[①] 德里达绝对有资格加入此列。德里达孜孜以求探索的问题，从早期的文字、书写，到晚期的宽容、好客、友爱，都关乎平等和正义。他以批判的视野去面对现实世界，蔑视、不屈从于这个世界中的不公平与邪

① 王志军：《论犹太教对马克思的影响》，《世界宗教研究》2008 年第 1 期。

恶，以乐观主义者的心态呼唤正义、平等的来临。在这一点上，德里达的思想与犹太民族反压迫、追求平等和正义的奋斗历程和传统有着某种契合。

最后，犹太教关于人类末世学说和弥赛亚的救世思想，促使德里达形成关于正义、未来民主的弥赛亚性的理论。希伯来民族在长期的苦难历程中萌发了救世主——弥赛亚的观念和说法。“弥赛亚”（Mashiah）一词的希伯来文原意为“受膏者”，指的是上帝所选中的人，翻译成希腊语就是基督。随着时间的推移，这个狭小的、在政治上软弱的民族逐渐相信，上帝会派来一位救世主或弥赛亚来拯救犹太民族，恢复以色列在大卫统治时期的辉煌。这一千禧年的和平王国在今世未能出现，因此他们只能把成功的希望寄于来世。与这一来世观密不可分是这样一种信念，即弥赛亚将主持最后的审判。救世主弥赛亚必将到来，我们应每日盼望，永不懈怠。这种犹太人与上帝之间订有契约、救世主弥赛亚终将降临的观念，不仅强化了历经战乱屠杀等灾难的犹太民族的宗教认同感和使命感，也使长期处于屈辱逆境中的人们获得精神慰藉，使得犹太民族历经苦难却生存下来，依然保持民族特性和民族精神，保持旺盛的生命意识和强烈的进取精神。德里达正是在这种弥赛亚主义救世观念基础上，召唤友爱、正义、未来民主的到来，并把它作为对他者、对人类的一种责戒。

犹太教对德里达思想产生重要影响，但是德里达并没有完全拘泥于犹太教的教条，而成为一个忠诚的犹太教徒，而是作为一个犹太文化传统的异端。《圣经》中那些针砭时弊、疾恶如仇、无私无畏、预言未来的先知精神，遗传给了后来的犹太人，包括那些离经叛道的犹太人。换句话说，与犹太文化传统相伴随而生的是超越于犹太传统的犹太异端。“他们自觉地吸收了犹太生活和犹太智慧中的一些精华，他们的‘超前’优势在于作为犹太人，他们生活在不同文明、宗教和文化的交界线上，他们诞生和成长在不同时代的交汇处。他们的思想成长在最为丰富的相互沟通、相互影响的文化影响之中，他们生活在他们各自的国家的边缘，或隐蔽处。他们中的每一位都既在其社会之中又超然其外，既属于它而又超然于它。正因为如此，才使得他们创造了超乎其社会之上，超乎其国家之上，也超乎其时代和同代人之上的思想，才使他们的精神遨游在宽阔的地平线上，向遥远的未来申延。”[①] 德里达也深受这样一种犹太文化传统和异端的影响。但是，德里达并没有沉迷于犹太教的信仰，而是像异端一样，看到了犹太教的狭隘、闭塞，进而寻找超越了犹太文化的理想。所以，他在解构传统的观念过程中，从未放弃对犹太教、基督教一些观念的解构，尤其是晚期关于博爱、四海一家、好客、正义以及弥赛亚性的阐释中，都包含着对犹太教的超越。

① 转引自王志军：《论犹太教对马克思的影响》，《世界宗教研究》2008 年第 1 期。

第二节 友爱政治的理论基础：解构的伦理—政治意蕴

"解构"在当代无疑是一个时髦的词汇，被广泛地运用于各种社会科学领域。德里达的哲学的确也能被归纳为几个教条或学说，比如"解构""延异""踪迹""播撒""替补""游戏""不在场""书写""文本""他者"，这也是解构主义能够被普遍接受和流传的一个前提。但是，从根本上来说，德里达的哲学是一种艰深的"哲学技艺"，是一种持之以恒的读与写的活动，无法被化约为那些教条或学说。所以，人们很容易就能模仿和重复那些词语和话语，却很难学会解构的分析策略和技巧。因而，在众多的阐释和挪用之中，存在着对解构的种种误读，并没有真正理解解构的含义，更谈不上领会隐藏在其深处的伦理政治意蕴。

一、解构之误读

对于解构，在当前学术界存在几种误读：

1. 解构就是批判，就是否定，就是彻底的摧毁，所以解构必然导致了虚无主义。解构的矛头是指向传统形而上学的，其主旨是对传统在场形而上学的摧毁，对逻格斯中心主义的摧毁，对语音中心主义的摧毁。而人们总是期待着一种思想的完整性。对于德里达无情地解构和“摧毁”，一些学者指责德里达只解构却不建构。在他们看来，虽然德里达的解构对反思传统哲学很有启发，能够让人警醒，但他没有为我们提供任何正面的、积极的、建设性的东西。解构意味着对传统的批评、否定和摧毁，意味着否定中心、取消意义，甚至有人认为解构理论意味着否定一切，可以归结为怀疑主义、相对主义、反历史主义、反价值主义和虚无主义等。

2. 解构就是语言游戏，专门在文本中寻找作者在语词和语法使用上的矛盾。很多人根据德里达早期思想文本，把德里达的哲学简单归结为解构和解构主义，认为解构不过是语言游戏、文本游戏，缺乏对社会政治、经济体制的解剖。在他们看来，解构也被认为是以揭示文本的内在矛盾、并将这一矛盾优先化以使文本自我解体为目的的文本游戏，不关心政治和现实。激进的马克思主义西方学者认为他是无勇气的学者，T. 伊格尔顿也曾耻笑他不进行阶级斗争，只是做语言搏斗的小人物。

而德里达打破传统写作规范和文法语法规范的解构式的写作风格没有中心，没有逻辑，语言深奥，句法怪异，常态的阅读方式很难抓住其精神要旨，因此遭到许多的责难和抨击。许多人指责德里达的著作文字艰深难懂，指责其观点过于武断。更有人声称，把德里达的思想说成是虚无主义的算是恭维他了——因为那至少意味着他是可以理解的。总之，德里达的解构哲学就是处于一片讽刺和谩骂之中。即使是在德里达的故乡法国，解构哲学也仍然得不到应有的理解。

二、解构的本质：形而上学之后的哲学之思

德里达和解构概念密不可分，差不多可以等同。他自己也默认用解构理论来概括他自己的思想。解构作为一种理论，在20世纪60年代德里达的早期思想中已经完成；而作为一种实践，它贯穿于德里达毕生的学术生涯。德里达晚期的所有政治思想都以早期的解构理论作为前提和基础。

（一）解构的词源及思想的来源

解构，简言之即反结构或分解结构、消解结构中心，是结构的自我解构。德里达的"解构"（Deconstruction）来源于海德格尔的"解构"（Destruktion）概念，在德文里具有从结构上、本质上进行摧毁、捣毁和毁灭之义。海德格尔在《存在与时间》一开始，就提出了一项"解构本体论的任务"，试图利用拆解、解构（Destruktion）来克服西方哲学从古希腊直到尼采为止一直占统治地位的建构的（konstruktive）形而上学。德里达继承了海德格尔对形而上学进行批判的事业，因而有人称之为"法国的海德格尔"。

但是，解构并不是海德格尔的照搬，还吸纳了哲学史中很多哲学资源。有人认为德里达是3H（黑格尔、胡塞尔、海德格尔）的继承者，德里达继承了这些伟大思想家的思想资源，但又和每个人都存在差异。黑格尔的辩证法是绝对精神的运动，是一个扬弃的过程，否定之否定实现对立面的统一。黑

格尔的辩证法是绝对精神向自身复归，是绝对精神对自身的肯定，而德里达的解构试图超越任何形式的二元对立，但不是对立面的消除，而是对立面之间互为前提、互相转化。德里达不肯定任何东西，他把一切确定性的东西都置于解构之下。德里达在一次访问中说："海德格尔的存在基调更使我感到亲切。胡塞尔是教会了我技巧、方法、规矩的人，而这些东西从未离我而去。"① 德里达指出，胡塞尔的先验现象学是一种生命的哲学、一种活生生在场的哲学，将生命的观念与意识的经验相联系。现象学的基本原则是回到事物本身的直觉原则，但是涉及时间或他者，现象学就会背离这一原则。而德里达总是在现象学陷入困境时，尝试清理现象学源初的某种形而上学预设原则，同时尝试揭露出现象学论题建构中某些不足。现象学是解构的一种资源，德里达用现象学的方法解开传统形而上学中的那些思辨与理论的沉淀以及那些哲学预设。

此外，对德里达影响最大的思想家无疑是尼采。哈贝马斯、费里和雷诺也把德里达视为"尼采—海德格尔"的解构形而上学事业的传人。在继承海德格尔的解构概念的同时，德里达更多地吸收了尼采的"差异"概念和非哲学体系的创作风格。在德里达看来，尼采、胡塞尔和海德格尔都对形而上学进行了解构，尽管他们都没有跳出形而上学的泥淖，但是，三个人相

---

① 参见［法］雅克·德里达：《德里达谈现象学》，载于《名人访谈》，张宁译，原载 *Sur Parole: Instantanés philosophiques*。

比之下，尼采“在风格上和策略上都预示了德里达的学说”。[①] 尼采否定了符号与真理之间的直接关联，使符号从真理中解放出来。尼采提倡可能性，拒斥任何确定的东西和意义。他把意义看作是一个不断分裂生成的过程，是多元化的、不确定的。德里达同样认为，唯一可以确定的东西是不确定性。他不仅要彻底地打破传统“本体论”意义上的形而上学，而且致力于解构传统的形而上学，尤其是它的语音中心主义、能指中心主义、男性中心主义、在场中心主义等，并要在“解构”意识的支配下，寻找真正的“书写”，从而替代“逻各斯中心主义”（logocentrism）。

（二）解构与传统形而上学的终结

罗蒂在《解构与陷阱》中指出，解构的核心是攻击西方形而上学的逻各斯中心的秩序，是强调非自我同一性的意义游戏。德里达把西方形而上学传统总称为逻各斯中心主义，通过对西方形而上学中以逻各斯的在场为中心的二元对立的等级结构的解构，揭示了“在场的形而上学”的内在秘密，从而宣告传统形而上学终结的历史命运。

在德里达看来，西方哲学是一种“在场的形而上学”（metaphysics of presence），它在整体意义上把事物的本原、实

---

① 转引自夏光：《后结构主义思潮与后现代社会理论》，社会科学文献出版社 2003 年版，第 26 页。

质或本质的存在确定为在场，并假定它是意义的来源和基础，而真理是语言之外的事实，在现时可以捕捉、交谈和传达。所谓在场是指事物的本质和真理呈现在言说者的面前，并且能再通过语言表达出来，也就是说，真理在人们的交流过程中是现时的、“在场”的，言语则是表达思想的最佳方式。

自古希腊起，人们就坚信可以通过对关于事物本质的辩论中得到知识和真理。在辩论中，人们不得不借助语言的工具，要发出声音。而声音和话语之中包含着人的理性和事物的本质。因而，语言、人的理性和事物的本质之间存在着一致性，真理和意义就存在于其中。所以柏拉图主张对话，鄙视文字。因为，通过对话可以把传统形而上学要道出的逻各斯按其本质表达出来，具有在场的优势，而文字道出的真理离语言道出的逻各斯已经走样了。逻各斯就意味着事物本质、人的思维和语言之间的这种一致性。所以，自苏格拉底和柏拉图以来的整个西方形而上学传统就是这种逻各斯中心主义。只有在对事物本质的辩论中，才有智者和爱智者的区别。智者依靠语言和逻辑进行雄辩或诡辩，甚至远离事物的本质和真理。而爱智者坚信关于事物本质之真理的存在和在场，并孜孜以求地通过理性去追求这些真理。作为爱智慧的形而上学，首先假定事物本质的存在，以及其对于人的理性的可知性和对于语言的可述性。传统的形而上学建立在事物的本质或逻各斯的在场的基础上。只有预先假定事物本质和逻各斯的在场，对于真理的辩论才有意义。苏格拉底所谓的哲学家是真理的助产士，就是说哲学家通过对话和辩论揭示事物的本质。正是在这个意义上，西方传统的形而上学才是在场的形而上学，也是一种逻各斯中心主义，也才与语音中心主义相关。

语音中心论认为语音不仅可以再现逻各斯，也可以表达意义。在传统形而上学观念之下，声音优越于文字，因为“说出的话是精神体验的符号，写下的话是说出的话的符号。”① 也就是说，声音是真理的再现，更接近人的理性体验的事物本质，更接近真理。按照柏拉图的理论，真理和意义内在于意识，人可以通过与灵魂的对话使真理和意义返回自身。在两个人的对话中，由于处于共同的语境下，真理和意义仍然是确定的，无须借助中介。而在书写中，逻各斯是缺席的，不在场的。由于脱离了原作者，意义也不再是确定的，阅读者对文本的解释可以是任意的。书写的文字是语言的再现，是再现的再现，因而就远离了真理，而且文字一旦写出并流传，就容易被误解和滥用。因而，声音意味着同一性、统一性和直接在场性，是对真理和意义的原初表达，而书写意味着差异性、多样性和间接不在场，是对真理和意义的死的重复，所以，在传统的形而上学中声音优越于书写。而声音的优先地位，就源于逻各斯的在场和意义的确定性。

德里达指出，逻各斯中心主义和语音中心主义不仅是古希

---

① 转引自夏光：《后结构主义思潮与后现代社会理论》，社会科学文献出版社 2003 年版，第 335 页。

腊形而上学的基本内容，也是整个西方哲学的本质特征。除了柏拉图之外，语音中心论的另一个代表人物就是卢梭。在卢梭看来，写作不过是对说话的一种危险的附加，语言是一种自我在场的活动，真理和意义本原也是在场的。更重要的是，对话中能表现出共同特点和种种美德。相反，书写则不仅意味着共同语境的消失，也意味着不平等和权力结构的出现。因为，只有具有写作能力的人才能成为社会的当权者。由此书写成为社会控制的手段，这意味着人类从自然走向文明，而在卢梭看来，是走向了堕落、虚伪和腐败。但是，矛盾的是，卢梭本人依然从事写作，并且陷入了忏悔录的真实性和虚构性的悖论之中。

逻各斯是事物本质、理性、语言的三位一体。由此，逻各斯中心主义实际上就是“在场的形而上学”和“声音中心主义”的结合体。在德里达看来，逻各斯中心主义和语音中心主义假设语言、理性和事物本质的同一性，一方面要求思维与存在的同一性，另一方面要求语言对思维中的事物本质的同一性。这些同一性源于人们对于意义体系的科学性和真理性的诉求。但是，在西方哲学史上的任何意义体系往往都会自以为或自称是科学或真理，并排斥其他意义体系。由此特定的意义体系就与思想霸权和政治独裁相关。从逻各斯中心主义衍生出一系列中心概念：上帝、理性、物质、人、绝对精神、科学、存在等等，同时，建构了以这些概念为中心的二元对立的命题和结构：声音和文字、灵魂和肉体、本质和现象、理性和非理性、人和上帝、男人和女人、西方和东方等。在传统哲学中，二元对立命题包含着森严的等级高低，两个对项绝不可能和平共处，一方不仅在逻辑上而且在价值上高于另一方，处于发号施令的统治地位。整个形而上学的历史就是一系列中心概念更替的过程，也是中心概念对边缘概念的压制和统辖的过程。从根本上说，解构的目的就是打破这种固定的等级结构。但解构与摧毁不同，不是要摧毁结构，使其坍塌，而是全面介入对立命题结构之中，通过自己的文本和他人的文本的互动，使那些被遮蔽、被排斥的东西从结构的复杂性中凸显出来，进而颠倒这种层级秩序，跨越对立的界限，走在对立的两者之间。在德里达看来，对立的界限并不存在，它从未出现过，对立本身就是虚假的，人为造成的。

德里达对西方传统形而上学的解构，就是对逻各斯中心论和语音中心论的解构。他的解构策略是指出逻各斯中心论和语音中心论的内在矛盾，让其自我解构。他指出，语言不是描述现实和反映经验的手段，不过是能指和所指之间的游戏，因为语言一出现，无数歧义也就产生了。语言和书写之间的关系是双重的，一方面书写的确不能像声音一样忠实于逻各斯，不能保证逻各斯的在场和意义的确定性。在场是虚假的在场、不正当的在场。柏拉图为了通过语音论证的形上学原理是永恒的，而把语音在场出现的特征移接到形而上学原理的在场。另一方面，文本是对意义和真理重复或记忆的最佳手段。书写就像药一样，既是毒药，使意义无法在场；又是良药，使意义可以再现和重新生成。话语是当时当地在场，说完了就没有了，只有暂时性。而文字可以延续下来，和阅读者之间形成新的在场和新的创造。文字具有传形传意的性质，并且可以在说话者指定的规则外进行再创造。所以，文字比语言具有更强的创造、游戏特征。文字是继续思想创造的可能性和再创造的游戏。传统形而上学主张回到传统的对话，传统的诠释学强调回到原作者，回到作者本意，而德里达主张这是传统形而上学用语言限制人、控制人，要跳出形而上学就要跳出语言的普遍化、标准化。德里达指出，柏拉图本身就既是语音中心论的支持者，同时又是第一个解构者，因为柏拉图不得不以对话体的形式记录苏格拉底的哲学思想，在苏格拉底本人不在的情况下通过书写使其思想再现。但是，柏拉图并不能保证他的著作能展现苏格拉底的全部思想，也不能保证后人对其著作的解释完全统一，没有误解和歪曲。

解构深入到形而上学、文本乃至世界的结构之中，发现其结构中心的诟病，并指出其结构边缘的活力。德里达把批判的矛头直指西方文化传统中所有解释语言的明确的、封闭的体系。一切传统的、既定的概念范畴和分类法都成为解构的对象。德里达通过对“在场的形而上学”的批判，割裂能指和所指的联系，认为所有的形式（包括语言）都不能准确清晰地表意，且无特定或唯一意义。

（三）延异与传统符号学

“延异”（Differance）作为德里达的一种解构策略和书写

活动，它担当的重任就是颠覆西方根深蒂固的“在场的形而上学”或“逻各斯中心论”以及传统的符号学系统。德里达通过延异概念强调书写相对于说话的优越性，揭露西方传统文化用语音中心主义来为在这个基础上所建立起来的传统形而上学进行理论上的正当化辩护的漏洞。

延异是德里达从差异概念衍生而来的，其含义却不同于差异。在德里达看来，延异有两层含义：一方面是时间上的延搁；另一方面是空间上的延展。这样，延异就不仅仅是差异，而且是差异产生的过程。延异是差异的“踪迹”和“播撒”。

德里达的延异概念依赖于结构主义和符号学对索绪尔语言学的重新解释。索绪尔认为符号是由能指（signifier）和所指（signified）构成的：能指是概念和观念的内容，所指是声音和图像，其中所指优于能指，而声音优于图像。具体来说，写作和语言是表达思想观念的两个不同的符号系统。语言实际上是一个独立于写作的声音系统，而声音是概念和观念的最初的能指。在说话时，声音同自我在场的思想之间，或者说能指和所指之间存在着某种自然的联系。正是这种自然联系使写作从属于语言，写作是声音、语言的能指。这种观点与柏拉图以来的逻各斯中心主义和语音中心主义是一脉相承的。而且可以说，索绪尔是语音中心主义最经典的表述者。在索绪尔看来，语言是一个共时在场的系统，同时是一个由声音构成的意义系统。在这个系统中，语言符号的意义不是由能指和所指之间的对应性关系决定的，而是由声音决定的，更确切地说是由不同声音之间的关系决定的。

德里达指出，索绪尔的观点是自我矛盾的。一方面，他强调声音、语言和思想的自然关联性，由此把语言置于文字之上；另一方面，在强调语言是一个任意自足的声音符号系统时，又对符号系统之外的所指（存在、思想和逻各斯）置若罔闻，这就等于切断了声音和思想之间的自然联系。在德里达看来，一切语言，一切符号，语音和语音所意指的一切都是符号而已，符号的在场不在场都取决于符号使用者和使用的环境。符号及其相关意义产生在场、缺席、再出席的断裂性。那种认为能指和所指几乎可以同时产生、而所指优于能指的观点是错误的。每一个符号与它所表示的事物之间的关系都是任意的，这种任意性就意味着符号没有一个固定的位置，符号系统是没有特殊对应物的系统。符号内部既不存在统一性，也不存在中心性，更不存在明确的、固定的和单一的意义。能指不再与它们自身以外的实体或事物有关联，能指涉及的只是其他能指，它不能指向自身之外。简言之，假如符号具有任何意义，人们也只能从其他符号中去寻找。决定一个能指的意义不需要有一个所指，决定它意义的是无边无际的其他一系列能指。“延异”作为一种意指关系的运动，它不指向符号链以外的观念，而只表示符号之间的横向关系。逻各斯和意义本来是不在场的，却在时间和空间不断地延异之中得以展开。这一过程将永无休止地进行下去，标识“在场”之无限“延异”。解构打破了事物本质和意义本原之在场的设定，客观真理本源性地缺席了，逻各斯中心主义和语音中心主义就不攻自破了。

在德里达看来，延异是对真理和意义的不断地附加、增补。延异是使人的思想创造跳出传统形而上学的约束，跳出作者颁布的规则和原有文本的意义，达到在文本中迂回和不断创造的自由。德里达赞赏克里斯蒂娃的文本理论。进入文本，跳出文本，进入别的文本，再回来，在文本间进行延异的游戏。德里达指出，后结构主义要想反传统形而上学，就要走出语言，使用在语言之外的符号，甚至在符号之外进行创作。写作正是如此。在书写中，逻各斯和意义同自身的在场分开，却在文本的符号中甚至空白处得以再现。写作的过程就是作者一步步地"撤退"，让作品独自去表白，因而，作品不再是通过简单记录作者的思想而获得意义，相反，它自身在一系列的能指互相转换之中自主地生成。写作虽然不在场却留有印迹，由此，写作变成踪迹在差异链中的无限替代运动。印迹不断抹消自身又指涉他者：一方面，印迹以自我抹消为其自我显现的前提条件；另一方面，指涉自身必须通过指涉他者的迂回道路才能实现，德里达称之为"指涉结构"（referential structure）。为了避免形而上学的概念方式，德里达总是强调印迹没有自性、没有本源，它总是不在场的，出离自己并指涉他者，印迹以自我抹消为特征，逃离现象学的本质询问。

在1972年出版的《播撒》中，德里达又将différance的含义由原来的差异和延搁发展到播撒（dissémination）。"播撒"就是指在摆脱概念的控制和决定作用的同时，形成一种蕴涵丰富的语言或文本。播撒是语言在完全控制的秩序中呈现一种散布状态，通过不断地瓦解文本进而揭露文本的零乱、松散和重复。由于文本间存在差异和间隔造成了延搁，信息的传达就不能是直接的，而是像撒种子一样，四处播撒，不形成任何中心地带。这是德里达反对逻各斯中心主义的继续。播撒就是要“颠倒所有这些恢复了的主宰姿态。它试图挫败这样一种企图：以一种颇有秩序的方式走向意义或知识，它也想通过某种无法控制的过度或失落来打破意图或希望的巡回。”①

德里达对西方形而上学传统的批评，体现出他对哲学作为哲学的不满。在他看来，哲学与文学都是符号的系统，但是哲学和文学对待符号有不同的态度。德里达指出，文学承认自身植根于隐喻和修辞，而哲学则否定隐喻和修辞，力图达到一种对真理的纯粹表达，分析哲学尤其如此。哲学家总是“自以为超越了文本的隐喻结构，生产出一种净化了的语言，而且总是想把哲学的文本磨光、去色，不留痕迹，把意义印记去掉，在白色的空白纸上写下纯粹的语言、严谨的表述，自我在场，没有意义回味和分延。”② 由此，哲学与文学也建立起隐喻的/字面的、虚构/真理等一系列等级对立。而尼采曾经告诉过我

① 王宁：《德里达与解构批评的启示：重新思考》，《清华大学学报》2005 年第 2 期。

② 张立波：《德里达的解构概念及其与马克思的思想关联》，《中国人民大学学报》2000 年第 2 期。

们，真理不过是一大堆变化不定的隐喻、转喻、拟人化①。所以，文学和哲学之间并没有明确的界限，哲学文本也可以依赖于修辞、想象等符号规则。

德里达批判传统形而上学强调同一性、回避差异和再生产，强调再生产性（re-productivity）。在他看来，经济是延异的典范，产生延异的差异概念是一个经济学的概念。延异不仅要在符号中进行，还要在生活中进行，尤其是在经济活动中进行。同马克思一样，德里达强调经济是人生活的基础、人的基础以及思想的基础。因为经济与人生命攸关，而且经济活动是生活的典范，其中包含生产性和高度自由性。延异是产生差异的差异化运动。延异不断地铸造差异，当作运动再生产的结果。差异不是静止的，而是运动的，而人的生存、生命本质就是不断地生产。因而，延异具有原生学的和生存论的意义。

（四）解构的本质

解构是一种批判，但解构批判的目的并不是从“解构”的字面上所理解的“摧毁形而上学”，即批判某个哲学家或所有以往的哲学思想并终结它。它不是对哲学研究的否定，而是对哲学问题的介入，它标志着对西方形而上学的核心问题即存在问题的突破性思考。德里达总是精心地选择自己与之对话的哲

---

① 参见［法］雅克·德里达：《多义的记忆——为保罗·德曼而作》，蒋梓骅译，中央编译出版社1999年版，第40—41页。

学家：柏拉图、亚里士多德、卢梭、康德、黑格尔、尼采、弗洛伊德、索绪尔、海德格尔以及胡塞尔等。在对某个哲学家进行解构的过程中，他总是进入到其文本之中，揭示其文本内在逻辑的悖论、矛盾和断裂之处，揭示其思想隐秘的前提、隐含的修辞或可能性条件，揭示其陷入某种中心主义或本质主义的思想困境。因此，解构并不是简单地以"非主题"的方式在前人的哲学文本中揭示出前人所未曾见到的东西，而是以一种使经典文本被激活的方式重新阅读经典文本。在德里达那里，解构不仅是为了批判，而是激活。他对那些经典哲学家的解构总是能激起人们以新的方式和新的视角重新阅读这些哲学家，使其复活并重新散发激情。在这种意义上，与其说德里达对形而上学的解构是为了彻底摧毁西方形而上学，不如说是为了激发西方哲学传统的新生。德里达正是以这种方式捍卫着哲学传统，并将自身归之于其中。或许，也正是基于此，德里达一直反对被称为解构主义和后现代主义。德里达不是要终结形而上学，而是在探寻在形而上学的思维之外，甚至是在形而上学之内另一种打破固定的中心结构和确定意义的思维方式。"解构"，既要"解"(De)，又要"建"(Con)，但不是拆毁了重建，而是在原有结构基础上，对立面之间、边缘和中心之间的位移。解构的任务就是消解本质主义和中心主义，使得人们找不到所谓永恒的本质和中心。德里达曾经说过："解构不是拆毁或破坏，我不知道解构是否是某种东西，但如果它是某种东西，那它也是对于存在的一种思考，是对于形而上学的一种思考，因而表现为一种对存在的权威或本质的权威的讨论，而这样一种讨论或解释不可能简单地是一种否定性的破坏。认为解构就是否定，其实是在一个内在的形而上学过程中简单地重新铭写。”

解构不是虚无主义。解构主义所做的工作，正是通过细读文本来清理形而上学中隐含的虚无主义内涵。德里达激愤地指出：“30 年来我一直在尝试，清晰地和不厌倦地尝试反对虚无主义、怀疑主义和相对主义”，“解构决不是什么虚无主义或怀疑主义，对此为什么有人视而不见……”①。解构不是对一切说“否”，“解构毋庸置疑是一种肯定姿态，一种原初的“是”，这种肯定并非轻信、教条或盲目、乐观主义、自信、实际的同意，它是那种由质疑、提问所预设的东西，是肯定性的。”②

解构并未导致了“哲学的终结”。早在解构主义初创时期，德里达就指出：“越出哲学的路子并不是把哲学这一页翻过去而已（这样做常常沦为拙劣地卖弄大道理），而是继续以一定的方式来阅读哲学”③。在 1983 年的一次访谈中，德里达说：“我不清楚现在是否可以撰写哲学的终结之书的时代，也不知

① 包亚明主编：《一种疯狂守护着思想——德里达访谈录》，上海人民出版社 1997 年版，第 18、212、258 页。

② [法] 雅克·德里达：《德里达谈现象学》，载于《名人访谈》，张宁译，原载 *Sur Parole:Instantanés philosophiques*。

③ [法] 雅克·德里达：《人文科学语言中的结构、符号及游戏》，王潮选编：《后现代主义的突破——外国后现代主义论》，敦煌文艺出版社 1996 年版，第 261 页。

道这是否可能或可以奢望。”① 德里达反对终结论，他在批判福山的终结论调时转述了布朗肖特《哲学的终结》中的一段话："哲学自身一直在宣告或实现它自己的终结，不论它把那终结理解为是绝对知识的完成，是与它的实际实现相联系的理论的压制以及所有的价值被卷入的虚无主义的运动，还是最终通过形而上学的终结以及还没有一个名称的另一种可能性的预兆来告示的。因此，这将是从今以后伴随着每一位思想家的日落，是一种奇妙的葬礼时刻，哲学精神将在一种提升中为此而欢呼……它引导着它的葬礼队伍缓缓前行，在这期间，它以这样那样的方式期待着获得它的复兴。”② 所谓解构哲学，就是“反对逻各斯中心主义和言语中心主义，否定终极意义，消解二元对立，消除概念淤积，拒斥形而上学，为新的写作方式和阅读方式开辟广泛的可能性。”③

解构，不仅仅是方法是策略，更是一种实践态度，是以一种反思性的平等的敞开的态度来阅读、实践和生活。德里达从来无意建构一种包罗万象或者一以贯之的理论，用以理解和把握文学、语言和哲学。德里达风格独特的文本与书写实践都表明，他只想不断地从他正在讨论的文本中提取某些新的术语，

① 包亚明主编：《一种疯狂守护着思想——德里达访谈录》，上海人民出版社 1997 年版，第 149 页。

② [法] 雅克·德里达：《马克思的幽灵》，何一译，中国人民大学出版社 1999 年版，第 51—52 页。

③ [法] 雅克·德里达：《论文字学》，汪堂家译，上海译文出版社 1999 年版，“译者的话”，第 1 页。

赋予它们以一种策略性的地位，换言之，在自己的文本和他人的文本的互动中，使这些术语从结构的复杂性中凸显出来。他总是以新代旧，防止这些术语成为新的理论体系的中心概念。正如本宁顿所评论的，“有理由说，在过去三十年中德里达的哲学贡献（至少在法国）是最有价值的……从哲学上看，德里达学说之最明显的特征或许在于：它不是直接意义上的哲学，它永远在反驳、在超越、在挫败。与其说他重新规定了哲学，不如说他使哲学处于永远不确定的状态。”①

三、解构的伦理和政治意蕴

德里达反传统的思想体系主要以语音中心主义作为深入和瓦解西方文化为基础，来颠覆整个西方形而上学。他没有直接地论述我们时代存在的伦理和政治问题，而是考虑造成这些问题的根源，即源自柏拉图时代的逻各斯中心主义。所以，尽管表面上看来解构理论只是对思想家的文本解构，其实，解构背后却蕴含着深切的伦理和政治关注。

对文本的解构与现实政治密切相关。德里达的确曾说过：“文本之外别无他物”②，但是，德里达并不是把一切都文本化

① Bennington Geoffrey, *Interrupting Derrida*, London and New York: Routledge, p.7.

② Jacques Derrida, *Of Grammatoogy*, trans, Baltimore, MD:John Hopkins University Press, 1976, p.158.

了，无视文本之外的世界，也并没有把一切政治的、经济的、宗教的、社会的、历史的等语境变成文本间的东西。针对这种“泛文本主义”（pantextualism）的批判，德里达解释道：“对我至关重要的文本或语境的概念包含而非排除世界、现实和历史。文本并不是存在于图书馆中的书籍。文本是永远以世界、现实、历史和存在为参照的，它尤其以他者为参照……我所说的文本意味着所有被称为现实的、经济的、历史的和社会制度的结构”。[①] 所以，文本是包含现实的，文本解构就是对现实的解构。解构涉及的不只是哲学、文学、神学和意识形态，更主要的是针对意义构架、制度结构、教育机制、法律规范和权威。

德里达摒弃了“本原”“中心”“结构”“自治的主体”“总体性”等传统概念，摒弃了对于本体的优先存在的寻求，瓦解了传统思想中所有神圣的概念和一切确定性，在理论上动摇了压迫的等级制结构。同时，在延异中，解构不仅发现了作为主体的自我，在言说和书写的自我，同时也指涉了和自我存在差异的他者。“主体不是某种元语言的实质或身份、某种在场的自我之纯粹我思；主体是永远刻记在语言中的，而这种刻记构成了某种形式的自由，……这种刻记它意味着主体并非维系于某种单一的实质或身份，而是作为分延而生活在语言中，所以

① Jacques Derrida, *Limited Inc.*, Evanston:Northwestern University Press, 1988, pp.12-13.

主体是必然为他人所萦绕的。”①

在德里达看来，传统形而上学背景下，“语言中的政治”在纯理论话语的表面中立性下掩盖了排外、压抑、边缘化和同化的实践。② 德里达打破了语言和文字的二元对立和等级结构，使被压抑的文字和写作获得解放，这种解构不局限于语言，也涉及所有的社会制度。德里达说：“文本永远是一个各种力量的世界：它是异质的、分化的、开放的，等等。这就是何以解构式地阅读和写作所关注的不只是图书馆的书、不只是话语、不只是概念的或语义的内容。它们不单是对话语的分析，……它们还是有效或主动的干预，它们尤其是政治性和制度性的干预——这种干预甚至在不受制于由它们自己所产生的理论的或经验的意见之情形下使语境发生变化。”③

政治、经济、法律等建制都是靠语言来表达的，而这套语言又都是建立在一种文化逻辑之上，因此，就只有摧毁这种特定的逻辑体系才能碰触到其根基。所以，“解构不是话语或理

① 转引自夏光：《后结构主义思潮与后现代社会理论》，社会科学文献出版社 2003 年版，第 324 页。

② 转引自夏光：《后结构主义思潮与后现代社会理论》，社会科学文献出版社 2003 年版，第 346 页。

③ 转引自 Bernstein Richard J., *The New Constellation :The Ethical – Political Horizons of Modernity/Postmodernity*, trans, Cambridge, MA:The MIT Press，1992, p.197。

论的事情，而是一件实践—政治上的事情。”① 伊格尔顿也曾指出解构理论“完全是一种政治实践，是摧毁一个特定的思想体系，以及它背后的那种一整套政治结构和社会制度赖以生存的逻辑。解构并非荒谬地试图否认相对确定的真理、意义、特性、意图、历史的连续性这些东西的存在，而是试图把它看作更为广泛、更为深刻的一段历史的发展结果，即语言、无意识、社会制度和实践的发展结果”②。解构就是通过一种内部的离间，一种陌生化的努力，使固定在日常思维习惯中概念范畴解放出来。德里达曾坦言：“解构不是，也不应该仅仅是对话语、哲学陈述或概念以及语义学的分析；它必须向制度、向社会的和政治的结构、向最顽固的传统挑战。”③ 在更为宽泛的意义上，解构是一种持续而积极的斗争，它所反抗的是唯理主义对生命真实复杂性与矛盾性的独断压制。也许就是在这个意义上，可以说：解构是对生命的肯定。

所以，尽管德里达没有直接论述伦理或政治的问题，但是，他思想中的每个步骤都含有政治含义，正如伯恩斯坦评价的：“德里达不单具有一定的伦理——政治立场，更重要的是，

① 转引自 Sim Stuart, *Beyond Aesthetics: Confrontations with Poststructuralism and Postmodernism*, toronto:University of Toronto Press, 1992, p.34。

② 伊格尔顿：《文学原理引论》，文化艺术出版社 1987 年版，第 175—176 页。

③ [法] 雅克·德里达：《马克思的幽灵》，何一译，中国人民大学出版社 1999 年版，第 21 页。

从某种角度来看，其伦理——政治视野几乎渗透到并影响了他的全部著述”①。所以，解构中蕴含着思想解放和社会革命的色彩。基于德里达对特殊与普遍、中心与边缘等二元对立关系的崭新解说，女权主义、反种族中心主义以及后殖民主义等都以此为依据为自己的理论进行辩护，由此以特殊性、边缘性为研究对象的西方理论重新获得生机，诸如女人、黑人、第三世界等在现代体制中处于边缘位置的力量重新受到关注。解构思想成为其后的后现代主义和后殖民主义批评家用以消解中心、批判现代主义等级秩序和殖民主义文化霸权的有力武器。解构本身作为一种激进的文化力量，将引领我们超越确立的敌对的僵死的文化机制以及相应的政治制度和社会体制。在这个意义上，可以说，德里达是20世纪最具革命性的哲学家之一。

《友爱的政治学》是解构理论在伦理和政治领域的直接应用。解构不再是迂回隐晦地影射伦理和政治建制的问题，而是直接质疑了现代民主政治以及作为其基础的政治观念和友爱观念。在对西方思想史中的友爱观念进行解构式阅读的基础上，德里达指出普遍流行的兄弟情谊的友爱观念的诟病，敌友划分的政治观念的危害，以及现代民族国家体制内民主的困境。在解构的同时，德里达指出，在友爱观念谱系中隐含着有助于重新理解政治和民主的另一种友爱。

① Bernstein Richard J., *The New Constellation : The Ethical –Political Horizons of Modernity/Postmodernity*, trans., Cambridge, MA: The MIT Press，1992, p.173.

第三节 友爱政治学的现实背景：自由民主政治的困境

德里达 1988 至 1989 年在巴黎一个研究班上以友爱政治学为主题做了系列演讲，1994 年扩充修订出版了《友爱的政治学》一书。为什么德里达转而直接探讨政治问题？为什么德里达没有解构权力、统治、阶级等政治中的核心概念，而是以政治和政治哲学领域中的边缘性概念——友爱为线索来探讨政治哲学问题？友爱和政治以及民主的关系是什么？德里达之所以直接转向政治现实问题，不仅是回应解构主义的政治需求，而且也是当代政治现实的切实思考。

《友爱的政治学》的酝酿和写作出版期间正值世界格局风云突变之时。两大阵营对抗的局面接近尾声，最终苏东社会主义阵营瓦解，美国霸权地位得以确立。福山、柯耶夫等人开始宣扬：资本主义自由民主制度大获全胜，马克思主义对资本主义制度的批判已经失范，共产主义理想已经破灭。在他们看来，资本主义全球一体化基本实现，人类历史已经终结。在国际共产主义运动陷入低谷、马克思主义遭到质疑的情况下，德里达大声疾呼：现在该维护马克思的“幽灵”们了。他指出，马克思主义精神在今天比在任何时候都必不可少，马克思主义对资本主义的批判并没有过时，因为马克思所批判的资本主义社会并没有真正给人类带来福音，相反，在现代民族国家框架内，资本主义自由民主制度在面临贫穷、移民、宗教矛盾、恐怖主义、核威胁等问题时显得软弱无力。尤其是在全球化越来越深入地影响和变革了现代人的生产方式和生存方式的背景下，新的现实和观念更是对现存体制提出质疑和革新的要求。友爱政治学正是德里达对冷战后的现实世界进行全面反思的结果。

一、历史的终结与自由民主制的福音

在柏林墙倒塌之后，自由主义、自由保守主义、西方资本主义现存议会民主制的拥护者们发出“市场经济万岁，经济自由幸甚，政治自由幸甚”① 的欢呼，开始宣扬历史终结、马克思主义终结的末世论的咒语和福音书的论调。这些人宣扬马克思主义理论和共产主义实践已经灭亡，资本主义自由民主制大获全胜，再也没有敌人，证明这是最好、最理想的体制，新世界秩序就意味着人类走向自由民主制度。其中典型的代表就是亚历山大·科耶夫和弗朗西斯·福山。他们从技术主义和经济决定论出发，认为战后美国和欧洲共同体使黑格尔的普遍国家成为现实，它们是完善的自由民主制度，自由主义是人类社会的理想，作为人类政体终点的西方自由民主制将普及到世界的每

① ［法］雅克·德里达：《马克思的幽灵》，何一译，中国人民大学出版社1999年版，第76页。

一个角落。

（一）科耶夫：普遍承认的获得与主奴差异的消失

作为黑格尔继承人的科耶夫，在解读主奴关系辩证法过程中，从普遍政治认可的获得推论出历史终结。他认为，人的欲望驱动人的行为，进而推动历史的发展。而在欲望当中，寻求被承认是最大的欲望，因为我们在他人的承认中发现自我。科耶夫反对施米特的政治概念，认为政治的根本标准不是敌我关系，而是为了承认而进行的斗争，敌我关系只是斗争的一刻，终将因为人们彼此承认而随着政治的消亡而消亡。在科耶夫看来，主奴辩证法就是奴隶争取获得主人承认，这构成所有历史变化的杠杆。所以，几千年来的政治问题都可以理解为解决认可的问题，这是社会发展的动力源泉。他说："普遍的历史，即人与人之间相互作用及人与自然相互作用的历史，也就是好斗的主人与劳动的奴隶之间相互作用的历史。"但是，主奴辩证法并不是永无止境的，终有其完成的一天，它所追求的主奴差别的消失终有一天会实现。"当主奴之间的对立、差异消失了：主人将停止其为主人，因为他不再有奴隶，而奴隶也将停止其为奴隶，因为他不再有主人，这时历史也将终止。"①

在科耶夫看来，现代自由民主的政治体制极好地满足了所

① A.Kojere, *Introduction to the Reading of Hegel*，Ithaca and London：Cornell University Press，1969, p.43.

有人之间相互承认的欲望，历史发展失去了动力，历史也就随之终结。基督教已经提出了在上帝面前人人平等的观念，试图消除奴隶制的意识形态和主奴差异，但仍有一个超越的主人——上帝存在。近代以后，启蒙思想家们将这一观念世俗化为在法律面前人人平等，于是，主奴关系中追求的“承认”不再是主奴间单方面的“承认”，而是转化为人与人之间的“相互承认”。但是，尽管启蒙思想家们提供了这幅理想图景，但其自身并没有力量实现，历史的动力依旧是主奴辩证法中的核心环节：斗争和劳动。当自由、平等、幸福被当作普遍观念通过法国大革命引进历史后，以后的所有历史都只是为了实现这个目标。这个原则已不可废止，剩下的只是一个实现的时间表而已。所以在现代社会中，资本主义自由民主用普遍的、平等的认可取代了黑格尔所描述的主人和奴隶的关系，因此人人平等的民主制度下的国家一劳永逸地解决了认同的问题。这也意味着，人在完成自身的同时，在历史终结处消失了。不是生物学意义上或宇宙学意义上的消失，而是指人进入了另一个新的时代。“那时，战争消失了，流血消失了，哲学消失了，人基本上不再变化。理解世界、自我的基本原则也没有必要变化。但其余所有的可无限期地保存下去，艺术、爱、游戏等等，一言以蔽之，每一件事无非是使人快乐。”① 这是一个普遍同一的

① A.Kojere, *Introduction to the Reading of Hegel*，Ithaca and London：Cornell University Press，1969, p.159.

社会，社会中不再有阶级之分，主奴斗争自然消失，哲学作为爱智让位于智慧本身，哲学家让位于智者，意识形态让位于真理。人们接受有限，面对死亡，本真地生存。

科耶夫选择接受一种历史有限论。如果没有历史的终结，就永远没有全体、总体的形成，也就没有真理，没有衡量历史进步的标准。而“历史的终结”意味着人们可以用历史终结的目光来理解、审视、判定人们的行动。在现实中，科耶夫看到了市场经济对于人类普遍欲求的满足作用。因此虽然他赞许社会主义，但他预言了美国的经济成功终将战胜苏联，冷战也将在经济一体化中结束。① 而这种预言在今天的全球化趋势下，在某种意义上得到证实。

（二）福山：自由民主的福音与共产主义的失范

依据黑格尔—马克思关于人类政治与经济体制逐渐演进的观点，福山提出历史终结的结论。“黑格尔和马克思都曾相信，人类社会的发展是有终点的，会在人类实现一直能够满足它最深切、最根本的愿望的社会形态后不再继续发展。”② 不同的是，黑格尔将历史终结于一种自由的国家形态，而马克思把它确定为共产主义社会。而在福山看来，人类历史进程的方向是马克思所说的资产阶级民主。他指出，冷战结束以后人类社会

---

① 参见 Shadia. B. Brury, *Alexandre Kojeve*，MacMillan, 1994, p.x、43。

② 福朗西斯·福山：《历史的终结及最后的人》，彭志华译，中国社会科学出版社 1998 年版，第 2 页。

发展史就是一部以自由民主制度为方向的人类普遍史。20世纪最后25年最令人瞩目的变化是强权政府的纷纷倒台，“但自由民主制度却始终作为唯一一个被不懈追求的政治理想，在全球各个地区和各种文化中得到广泛传播”①，人类历史最终会引导大多数人走向自由民主。两次世界大战、纳粹极权主义、法西斯主义、斯大林主义的恐怖灾难不会阻止大多数人走向自由民主的方向。福山把自由民主制看成是实现全球性政治自由的运动。福山指出“除了建立在自由和平等双原则基础上的社会之外，好像再也没有需要演进的更高社会形式”。② 20世纪80年代以来世界上发生的一系列政治事件，不仅仅是冷战的结束，而且是历史自身的终结；民主与自由的理念已无可匹敌，历史的演进过程已走向完成；西方的自由民主制度是复杂的现代社会中最有能力在共识的基础上解决冲突的社会制度，是人类的最佳选择，它即将成为全人类的制度。

福山也承认，目前的胜利并不代表以后没有事情发生，目前自由主义只是在思想意识领域取得胜利，离在现实物质世界中的胜利还很远。但是，福山立论的重要依据是对资本主义当下景象的美好以及在物质层面业已胜利的确认。他指出，尽管民主制度也有限度，不善于解决阶级、民族、种族和宗教问题

① 福朗西斯·福山：《历史的终结及最后的人》，彭志华译，中国社会科学出版社1998年版，第4页。

② 参见福朗西斯·福山：《历史的终结及最后的人》，彭志华译，中国社会科学出版社1998年版，“后记”。

所引发的冲突，右翼和左翼的独裁在世界范围的崩溃并不能为稳定的自由民主扫清障碍，但是，可以断定的是自由民主是唯一的合乎逻辑的、能够跨越全球不同地区和文化的政治灵感，资本主义经济的发展和技术进步，会渐渐填平以阶级、民族、种族或宗教划分的鲜明的社会鸿沟①。经济发展和技术进步所带来的物质丰盈和生活安逸，能极大地满足人的欲望，而选择民主，则能满足人获得认可的需要。历史的终结意味着战争和血腥的革命的方法的终结，而在历史终结时，人也消失了。

“历史终结论”是一种典型的为资本主义辩护的理论。所谓“历史的终结”，不过是指资本主义的彻底胜利，资本主义与社会主义对抗史的终结，而现实社会主义运动的指导理论——马克思主义也因此而失效。随着共产主义在国际范围内走入低潮和历史终结福音的高唱，马克思主义也面临着危机。

二、自由民主体制的困境与民主理想的断裂

历史终结了吗？资本主义真的给人类带来福音了吗？马克思主义失范了吗？环顾现代世界发展的现状，我们可以很容易发现，资本主义民主并没有像福山所说的那样大获全胜。有许多研究表明，现代西方社会中，政府民事活动能力下降，政治

① 参见福朗西斯·福山：《历史的终结及最后的人》，彭志华译，中国社会科学出版社 1998 年版，第 136 页。

家责任心差，缺乏对领袖的社会监督。这一切证明，西方的国家体制不能恰如其分地反映时代的挑战。在高度工业化的社会，政权应当如何组织的问题仍然没有解决。正如墨菲在《政治的回归》中所指出的，苏东共产主义的崩溃没有产生向多元民主的平稳转变，在许多地方甚至还导致民族主义的复活和新的对抗的出现，世界新秩序的语言、普遍价值的胜利、传统的同一性的普遍化都没有实现，自由民主政治并未取得预想中的成功。相反，整个西方的民主理论正经历着一场合法性的危机。①

尽管现代社会公认民主政治是最有效的政治组织方式，但是，现有的民主观念过分偏重于制度化和程序化，以致在现实的民主发展中，民主的理想与现实之间仍然存在着巨大的断裂。正如妮科尔·洛罗指出的那样，民主的现实和民主的名称之间严重地脱节。② 自由、平等、民主和正义，这些从远古就被人们所孜孜不倦地追索的理想在今天仍然是遥远的彼岸。现代民主制度日益工具化、程序化和技术化。所以，在民族国家体制框架内，民主政治体制与民主实践面临诸多困境，在解决当今的民族、宗教和国家冲突时表现出无能。在《马克思的幽灵》中，德里达列举了在当代的资本主义自由民主国家中流行

① 参见［美］查特尔·墨菲：《政治的回归》，王恒、臧佩洪译，江苏人民出版社 2001 年版，第 2—4 页。

② 参见汪民安主编：《生产》（第二辑），广西师范大学出版社 2004 年版，第 3 页。

着十大瘟疫无法根治：新技术、新市场和新的世界性竞争导致了新的失业现象，大量无家可归的人被排除在政治之外，发达国家之间的经济战争仍控制着国际秩序，自由市场的概念、范围和现实中的种种矛盾已发展到了失控的地步，沉重的国际债务及与之相关的因素使大量人口处于饥饿和绝望的状态，西方军事工业已融入对科学研究和经济生活的常规管制中，核武器的扩散已越来越难以禁止了，种族或民族内的战争在陈旧的'民族国家'观念支配下愈演愈烈，黑社会和贩毒集团的权力在世界范围内有增无减，国际法和联合国在很大程度上被操纵在部分国家手中①。在《友爱的政治学》中，德里达也直接谈到："一种新型的战争，一种含糊其辞的所谓的宗教性的'回归'，民族主义的'回归'，种族中心主义的回归；'数字'的动乱，人口计算本身的动乱以及与民主、与一种（在无限不断增长的多数世界人口的文化和宗教中没有铭刻的）民主'模式'相关的动乱；再也无法心平气和地用'移民'和一切形式的人口迁移来称呼的前所未见的人口统计数据；根据地域和血缘来复活或者质问公民身份；神学政治在整个世界、在国际和跨国范围前所未闻的干预形式；国家结构和（发展之中或者未来的）国际法的重新奠基——这个名目清单可能永无止境"。② 民主的

---

① 参见［法］雅克·德里达：《马克思的幽灵》，何一译，中国人民大学出版社 1999 年版，第 115—119 页。

② Jacques Derrida, *Politics of Friendship*, trans., G.Collins, New York/ Lodon, 1997, p.273.

理想与现实之间仍然存在着巨大的断裂。

现实的困境与理论的偏颇不无关系。现代政治理论脱离了其源初的本真价值，变成了政治科学。从古希腊开始，政治理论是真正关于人类在公共生活中如何获得幸福的思考，其中就注入了伦理和应然的维度。柏拉图把太阳般善的理念作为终极的关照，构想了理想国；亚里士多德则把德性和思辨的善作为政治学的前提，强调实践中的明智。而从近代开始，尤其是在马基亚维利、霍布斯之后，政治成为利维坦，在人性恶的前提下进行的权势之争。政治学就是探讨如何在斗智斗勇的战争中获胜。随着标榜理性、科学至上的现代性观念的深入，现代政治理论逐渐变成政治科学。政治学家们关注的焦点是政策分析、制度安排和程序完善，忙于进行利益得失的衡量及选票的计算。因而，现代自由民主理论过分倾向于通过程序化设计和技术化手段实现利益均衡，认为民主政治建设要依靠制度设计和程序完善，没有考虑到民主政治所需要的友爱基础，忽视了人与人之间深层关系对于现代民主政治建设的重要意义。

所以，在现代政治理论中，核心的概念是政府、统治、权力、合法性、阶级、主权等。政治仅仅意味着一种方案，一种议程或一种制度，民主也只是一种政治制度或一种民族国家的政治体制。德里达指出，以往我们称之为政治的政治脱离政治的本真含义，因而，有必要重新思考政治，“不是要在旧的框架内提出新的政治内容，而是尝试重新定义，从不同的角度进行思考，这样的政治涉及什么”。[①] 因而，他超越现代政治理论的知识范围的局限，思考被其所边缘化的友爱的政治经验。德里达指出，面对自由民主理论的困境和这些现实问题，有必要召唤一种新的民主政治理论，真正反思什么是民主，重新认识民主的本质内涵和价值，探索怎样真正实现人的自由、平等和民主。

三、启蒙的悖论与博爱精神的遗失

现代民主政治滥觞于启蒙时代。17 至 18 世纪，资产阶级思想家为反对神权和封建专制统治发动了一场思想解放的启蒙运动。启蒙精神宣扬理性万能，用理性取代了信仰，用批判精神取代了迷信，用知识取代神话，把人类从迷信和愚昧中解放出来，确立了人对自然的无限统治权，从而增强了人的本质力量和自由，为人类描绘了一幅自由、平等和博爱精神笼罩之下的理想社会的美好图画。康德道出了启蒙运动的本质：“启蒙运动就是人类脱离自己所加之于自己的不成熟状态”[②]，自由地运用理性。对理性的乐观精神和对主体性的张扬使人们坚信历史进步观，认为人类可以按照自己的意志建立起自由、平等的制度和正义的法律，并且随着人类认识自然和征服自然能力的

① 汪民安主编：《生产》（第二辑），广西师范大学出版社 2004 年版，第 52 页。

② ［德］康德：《历史理性批判文集》，何兆武译，商务印书馆 1997 年版，第 22 页。

提高，随着科技的发展和物质财富的增长，人类社会将日益趋于和谐与公正，人类历史必将走向一个作为终极目的的自由王国。这种人类解放的神话是普遍主义的，主张全人类会逐步趋向同一，所有民族会接受同样的价值、信仰、制度、目标、方向和实践，并最终实现世界一体。

从此，人类社会在现代性的理性化进程中走上强调理性至上、人类自由以及征服自然的启蒙历程。不可否认的是，启蒙使西方在政治、经济、宗教、文化等方面取得了巨大的进步并居统治地位，为全世界提供了一种普遍的文明模式。但在启蒙扩张的同时，启蒙精神在不知不觉中逐渐走向反面，上演了自我摧毁的悲剧。对自身理性的迷信和盲目崇拜的过度膨胀，对人类认识和改造世界能力的夸大，造就了各种乌托邦工程和宏大的社会改造工程。“人类理性那个全能错觉催化下形成的国家干预冲动，最后却总无一例外将自己的活动空间延伸到本质上属于社会生活和个人生活的领域，逐渐演变成为能鲸吞一切社会多元性的利维坦。”① 霍克海默指出，20世纪人类历史状况表明，启蒙的世界不是一个人性全面发展的世界，而是一个普遍异化的世界，“人类不是进入到真正合乎人性的状况，而是堕落带一种新的野蛮状态”②。启蒙精神成为一种崇拜理性思维

---

① ［俄］A.C. 马卡雷切夫、A.A. 谢尔古宁：《后现代主义与西方政治科学》，文华译，《国外社会科学》1997年第5期。

② ［德］霍克海默、阿道尔诺：《启蒙辩证法》，重庆：重庆出版社1990年版，第85页。

和科学认识，缺乏主体性和否定性的新的迷信和神话；人对自然的统治导致人与自然关系的破坏和自然对人类的报复；理性和技术成为一种新的统治力量，扼杀人的自由和个性，人与人相互异化，在普遍异化的世界中相互冲突。人的自由变成了负担，平等和博爱的梦想，逐渐被利益和权力的追逐所抹杀。麦金泰尔就曾指出，启蒙的所有努力与承诺从未兑现，过去都失败了，目前仍在失败着。① 它对权利和自由的激情释放出一种毁灭性的个人主义，削弱了对共同体的任何感觉。它留给我们一个贫乏的道德景象，一个对所有无法还原到工具有效性的价值进行压制的景象，留给我们一个腐化变质的道德话语，在这个话语中，伦理评价退化为个人偏好的伪装。② 因此，启蒙应该对法国革命负责，对极权主义负责。

博爱在启蒙之后逐渐地被遗忘了，成为现代社会缺失的一环。启蒙开启了以自由与平等为基本诉求的古典自由主义政治哲学之先河。古典主义的基础是自由和理性的主体，而这个主体是带着自然的天赋权利降临人世的。政治哲学、法学乃至全部社会科学的主题就是思考如何确保人的自由和彼此间权利的平等，并在政治制度中对“自由”与“平等”理念的实现做出了具体安排。古典自由主义发展到了其科学化的实证化的顶峰

① 参见［美］A.麦金泰尔：《德性之后》，龚群等译，中国社会科学出版社 1995 年版，第 80 页。

② 参见［美］詹姆斯·施米特：《启蒙运动与现代性》，徐向东译，上海人民出版社 2005 年版，“导论”第 1 页。

就是功利主义。边沁、密尔等功利主义者继承了启蒙主义和理性主义的衣钵，为人的主体性确立一个世俗化和合理化的前提和基础。“他们的伦理学纯粹建立在功利基础上。他们从人们渴望幸福或愉悦以及渴望减少痛苦的事实出发。唯一的问题是怎样最大限度地增加幸福。”① 由此，“利益被提升为人的统治者。……换句话说，财产、物成了世界的统治者”②。一方面在效益原则驱动下，极端推崇工具理性；另一方面，人变成了只追求满足个人欲望的理性自私的经济动物。理性给人类带来的并不是自由解放和进步，而是极权政治以及核武器等带来的恐怖和在自由民主消费资本主义的福利国家和丰裕社会里，社会生活的普遍商品化和僵化的官僚结构带来的窒息。可以说整个时代就是“自由、平等、所有权和边沁”③。对于个体自由和权利的强调，导致现代社会中原子式的个体之间彼此疏离、相互陌生。即便是人与人之间的友爱也隐藏着潜在的功利性，博爱只是启蒙无法兑现的承诺。自由的追求最后导致人们逃避自由。通过制度规范和法律约束来实现自由和平等，结果是政治的平等没有消除经济上和财产上的不平等。而且，政治领域和道德领域之间出现了相互排斥、相互冲突、相互对立。“那些终极的、最高贵的价值，已从公

① ［美］查尔斯·泰勒：《自我的根源：现代认同的形成》，韩震译，南京译林出版社 2001 年版，第 490 页。

② 《马克思恩格斯全集》第 1 卷，人民出版社 1956 年版，第 674 页。

③ 《马克思恩格斯选集》第 2 卷，人民出版社 2012 年版，第 168 页。

共社会生活中销声匿迹。”① 泰勒也一针见血指出现代性的隐忧就是，意义的丧失、道德的褪色和自由的丧失。② 遗失了博爱的现代政治遭到了合法性质疑。

欲想为人类找回生活的意义，为人安身立命确立一个基础，必须批评以抽象的人性和理性为基础的政治思考和以自由、民主、平等为内容的主导话语。也只有重新反思启蒙的合法性，才能不断地完成未竟的启蒙事业，重建人与人之间的和谐和友爱。

四、全球化的冲击与殖民化的威胁

资本主义生产的社会化和商品化使生产力突飞猛进地发展起来，同时现代科学技术的进步促进了航海、通信等行业的巨大发展，这就为资本主义冲破地域的壁垒而向全球扩张奠定了基础。资本主义的世界市场已经把世界联结为一个整体，各个民族和国家不再是孤立封闭的自我发展，都不可避免地被卷入到世界性的竞争之中。全球化的浪潮势不可挡。在全球化趋势下，由两极世界向多极世界过渡，世界各国之间的合作不断加强。

① ［德］马克斯·韦伯：《学术与政治》，冯克利译，上海三联书店2005年版，第48页。

② 参见［美］查尔斯·米勒：《现代性之隐忧》，程炼译，中央编译出版社2001年版，第12页。

尽管全球核战争的威胁消失了，两大阵营对峙的局面结束了，也并不意味着一个和平年代的到来，而是产生了一些新威胁，如恐怖主义、毒品交易、核扩散、民族主义等。全球问题仍然尖锐化。种族主义、民族主义的冲突以及意识形态的斗争在许多地方依然存在，世界新秩序并没有实现。而且在这个世界地球村当中，各个民族和国家的地位却并不是平等的，依然存在着强权、暴力和非法干预。可以说，全球化的实质是同化和殖民化。正如马克思所说的："资产阶级，由于一切生产工具的迅速改进，由于交通的极其便利，把一切民族甚至最野蛮的民族都卷到文明中来了……它迫使一切民族——如果它们不想灭亡的话——采用资产阶级的生产方式……使农民的民族从属于资产阶级的民族，它使未开化和半开化的国家从属于文明的国家，使东方从属于西方。"① 由于文化、宗教等问题不能在平等中进行对话和交融，所以导致区域间争端不断。不对等的贸易规则和霸权主义的内政干预，使全球化成为遮盖新殖民主义的面纱。

全球化的不断深入，促使现代社会组织模式的瓦解，而此时新的世界体系尚未降临，进而引发出一系列危机。由于整个西方社会处于工业社会向后工业社会转型过程中，随着后工业社会和信息化时代的来临，社会矛盾冲突复杂激烈，新的矛盾

---

① 《马克思恩格斯选集》第 1 卷，人民出版社 2012 年版，第 404—405 页。

和问题也纷纷涌现。由工业社会向后工业社会转型，既是由工业经济向知识经济和服务经济的发展，也是生产方式和生活方式由标准化、统一化向个性化和多样化的转变。这些变化既对原有的现代性文化观念提出了挑战，也给人们带来了新社会即将降临的预兆。但是，原有社会经济政治制度并没有发生变化，而且信息技术的发展推进了政治一体化的进程，提高了国家权力对整个社会的监控和管理能力，这无疑加剧了上层建筑与迅速变化的生活层面之间的冲突。尤其是在人际交往和国家交往方面的新变化在现代民族国家的政治框架下无法应对。一方面，在全球化背景下，在高科技产业的迅猛发展下，西方社会的后工业社会的生产方式发生变化，不再有固定工作场所、固定的工作时间，进而引发当代人生活方式的流动性和差异性。跨国公司的拓展，进一步加大国际交流合作，使人力资源在国际范围内流动。跨区域、跨国家的生活就业越来越多，人际交往也不再局限于狭小的生活区域而是扩展到全球范围，这就会引发关于移民的人权、公民权等问题。这种变化要求打破民族国家的壁垒，建立一种跨民族、跨文化的交往以及跨民族国家的民主政治体制。另一方面，在全球化过程中，环境保护、民族主义、种族中心主义、数字鸿沟、军火工业和贸易、核扩散、移民及公民身份问题、贫富分化、恐怖主义等问题不能得到真正解决，这些问题对作为历史终结的所谓“新世界秩序”极大的讽刺。全球化背景之下出现这些新问题的解决，需要世界各个国家之间不断加强合作，联手面对，因此亟待建立一种新的国际关系，建立一种全球和谐的世界新秩序。

在这种背景下，需要重新反思什么是政治，什么是民主，打破血缘、宗法关系以及民族国家的界限，在全球性的交往中建立友爱和信任关系，由此也需要重建一种新的政治理论。德里达的友爱政治学就是针对这种背景和挑战所提出的一种新的政治学。这一新的政治学超出传统政治学中男性中心主义的政治逻辑以及非敌即友的二元对立的思维框架，超出自然血亲关系的限制和同一性诉求的狭隘性，甚至超出民族国家的政治框架，确立一种人与人之间相互尊重、保持差异性和多样性、彼此平等的世界范围内的友爱关系，实现真正的自由、平等和博爱。德里达力图通过思考这种新的政治学的可能性来打破现代民主政治体制的封闭性和狭隘性，摆脱民主理念自身的局限，进而在全球范围内扩大民主、实现和平。

总之，德里达对于友爱政治学的思考，不仅和其自身的孤僻的生活经历和异质性的成长体验有关，也和其自身的犹太血统对于犹太教的反思有关。友爱政治与德里达对形而上学思想的解构一脉相承。解构在友爱政治中得到更进一步的阐释和发挥，友爱政治也通过解构理论发现其本真中内蕴的解构力量。解构政治不再是隐含在解构文本空白之处的幽灵，而是活生生地跃然纸上。德里达并不是在回应种种关于犬儒或不关心政治的批评，而是切实地对现实政治的一种反思。德里达的政治理论之所以不再遮蔽而得以显现，是因为资本主义自由民主制度大获全胜和马克思主义理论破产的论调是其不能认同的，自由民主体制下存在的种种矛盾和危机是其亲眼所见到的，现代社会中人的异化和博爱的缺失是其亲身体验到的，全球化背景下的殖民主义和确立新的交往形式以及国际关系的迫切性是其深切感受到的。正是面对以上种种现实的危机和理论的困境，才有《马克思的幽灵》中对自由民主政治的批判和对马克思精神的重新阐述，也才有《友爱的政治学》中对全球化背景下确立新的交往形式和政治关系的探求。德里达认为对于资本主义民主政治理论在实践中困境的反思，必须深入到资本主义自由民主制度背后深层的友爱观念，他指出建立在兄弟情谊之上的民主政治为自己划定界线，而真正的民主是不断超越界线的将到来的民主。

第二章

友爱政治历史谱系的解构

友爱①是人类社会的一条千古绵延的根脉。真挚的友爱成为联结人与人之间关系的纽带，唤起从古至今无数的思想家为之讴歌。而“友爱政治学”，看起来让人费解，也容易产生争议。很多人不禁会问：为什么对政治的思考会涉及友爱？友爱之中有政治学吗？或者是有一种关于友爱的政治学吗？是友爱影响政治，还是在政治联盟中寻找友爱？为什么德里达偏偏会探讨明显位居传统政治学边缘地带的友爱，却避而不谈政府、主权、权力、法理、公民这一类一目了然的老牌政治学问题？在人们通常的观念中，政治总是涉及公共领域的，而友爱往往属于私

---

① 德里达著述中使用的是法语 fraternité/amitié，希腊语为 philia，英译者译为 friendship，中译者译为友爱。

人日常生活领域，二者似乎根本风马牛不相及。但是德里达却坚持认为，一旦阅读柏拉图和亚里士多德以降的政治理论经典，就会发现友爱在公正和民主的定义中扮演至为重要的角色。

“哦，我的朋友们，没有朋友”[①]，蒙田论及友爱时引用的这句话被德里达不断地重复。这句话出处不详，据传是来自亚里士多德，但是它在西方关于友爱的经典文献中却反复被引用。德里达尖锐地指出，引用者们总是把它当作经典不加思考地引用，没有看到其中的深刻意蕴。德里达反复分析这句话，而每次分析都得出不同的结论，也牵扯出不同的思想家和不同的问题：数量的问题、民主的多数的问题；存在论上的同一性问题；敌友划分的政治概念问题；战争、民族国家界限的问题等。伴随着对于这句话的多重分析，德里达梳理了柏拉图、亚里士多德、西塞罗、蒙田、尼采等伟大思想家关于友爱的经典论述构成的友爱政治的历史谱系，追踪友爱与政治之间悖论线索，找出一个从希腊、罗马到基督教，从法国大革命到尼采的占主导地位的友爱模式，进而追踪友爱和政治之间的关系的变化。通过解构这种西方传统男性中心主义的友爱观念和模式，德里达质疑了在亚里士多德那里把友爱作为一种政治参与经验的传统民主概念，进而质疑了以权力、民族、主权、合法性、代议制等为核心的政治概念。由此，整个传统政治的宏伟大厦丧失了根基。

---

① 英译文为：“Oh, my friends, there is no friend”。

哲学就是哲学思想史。我们就跟随着德里达的指引，回顾西方友爱观念和模式发展的历程，从中找出民主和政治的症结之所在。

第一节 双重排斥的友爱典范：兄弟情谊

从希腊到现代，友爱观念的发展经历了漫长的演变过程。对友爱观念的历史嬗变作概观式的阅读，可以为友爱思想在当代意义的论证加以铺垫。一般来说，古希腊的友爱模式、基督教的博爱理念到近代人道主义的博爱思想构成了友爱理念的巨大根本性转变的三种典型模式。德里达不囿于时代顺序和各思想家的体系，以问题的方式回溯了友爱观念的发展。在对从希腊到现代的友爱谱系中流行的友爱观念和实践的回顾中，德里达指出，虽然不同时期、不同宗教、不同文化背景之下友爱的具体模式大相径庭，但是其中也有一些共通的特征，即兄弟情谊的友爱典范。对于这种兄弟情谊的友爱典范模式的诉求和实践起源于希腊，但却一直延续到当代。这种友爱模式建立在德性基础之上，因而具有典范性和稳靠性；同时，朋友之间的关系基于某种亲缘关系基础之上，因而带有同一性和趋同排异性；此外，这种友爱建立在互惠基础之上，因而包含利益得失的算计和数目上的有限性。兄弟情谊友爱典范的这些特性都与民主政治相矛盾，是现代民主政治症结之所在。

一、友爱典范：兄弟情谊

德里达以“哦，我的朋友们，没有朋友”开始他的解构之途。他指出，这句箴言在蒙田的“论友爱”中被引用来区分两种不同的友爱：至尊完美的友爱和一般普通的友爱。蒙田通过赞美自己与拉博埃西之间深厚友爱，进而分析友爱的真谛。在他看来，他们之间完美的友爱“颇为稀罕，在人类历史上可以说是史无前例的。这种友爱需要接触多少次才能建立起来！三百年遇上一次就已算幸运了。”① 所以，相对于后一种友爱，可以说没有完美的友爱，没有真正的朋友。

在西方哲学史中，存在着友爱划分的传统，而思想家们的诉求共同指向那种理想的完美的友爱，亚里士多德称之为“基于德性的本源的友爱”，西塞罗称之为“真正完美的友爱”。与“低俗平庸的友爱”相对应，这些真正的友爱，是由品德高尚的两个成年男子在经历长期考验、互相促进、共同发展的交往过程中形成的珍贵的情谊。所以，这种本源意义上的友爱在数目上极为稀少，因其稀缺而弥显珍贵，又由于朋友自身的声望而流传下来，成为友爱模式的典范，也就是兄弟情谊的友爱典范。“友爱传统印证了他们的传说、名字和声望，以及声望所带来的名声。公共政治符号证明了这些伟大的而稀有珍贵的友

---

① 瑜青主编：《蒙田经典文存》，上海大学出版社 2002 年版，第 104 页。

爱。他们获得了典范传统的价值。”

西塞罗提出，真正完美的友爱典范不会因为朋友的肉体的死亡而消失，相反因为朋友的灵魂的永恒而长存。所以西塞罗不会因为最好朋友的离去而过度悲伤。在西塞罗这种典范的友爱中，朋友的灵魂属于生命，“属于一种延续于死亡之后的存在”。这种友爱典范“放射启示的光辉”，“它引起一种希望的投射、期待、远景以及恩典，这种希望预先启示了未来，因此超越死亡传递了赫赫声明”。友爱投射和激发一种希望，超越生命的未来会通过这种希望而被提前点亮。德里达强调，“西塞罗指出，友爱提供了许多好处，但任何一种好处都无法与这种无与伦比的希望相比，无法与对超越死亡的未来的迷狂相比。因为死亡，因为这唯一超越生命的通道，友爱就给予我们一种希望。”①

二、兄弟情谊友爱典范的特征

兄弟情谊的友爱典范之所以备受赞誉、流芳百世，是因为在这种友爱模式之中，朋友是道德高尚有德行的人，值得信任经得起时间考验；或者它是基于某种亲缘关系或互惠关系而建立起来的对称关系，因而具有稳靠性。

---

① Jacques Derrida, *Politics of Friendship*, trans., G.Collins, New York/Lodon, 1997, pp.3-4.

（一）基于德性的稳靠性

从柏拉图、亚里士多德、西塞罗一直到蒙田，一脉相承下来的是一种“本源友爱”的德性传统。尤其是在希腊哲学家眼中，友爱以智慧和善为基础，所以友爱本身就意味着伦理上的德性。在《吕西斯篇》中柏拉图借苏格拉底和作为朋友的两个年轻人之间的对话，肯定了友爱是世界上最珍贵的东西，胜过一切财富。在柏拉图看来，把两个相互友爱的人吸引到一起的是知识和善。友爱作为一种美德和知识与善紧密相连，它是以知识、智慧和善为根据和确定价值标准的。在柏拉图看来，正义是一种人的德性，它使人们友好和谐，而不正义使人们分裂、仇恨和争斗。由于个人的不足而组织建立城邦，彼此分工相互交换，各尽其事、各尽其能进而实现正义的生活，维持城邦的繁荣和发展。所以，正确的爱是对于美的有秩序的事物的一种有节制的和谐的爱。[①] 亚里士多德是在《伦理学》中直接讨论了友爱的德性。亚里士多德把友爱分为三种：(1) 建立在德性基础之上的本源友爱；(2) 建立在实用基础之上的政治友爱；(3) 建立在快乐之上的伙伴友爱。最终可以归结为两种：本源的友爱和派生的友爱（基于实用和快乐的友爱）。典范的友爱是最高的，甚至是最普遍的友爱，它是基于德性的，是两个有德性人之间的友爱。这种建立在德性之上的友爱，就是

---

① 参见［古希腊］柏拉图：《理想国》，郭斌和、张竹明译，商务印书馆 1986 年版，第 110 页。

《尤德莫伦理学》之中的“本源友爱”和《尼各马可伦理学》之中的“整极友爱”。友爱出于群居的习性，人和动物都具备这样一种自然性。同时，人际之间的友爱又不仅仅停留在自然习性上，而是超出它，其原因就在于德性。德性是真正完美友爱的基础和条件，只有那些道德高尚的人是值得我们去爱的。如何在公共城邦中过一种幸福生活，这是亚里士多德全部政治学的主题和诉求。在他看来，“正是由于灵魂的德性，我们才生活得美好”①。幸福存在于美好的生活中，而美好的生活又是按照德性的生活。按照德性而生活，就会有幸福和最好的善。友爱就是连接德性和幸福的桥梁。亚里士多德甚至直接就提出，友爱是一种德性或者包含德性。这正是友爱和爱的不同之所在：爱是强烈到处于过度状态的一种情感，是对被爱者的过分关注甚至占有，它充溢着爱欲；而友爱不仅仅是情感上的关注，更是一种去做朋友所应该做的事情的德性。也就是说，友爱是一种带有情感的德性品质。“友爱的存在使正义和法律的存在毫无意义。公正以约束为前提……友爱……却只与德性相连。”② 友爱的前提就是把有德性的“好人”从其他人之间区分出来，而作为严格意义上和本来意义上的朋友的人必须是真正品德高尚的人，由于彼此自身的善才成为朋友，相互友爱，这

① [古希腊] 亚里士多德：《亚里士多德选集伦理学卷》，苗力田译，中国人民大学出版社 1999 年版，第 250 页。

② 转引自 Jacques Derrida, *Politics of Friendship*, trans., G.Collins, New York/Lodon, 1997, p.192, note 10。

种友爱牢固完善天长地久。相对应地，基于快乐情感的友爱，发生在年轻人中间，它是不稳定的，带有偶然性，脆弱易变难以持久。而基于有用的友爱，追求利益和实用性。这种朋友可以是无赖，也可以是恶人，只要他能带来利益和实用性就可以做朋友。这种友爱在利益诱惑和欲望激发的刺激下非常容易变质。西塞罗在《论友爱》中也直接地将友爱的约束和德性联系起来。他接受了希腊人的遗训，指出友爱的稳固基础就是德性，德性开始了友爱，同时也保护了友爱。因为德性保证了和谐、稳定和真诚。在西塞罗对朋友的论述中，假设了一种先天的理性和德性：友爱只存在于好人之间。斯多葛学派提出，友爱只存在于道德高尚的人们之间，在放荡和邪恶的人们之间不会有真正的友爱，也不可能有真正的朋友[①]。

基督教中世纪时期，生活在"有德性的上帝"之中。爱本身就是德性的一种表现，也是获得救赎的途径。在基督教伦理的教化之下，我们要爱，爱上帝、爱邻人甚至爱敌人，进而实现个人德性的提升，才能获得救赎而进入天堂。这就是所谓的积德行善。

在现代思想观念中，友爱也是个人的道德伦理的表现。蒙田认为如果没有德性和理性就没有完美的友爱。德性和理性对至尊的友爱结构至关重要。在两个朋友中的每一个人身上，理

---

① 参见拉尔修：《名哲言行录》，《西方伦理学名著选辑》，上卷，商务印书馆 1987 年版，第 228 页。

性和德性都不可能与某种将他们两个人的意志以同一种控制方法约束在一起的东西分离开来。[①] 尼采笔下的查拉图斯特拉常常把朋友当作兄弟来呼唤，同时也是呼唤德性。尼采对作为邻居的兄弟以及上帝儿子的友爱仍然是在寻求德性。在他看来，朋友是由德性和理性来引导的。

建立在德性基础上的友爱是最牢靠的。然而，世间真正具有如此德性的人又有几人。这种以德性为基础的高尚的友爱模式只为少数人所拥有，具备德性的圣贤预先宣告：他自己是独立自足的，能够尽其可能地与他人无涉。所以，伟大的哲人不得不感叹“没有朋友”。

（二）基于时间的在场性

本源友爱的稳靠性意味着不仅稳定而且可靠和值得信任，所以它不仅要求朋友德性的高尚，还要求朋友们共同生活在一起经历时间的考验。由此，这种友爱具有了时间性和在场性。

一方面，稳靠性的思考赋予友爱以时间性。德里达指出：“没有信任，没有符合时间逻辑、符合时间的感性绵延痕迹的信任，就没有友爱。”[②] 只有共同经历时间考验的朋友才是真正

---

① 参见 Jacques Derrida, *Politics of Friendship*, trans., G.Collins, New York/Lodon, 1997, p.192, note 8。

② Jacques Derrida, *Politics of Friendship,* trans., G.Collins, New York/Lodon, 1997, p.14.

的朋友。那些相伴走过的岁月留下的点点足迹，是真挚友爱的见证，烙印于朋友的内心。德里达指出，“本源的友爱，脱离了时间就毫无效用，超出时间之外它绝对无法呈现。如果没有时间，就根本没有朋友——即没有检验信任的东西。”① 本源友爱必须稳定、完满、确实和稳靠，必须经得起时间的考验。它命令我一如既往地去爱他人。但是这种时间体验的敞开是在对确定性现实的期待之中的。德里达指出，柏拉图将友爱与恒常性和稳靠性的统一价值联系起来。一种友爱，若要成为稳定、恒常和可靠的友爱，就要蔑视和摧毁暴政权力。当恒常的价值成为信念时，它就意味着真理的价值。亚里士多德也把友爱的稳定性、恒常性的价值和信任的价值连起来。只有朋友之间相互忠实和信任，朋友之间的友爱才能持久不变。同时，朋友是否忠诚，是否值得信任，要经历时间考验才可以得出判断。“如无信赖，也就不会有稳固的友爱，但若无时间，也就没有信赖，因为它必定靠时间来检验。……未经时间检验的人还不是真正的朋友，而只是想成为朋友。”② 也就是说，如果没有历经时间来考验朋友的可靠信誉，就根本没有什么朋友。德里达指出，“只有本源的友爱是稳定可靠的，因为它蕴涵着决断与反思：这需要花费时间。……这种非给予、非自然、非自发的稳

---

① Jacques Derrida, *Politics of Friendship*, trans., G.Collins, New York/Lodon, 1997, p.14.

② 亚里士多德：《亚里士多德全集》第八卷，中国人民大学出版社1991年版，第415页。

定性最后必须走向稳定化。”①

另一方面，这种时间性使在场和邻近成为友爱的条件。只有面对面的遭遇之下，在共同体验的展开之中，友爱才能得以维系。友爱只能从在场和临近获取了它的力量。而在缺席和间距之中，友爱的力量会逐渐丧失。所以，友爱只属于在场的人、邻近的人。遥远和不在场会使友爱逐渐稀薄、枯竭，朋友逐渐疏远。生活在遥远地方的朋友，都不是现实行动之中的朋友。当我的伙伴离我非常遥远，不能相伴而行，遥远得像神一样时，友爱的可能性就不复存在了。

如果朋友之间彼此在场并且经历时间考验作为友爱的必要条件的话，那么，朋友必然只能是少数。因为根本就没有足够的时间，让我们彼此生活在一起来检验我们之间的友爱。用亚里士多德的话来说，“在众人之间不会出现本源意义的友爱，因为众人是难以考验的，如果要考验我们就必须和他们一起生活。……因为没有考验就没有朋友，考验不是朝夕之间的事，而是需要时间的，因此‘相濡以沫’成为至理名言。”② 因此，对于一个有限的存在者而言，友爱就要选择你的朋友，并在短暂的生命中共同生活、相互考验。而真正能经历考验的又有几

---

① Jacques Derrida, *Politics of Friendship*, trans., G.Collins, New York/Lodon, 1997, p.15.

② Jacques Derrida, *Politics of Friendship*, trans., G.Collins, New York/Lodon, 1997, p.20. 参见中译本第 35 页，相濡以沫的原文为 the bushel of salt，直译为“大量的盐”，《亚里士多德全集》中翻译为“海水不可斗量”。

人，所以，伟大的哲人不得不感叹“没有朋友”。

（三）基于计算的有限性

“哦，我的朋友们，没有朋友”这句箴言反复被引用，正是思想家们对友爱的一种哀叹，怨叹世间完美的友爱之稀有和珍贵。“朋友”在同一个句子中用不同的数量形式：一个复数，一个单数。在这个表面矛盾的诗歌般的语句中，包含着数量计算的问题。朋友到底可以有多少个呢？

友爱，自然意味着有朋友，而既然友爱是博爱、四海之内皆兄弟，也就意味着朋友不止一个，有很多的朋友。而自柏拉图到蒙田都认为真正的朋友只能是少数，寥若晨星。亚里士多德认为，朋友的数量化是规定朋友的一个重要的方面。朋友一定是少数，一定为数不多，否则他们就不可能是这个朋友的朋友。西塞罗说，“我不是在谈论低俗平庸的友爱——尽管这些友爱是快乐和利益的源泉——而是真正的完美的友爱。拥有这种友爱的人是极少数的，他们以朋友之名自居。”① 在西塞罗看来，“自古以来真正诚笃的朋友只有三、四对。”②

人世间的友爱大都是有条件的，总是混杂着世俗的智慧和

---

① 转引自 Jacques Derrida, *Politics of Friendship*, trans., G.Collins, New York/Lodon, 1997, p.3。

② ［古罗马］西塞罗：《论老年 论友爱 论责任》，徐奕春译，商务印书馆1998年版，第51页。

谨慎的盘算。德里达指出，真正完美的友爱和低俗平庸的友爱的划分本身，“仅仅是在一种算数的机巧之中发生作用……这种区分表现了友爱的稀少性或者数目上的小”①。朋友必须数目稀少，否则他们就不可能是朋友。朋友的稀少源于希腊罗马时期对朋友的严格划界，能够符合标准的友爱必然是稀少的。希腊延续下来的友爱典范要求建立在德性基础上，要求经历时间考验而具有一定的稳靠性，以及身为朋友的两个人之间的互惠性和对称性。此外，这种友爱的典范是成年男子之间的友爱，排除掉了女性之间以及男女之间的友爱，又要求朋友之间同源或达成同一，种种要求也使数目的稀少更加绝对化。因而，友爱只为少数人所有，具有有限性。

德里达指出，“即使有两个以上的朋友，其典范（范例）也常常是由两个或更多的伙伴朋友提供的。并且常常是男人之间的。而且，常常不仅如此，还必须计数”②。友爱意味着对某些朋友的偏爱。朋友涉及独特性的问题，在众多独特性中偏爱哪些或哪个呢？对于朋友的选择，像是一门算术课。德里达强调时间考验或者经验于彼此之间的独特差异性之间的联系。“时间与数目在独特原则之中的这种联系，是绝对不能与等级原则分开的：如果一个人必须选择，就必须选择最好的。从理论上

---

① Jacques Derrida, *Politics of Friendship*, trans., G.Collins, New York/Lodon, 1997, p.2.

② Jacques Derrida, *Politics of Friendship*, trans., G.Collins, New York/Lodon, 1997, p.78.

说，一种贵族体制被蕴涵在选择的算术中。”① 将数目和计算引入到不可计数的众多独特性之中，就倾向于不计朋友而只计事物，导致以利益的计算为标准选择朋友。也就是说，既然朋友只能是少数，那么，在众多人中我们选谁作为朋友呢？这又必然会推导出互惠的标尺。

（四）基于对称的互惠性

“哦，我的朋友们，没有朋友”，伟大的哲人声声呼唤着的是基于德性的本源友爱，而现实中的友爱往往是基于互惠和实用的，充满了利益得失的算计。从希腊城邦一直到现代社会中，日常生活中的友爱往往和有用、互惠相伴随。柏拉图在《吕西斯篇》中指出，友爱从原因的角度来看是针对朋友的，而从动机的角度看是针对敌人的。我们之所以对他人友好，是为了避免坏，是为了得到好。疾病和医药、医术的例子，说明苏格拉底仍是以功利的角度看待友爱。如果没有疾病，再好的医药和再高明的医术对我们来说也不再有用。因此，“只是由于坏的存在，我们才对好感到亲近和向往，因为我们把好当作治疗坏的一副良药，坏就好像一种疾病。”② 尽管如亚里士多德批评的，柏拉图把友爱对象泛化了，把对一切事物的好都称之

---

① Jacques Derrida, *Politics of Friendship*, trans., G.Collins, New York/ Lodon, 1997, p.20.

② [古希腊]《柏拉图全集》第 1 卷，王晓朝译，人民出版社 2002 年版，第 226 页。

为友爱，而友爱只同人有关。但是，即使我们把友爱严格地界定为在人的生活范围之内人的友爱，不涉及无生物和其他非人的对象，仍可以看出柏拉图友爱观念的功利主义色彩。我们对他人好，是希望他人也对我们好；我们团结一致，是为了抵制敌人的破坏。所以在柏拉图看来，为了实现城邦的安定和繁荣，希腊人必须亲如兄弟。① 亚里士多德反对基于有用和快乐的友爱。他指出，卑微的人、心怀不轨的人、恶意的人都不会成为好朋友，他们总是忽略了朋友之间的分享和朋友共同体，因为他们更倾向于得到好处。亚里士多德指出，卑鄙者更愿意选择好的事物和有用的事物，而不是朋友。在互惠的计算中，不是因为朋友本身的品质而交朋友，而是因为某些利益而与他人交往。朋友之间都在衡量和计算：朋友能为我们带来什么。朋友不是纯粹的朋友，而是朋友背后的利益。更有甚者，会按照利益的计算对朋友做出等级的划分。

我们结交朋友的目的是因为朋友能带给我们快乐或实用，同样，朋友也这样希望我们，由此朋友之间形成一种对称性的关系。我爱朋友，朋友爱我，在这种对称关系中，友爱得以维持。我爱朋友，却得不到他的回应，我会灰心失望，爱会逐渐暗淡。在物欲横流的今天，这种功利主义的友爱观念更是盛行。结交朋友在现代社会中的代名词是社交。交往不再是纯粹的交流、共同探寻知识和真理，而是交际。你所拥有的资

---

① 详细分析见第三章关于内讧和战争的分析。

本和资源决定你有多少朋友，而当你的价值和能量消失的时候，你的朋友也随之散去。德里达指出，如果偏爱事物，想着事物来交朋友，视之为交朋友的缘由，而非把事物当作友爱的事物，当作属于朋友领域的事物，就颠倒了等级关系。所以，建立在互惠基础之上的友爱表面上是对称的，实际上却是不稳定的。

（五）基于男性中心的双重排斥性

亚里士多德呼唤："哦，我的朋友们"。如果继续追问下去，就出现一个棘手的问题，这个朋友是什么性别呢？从希腊开始一直到现代，在论及友爱问题的思想家们看来，伟大友爱的典范是由两个或更多的朋友构成的，而且常常是男人之间的伙伴关系。真正的友爱，是成年男子之间的友爱，排除掉了女性之间以及男女之间的友爱。德里达说明，用男性来称谓朋友，"没有处在一种自恋的兄弟博爱的分裂暴力之中，而是揭示一个有待我们解决的问题，即经典的——即男性中心的——友爱结构中的兄弟问题。"①

兄弟情谊的友爱典范昭示了一种男性中心主义。这种兄弟义气或者说博爱有其文化和历史的前提。它来自古代希腊，也来自基督教。希腊的友爱模式和实践本身带有典型的男性中心

① Jacques Derrida, *Politics of Friendship*, trans., G.Collins, New York/ Lodon, 1997, p.13.

主义色彩。这个友爱模式首先是两个男子之间的友爱，一个较另一个年长，两人志同道合，并约定一人成为另一人的继承人。这种关系一方面是双方因学识、阅历、见闻为纽带结合成师生关系，它“所起的感染和教育作用甚至胜过家庭教育”①。另一方面，这种友爱类似于同性恋关系，即“成年的男人向未婚的未成年少年表示爱慕，愿意用自己的知识和学识与其进行交换，以博得好感，而通常对方也乐于接受这种求爱，在关系中处于被动和服从的态度”②。而罗马的公民共和友爱就像现代的“同志”般的友爱一样，也是男人之间的“公共的友爱”。至于基督教的友爱，同样是上帝子民之间的兄弟之爱。保罗在《哥林多前书》中说，男人是上帝的荣光，女人则是男人的荣光。启蒙所开启的博爱精神，仍没有摆脱男性中心主义，女性仍是被排斥的。“博爱”（fraternity）是友爱概念的世俗化形式，兄弟情谊的博爱成为现代社会的法理形式，并为人们普遍接受。法国大革命中，博爱一如自由和平等，是为共和国的三个思想纲领之一。但是“博爱，这个新时代的神圣词语——女人可以写出它，却不知道如何理解它。”③所以，四海之内皆兄弟，这种兄弟关系也是《人权宣言》的基础。

---

① 汪子嵩等:《希腊哲学史》第二卷，人民出版社 1997 年版，第 454 页。

② [美] 保罗·埃尔默·摩尔:《柏拉图十讲》，苏绛编译，中国言实出版社 2003 年版，第 216 页。

③ 米什莱:《论爱》，转引自 Jacques Derrida, *Politics of Friendship*, trans., G.Collins, New York/Lodon, 1997, p.228。

通过对友爱的“解构性的谱系学”的分析，德里达认为，整个西方传统的友爱观念和实践都是男性中心主义的。兄弟情谊的友爱模式排除了男人和女人之间的友爱，同样也排斥两个女人之间的友爱。这就意味着女人被排斥在友爱之外，没有话语权，没有得到普遍认同。一个男人与一个女人之间是不可能有友爱存在的。而姊妹关系微不足道，它毋宁说是兄弟情谊的一个变体。“兄弟专制可能包括姻亲和姐妹，但是……这种包括也就意味着消解了她们的性别，使她们中性化了。……姐妹绝对不能作为博爱概念的家庭化典范。”① 由此可见，传统友爱观念基础之上的政治学，其灵魂就是一种兄弟情谊，也就是兄弟间的博爱。

（六）基于亲缘关系的同一性

完美友爱的典范之所以能超越生命投射一种希望，这是因为朋友就是“我们自己的理想形象”，真正的朋友就是另一个自我。而理想的朋友可遇而不可求，所以只能感叹：“哦，我的朋友们，没有朋友”。

友爱典范包含着同一性诉求，这正是德里达始终致力于解构的目标。而就这一问题，德里达的矛头直接指向西塞罗。德里达强调，在西塞罗看来，朋友之间的爱好、追求和观点上完全

① Jacques Derrida, *Politics of Friendship*, trans., G.Collins, New York/Lodon, 1997, p.viii.

协调一致，乃是友爱的真正秘诀。① 因而，朋友总是倾向于同一的，而不是差异。西塞罗追求的就是同一。所谓的朋友就是典范，它既是指副本、摹本和原本、范本之间的关系。德里达指出，在西塞罗看来，"典范就是他的理想的投影、另一个自我、作为自我而又被修改了的同一体。我们注视着他，他在注视我们，我们同时也在自我注视，我们看到他把我们的形象摄入他们眼中，事实上就是摄入我们自己的眼中；所以，死亡之后延续生命就成为梦想灵魂不朽的那西塞斯的绝对希望，向他投射了先行而且稳靠的启示之光。超越死亡的绝对未来，沐浴了迷狂的光亮，他仅仅是从这种自恋精神内部、并依据同一的逻辑出现的"②。我和朋友之间的同一性使我们的友爱能够超越生命，投射和激发一种希望，是在死后延续生存的条件。

西塞罗的这种同一的逻辑贯穿于整个友爱传统中。《吕西斯篇》中关于友爱的探讨陷入绝境。绝境是出于探讨朋友之间相同性。友爱是同类相聚还是异性相吸，朋友相类似还是相反，苏格拉底得不出结论。而亚里士多德明确地指出："友爱就是要有共同点，因为只有朋友，而不是与好运和厄运相关的本性的善和本性的恶，才宁愿选择人，而不去选择好运的存在

① 参见［古罗马］西塞罗：《论老年 论友爱 论责任》，徐奕春译，商务印书馆 1998 年版，第 51 页。

② Jacques Derrida, *Politics of Friendship*, trans., G.Collins, New York/Lodon, 1997, p.4.

和厄运的不存在”。[1] 德里达指出，《优台谟伦理学》中“描写了友爱、知识和死亡，而且开始也将死后的生命延续铭刻在一种简单的自我同一的形象之中。这里的同一无非就是他者，起码也有他者的形影”[2]。尼采也把朋友作为我们的幽灵，“幽灵一般的朋友——如果我们大大地变形，那些还没有变形的朋友就成为我们过去的幽灵：就像是［一个令人恐惧的幽灵之］黑色阴影发出的声音——好像我们听着自己在说话，只不过更幼稚，更敏锐，更不成熟而已！”[3]

在现实世界这样志同道合的朋友可谓凤毛麟角。虽然少，但并不是不存在，他们的友爱，就像蒙田所形容的：“心灵相互交融，而且要交融到天衣无缝连联结点也找不到。如果有人非要问我为什么喜爱他，我真有种说不清道不明的感觉，因此只好这样说：‘因为他；也因为我’。”[4] 双方已经臻于合二为一，就像“附于两个躯体的一个灵魂”[5]。

这种境界的实现要求友爱建立在某种共同性上，彼此共同

---

① 《亚里士多德全集》第八卷，中国人民大学出版社 1991 年版，第 417 页 1238a15。

② Jacques Derrida, *Politics of Friendship*, trans., G.Collins, New York/Lodon, 1997, p.7.

③ 转引自 Jacques Derrida, *Politics of Friendship*, trans., G.Collins, New York/Lodon, 1997, p.75。

④ 瑜青主编：《蒙田经典文存》，上海大学出版社 2002 年版，第 109 页。

⑤ 转引自［法］蒙田：《蒙田随笔全集》，马振骋译，南京译林出版社 1996 年版，第 213 页。

的志趣、爱好、性情、追求的基础上，同时也要求朋友之间有共同的亲缘关系。友爱的同一性基于自然血亲关系，也就是从自然出身的角度看，朋友共同归属于某个家庭、种族、部落、阶级、阶层乃至民族和国家。兄弟情谊的友爱典范就意味着家庭、家庭结构，意味着父子、兄弟的血缘关系。正如施米特在《政治的概念》中所说的："追溯'朋友'一词在德语中的意义，在本源上它仅仅是指家谱关系所关涉的人。在本源意义上，朋友仅仅是指血亲友人，血缘关系的祖先，通过婚姻、兄弟盟誓、领养或者其他相应的制度所缔结的'姻亲祖先'。"①

三、友爱典范与民主政治的矛盾

从希腊开始，友爱的典范就被确定为兄弟情谊，并且一直延续到今天。这种友爱模式中内蕴了许多对于朋友的规定和严格的划界，使得这种友爱只能局限于少数人拥有并带有男性中心主义的色彩，同时存在着趋同排异和等级划分，这些都与民主政治的本质相对抗，必然导致民主政治现实的狭隘性、封闭性和内在的限度。

首先，兄弟情谊的友爱典范对于德性的追求导致社会等级的划分和贵族或贤人政体。德里达指出，在柏拉图和亚里士

① Jacques Derrida, *Politics of Friendship*, trans., G.Collins, New York/Lodon, 1997, p.138.

多德等人那里存在着友爱和自足关系上的矛盾。我们可以追问：一个德性的人，一个善良的人，一个自足的人，一个像上帝一样的人，他还需要朋友吗？根本不需要。对于完全自足的人来说，既不需要有用的人，也不需要快乐的人，甚至不需要伙伴。神圣的自足只能在封闭的自我空间内实现自由，隔绝了他者，不会与他人产生友爱。所以，一个快乐完满的人根本就不需要朋友。真正的友爱，即类似于神的公正和道德的人之友爱，最终以这种神圣的自足为目标。以至高无上的德性作为选择朋友的条件，朋友必然是少数。德里达指出，“如果只有在自足之中德性才能与快乐合一，那么，有德性的人就容易放弃朋友；他必然有权利无所不为，但绝不是因为需要朋友。因此，对于朋友而论，必须避免数目众多而追求为数稀少，进而导致了绝对的稀少，极端的稀少，甚至可能根本就没有朋友”。①

因为基于德性的友爱稀少难得且具备典范作用，所以才成为理想之中的友爱。这种理想的友爱高于现实友爱经验，二者之间存在着严格的区分和划界。这种划分导致了理想友爱的空洞性以及现实友爱经验的功利性，也给友爱画上了等级的色彩。从人性的角度来说，人有优劣之分，而利益计算就会驱动我们在选择朋友时选择那些德行兼优和有利可图的人。在柏拉

① Jacques Derrida, *Politics of Friendship*, trans., G.Collins, New York/Lodon, 1997, p.211.

图所设想的理想国中，公民之间因财富的多寡和德性的高低划分出明确的等级，每个等级的公民拥有的政治权利不同，可以参与政治活动的范围不同，对于政治权力的介入程度也因此而不同。由此不仅友爱成为高尚的人的特权，政治也就成为贵族政治、精英政治。即便在民主政治体制之中，贵族和精英们也掌握着主要的政治资源并占据着政治体制的核心位置。在希腊以来的传统中，女人被认为是不具备德性的，是自私、偏爱、计较的代表。在这种男性中心主义的政治体系中，友爱的德性要求使得女人远离了友爱，因而也远离了政治。因为，对于德性和智慧的偏爱，必然导致对贤人政体的推崇。拥有德性和智慧的贤人具有优越性和统治的合法性。民众不过是“群氓”，不能成为政治的主导者，只能听从精英们的安排和管理。而这种精英政治会导致社会的等级划分，公民、民族和人种的优劣判断，甚至由于英雄崇拜主义而导致专制的复归。

其次，友爱典范的有限性和稀少性与民主政治共同体的多数原则相矛盾。友爱典范意味着朋友只能是少数。更进一步追问，如果朋友只能是少数，那么多少算不多？以友爱为基础的共同体到底有多大？在民主制度中相互友爱的公民主体也要计算吗？答案是肯定的。朋友的计算衍生出民主的计算。传统民主制度就是和计算、和数联系在一起，和体制、和制度联系在一起。民主自其产生之日起就伴随着计算，从古希腊城邦民主制度中的贝壳放逐法到今天的美国大选。民主通常意味着“多数人的统治”，因而它离不开数量的计算。启蒙以来的政治传统中的博爱，甚至希腊的民主传统中的友爱，都与数量密切相关，都是基于多数。于是计票就必不可少。民主被界定为多数的统治，少数就一定要服从多数。而一切民主程序的设计，就是为了这种计算，辨别多数。根据这样的计算，宣布多数人的决定。公民的数量、赞同或反对的表决意见的数量、选票的数量等等，仿佛民主就是数量的统计和换算。而且，为了数量的统计，民主程序越来越精细，尤其是19世纪以来，随着现代科学统计方法的发展，民主越来越科学化和实证化了。

民主真的仅此而已吗？其中的根源在于友爱。德里达指出，“一个人确实不必有太多的朋友。朋友仍然抵制列举、分类，甚至抵制纯粹的量化。”① 朋友不应该计算，民主制度也不应该计算日常的单一个体，对于到来者应该没有数字的规定。计算对民主体制来说可能仍然是必需的，但是这种对于民主的理解是远远不够的，实质民主绝不仅仅是公民的分类和选票的计算。即便计算，也不应该伴随着分类和等级的划分。此外，朋友的少数和民主政治的多数原则相矛盾的。少数人的一致和利益诉求的实现相对应的是僭主政治，对大多数人来说就是暴政。从这种计算的思维方式看来，政治是可以计算的个体，民主是合乎正义的个体。换句话说，民主不

---

① Jacques Derrida, *Politics of Friendship*, trans., G.Collins, New York/ Lodon, 1997, p.21.

再是国家、民族、公民的问题。因而，西塞罗把民主政治作为一种附属的添加物，但是，它根本就改变不了专制独裁政治的力量或者暴力。

再次，从希腊到现代流行的友爱标准模式是兄弟情谊，女性之间以及男女之间的友爱被排斥在友爱历史之外。城邦是基于自然而建立的国家。所有成员都是一土所生，相互之间亲如兄弟。这种男性中心主义的友爱模式具有政治意义上的霸权的特点。“朋友的形象带着兄弟的面孔频繁地出没于舞台，尽管朋友总是自发地归属于一种家庭至上、兄弟情谊和以男性为中心的政治学。”① 从这一意义上说，这种友爱模式是一种男权中心主义或菲勒斯中心主义，标示了统治、权力、表征等所有这些基础性的政治概念。民主思想，它从一开始就与赋予兄弟关系以特权相一致。所以，在这里拥有了定义政治、国家的所有标准概念的条件，拥有了与希腊本地居民、边界、民族国家、父子关系、表征、统治的关系，所有这一切分享了作为社会纽带的友爱的这一男权中心主义概念。但民主不能被还原于父权制。尽管在现代政治中很少有嫡长子继承制的形式，但父权和男性中心主义仍然很普遍。在父权制度之中，兄弟们一开始就梦想着权力平稳过渡，维系父权政治，使父权无止境地继续下去，永不停止。

---

① Jacques Derrida, *Politics of Friendship*, trans., G.Collins, New York/Lodon, 1997, p.viii.

基于这种自然谱系关系和父权制原则之上的传统政治，其核心原则就是同一性原则。传统民主的计算，只是一种基于同一性和同质性的计算。传统政治总是强调同一性和相似性的亲缘关系，力图缩小甚至忽视个体之间的差异。“在这一原则的中心，同一永远自己实施强暴，永远保卫自己、反对他人。”① 同族、同胞、同门等，通过这种计算和统计，给人们贴上了公民的标签，公民和非公民的界限就油然而生，而作为非公民的异邦人就被排除在政治权利之外。正是这种趋同排异的本性使现代民主政治中充满了矛盾和冲突。这种同一性的传统，容易使友爱走向自爱，对政治共同体来说，也容易导致种族中心主义和民族优越感。具体说来，友爱的这种同一性诉求，一方面会产生强大的同化作用，使异己的存在被同化，吸纳到自己的队伍之中；另一方面，也会产生巨大的排斥力量，对于那些不能被同化的异己存在，就要抵制、敌对甚至消灭，以维护同一共同体的安全。

萨特就曾指出，在历史上人们总是基于追求同一个目的而团结起来，组织成战斗团体，但是其实他们总是有各自不同的意图。所以革命的联合往往只是误会而已。萨特主张寻求一种真正意图的联合，这种意图是超越历史的，不属于历史的。在兄弟关系之中，萨特也强调必须区分出兄弟关系的意

① Jacques Derrida, *Politics of Friendship*, trans., G.Collins, New York/Lodon, 1997, p.ix.

图，引证一种真正的兄弟关系的历史经验。[①]萨特指出，兄弟关系的观念中包含某种阻碍自身发展的东西，即人们总是为了反对暴力而团结起来。在萨特看来，兄弟关系是一种依附于家庭观念的群体关系。“这种关系被群体所封闭，而把兄弟关系约束在群体内部，并产生暴力（这恰恰是兄弟关系的反面）的，正是别的群体或另外那些群体想突破这个群体，闯入这个边疆的倾向。”[②]因而，“今天的思想和政治无不把我们引向残杀，因为它们都是抽象的东西。世界被一劈为二，每个半边都对另一半感到恐惧。”[③]他反对以战争维护和实现和平的观点，“为了重新确定革命概念的含义，有必要一劳永逸地拒绝一种兄弟关系的恐怖主义的概念。”[④]“那种认为对峙造成暴动起义的团结，认为起义者们因反对另一方，组织严密的敌人，而变成了兄弟的观念，显然会造成我们不久前所批评的激进化，一种企图挑动敌人以增强起义者们的团结的革命马基雅维里主义。”[⑤]这种消极的团结形式，是兄弟关系经验衰退的一个表征和掩饰。在这种消极团结

---

① 参见［法］让-保罗·萨特：《存在主义是一种人道主义》，周煦良、汤永宽译，上海译文出版社2005年版，第66—68页。

② ［法］让-保罗·萨特：《存在主义是一种人道主义》，周煦良、汤永宽译，上海译文出版社2005年版，第81页。

③ ［法］让-保罗·萨特：《他人就是地狱：萨特自由选择论集》，关德群译，天津人民出版社2007年版，第58页。

④ ［法］让-保罗·萨特：《存在主义是一种人道主义》，周煦良、汤永宽译，上海译文出版社2005年版，第84页。

⑤ ［法］让-保罗·萨特：《存在主义是一种人道主义》，周煦良、汤永宽译，上海译文出版社2005年版，第86页。

之下，兄弟之间团结成钢铁一块，其结果就是权力的集中。萨特从人类历史发展的历程来看待暴力和战争，并把真正兄弟关系的实现的希望寄托于未来。在他看来，充满起义暴动的可怕世界在人类团结的漫长事业中不过是短暂的一瞬，在漫长的人类演进中也不过是短暂的一瞬，希望是革命和起义的支配力量之一，未来总是充满希望。萨特指出“需要的是一种把兄弟关系的观念扩大到使它变成一切人之间的一种独一无二的、无与伦比的、明显的关系的道德。”无产阶级革命追求的是一种民主，从未实现过的民主，一种真正社会主义的民主。在萨特看来“左派”这个称号本身具有观念和感情上混乱的特点，不能明确表明其意图，无产阶级革命的目的不是夺取政权，而是实现民主。左派必须把民主作为整体来研究，先研究民主的内涵，再反思作为政治形式的民主。“弄清兄弟关系精神和民主之间的可能存在的关系，民主赖以建立的基础以及始终存在于民主之中的基本原则是什么等……民主，在我看来不仅是一种权力的政治形式或者授予权力的政治形式，而且是一种生活，一种生活方式。我们民主地生活着，而且，在我看来，必须是这种生活方式而不是别的生活方式，此时此刻对我们来说，才是人们生活的方式。我们必须看出人们是否确实生活在民主政治之中，是否确实民主地生活着，我们必须看出民主到底意味着什么。”①

① ［法］让-保罗·萨特：《存在主义是一种人道主义》，周煦良、汤永宽译，上海译文出版社 2005 年版，第 69 页。

但是萨特主张的依然是德里达所批评的基于亲缘关系的兄弟关系，他也分析了米什莱关于启蒙时代普遍的兄弟关系的论述，但是却认为兄弟关系的精神起着一种指导原则或衡量标准的作用。他主张在今天必须恢复一种真正的兄弟关系，即类似于氏族成员在共同的图腾信念之下维持一种氏族的持久团结。这种共同的信念给予群体以一种兄弟关系之感。兄弟关系不是一种平等的关系。“它是这样一种关系，其中驱使一个行动的许多动机都属于一种感情的序列，而行动本身则是属于一种实际的序列。这就是说，在一个社会里人们都是兄弟，人同他的邻居的关系，首先是一种感情的、实际的关系：它必然要恢复这种天赋。因为就本源来说，这种感受性是人人共有的。当我看见一个人，我想，他和我自己同一个渊源，他像我一样出自人类之母，如苏格拉底所说，大地之母，或者母亲……”① 兄弟关系源于一种共同的感受性。人把他的邻居的关系称为兄弟关系，因为他们感到他们自己有着一个共同的始源，而在未来又有一个共同的目标或目的。起源和目的都是共同的，这就是构成他们的兄弟关系的东西。这是一种可以想见的经验，人类历史数千年的演变形成一种真正的兄弟关系。萨特指出，这种真正的兄弟关系指向未来而不是过去。“就人们相互关系而言，兄弟关系是人们将来的势所必然，那时越过我们的全部历史，

① ［法］让-保罗·萨特：《存在主义是一种人道主义》，周煦良、汤永宽译，上海译文出版社2005年版，第76—77页。

他们就能宣告他们在感情上和在行动上都联合在一起了。道德是必不可少的，它真正意味着人或者前期人将拥有一个建立在集体行动基础之上的未来，而在此同时，在他们的周围将出现一个建立在物质基础之上的未来，这最终意味着匮乏。”① 与之伴随的是一种未来道德的形成。但是在现实生活中，人们却介于道德和匮乏之间。一方面要使人类得以实现、得以产生：这是道德问题。另一方面是反对匮乏的斗争。② 所以，萨特强调在革命斗争中要依赖战友、依赖政党来实现集体的团结以共同承担责任。

德里达反对传统民主政治抛开了友爱，即使民主建立在友爱基础之上，这种友爱也是建立在兄弟关系之上，即使包括女性，也把女性中性化或同化了。通过对友爱的“解构性的谱系学”的分析，德里达认为，整个西方传统的友爱概念是男性中心主义的。政治结构也是这样一种兄弟情谊的和男性中心主义的父权制。德里达说，这一男子之间的博爱的历史基础可以追溯到古代。古希腊人在与蛮族的无数战争中，博爱意味着战死同胞徘徊在生者记忆之中。珍视这些幽灵的兄弟情义，就是博爱。它由此构成希腊人同仇敌忾的天然纽带。自由和真理的观念，与博爱的政治学并肩而立。因此，政治学的一切基础概

① [法] 让-保罗·萨特：《存在主义是一种人道主义》，周煦良、汤永宽译，上海译文出版社 2005 年版，第 78 页。

② 参见 [法] 让-保罗·萨特：《存在主义是一种人道主义》，周煦良、汤永宽译，上海译文出版社 2005 年版，第 78 页。

念，如主权、权力、表征等，都直接或间接地打上了这个博爱范式的烙印，肯定男人在其中所拥有的特权。所以国家、主权、领土，一切都是菲勒斯中心主义的概念。这个概念谱系在德里达看来，就是西方友爱政治学的主导线索所在，以它为切入点进行发难，就可以最终解构传统政治理论的巨大遗产。对于德里达来说，对男性中心主义的质疑本身就已经是一种政治行动了。因为男性中心主义的友爱概念完全渗透到政治的概念之中，例如古代的“城邦”“公民”以及现代的民族、国家、地域、主权、阶级等概念。德里达认为，基于这些认同的政治就是西方现代自由主义、社会主义、纳粹和保守主义的共同起源。因此，解构男性中心主义的友爱，是解构这些根深蒂固的政治概念的前提；而解构这种爱有差等的友爱又依赖于解构“有限数量”的友爱所依赖的政治共同体的自然根基。

传统的政治概念本身就总是带有国家与自然关系之间的黏合，比如血统、种族、性别、血缘、出身、自然、民族等。用自然的东西规定政治，自然的东西与政治相关或成为政治的，是因为政治关涉生命。生命涉及存在，涉及出生和成长之中的呈现，涉及创造活动的呈现，总是希望获得承认。在与他人的友爱关系中，生命添加了一种归属感和认同感，使其得到承认。所以也可以说，政治就是生命为了获得承认而被思考的方式。由此，民主就意味着人与人之间亲缘关系的建立，与博爱紧密关联。在德里达看来，“如果任何一种国家逻辑都不能同它的压抑之物决裂和从压抑之中提升出来（提升出家庭、市民社会的生命），如果政治学在其自身之内绝对不会削弱国家对家庭的世代依附关系，如果一切理想国的预言家的格言几乎永远是将博爱（兄弟关系）与自由、平等相提并论，那么，就民主制度而言，在没有博爱共同体或者兄弟情爱的状态下，它几乎是无法确定的。”① 德里达力图抛开国家和家庭之间的依附关系，抛开国家与市民社会依附关系来思考政治学，强调博爱与自由、平等并列。“民主的可能性常常类似于博爱化（兄弟关系的生成）的可能性——如果没有这种可能性，民主就几乎不能自我实现。”② 这里面的博爱包含着国家和家庭、市民社会的关系，也包含着平等和自由，所以与民主政治密切相关。由此，德里达把政治、血缘关系、民主、博爱、兄弟关系和朋友联系起来，也就明确了友爱在传统政治学体系中占据的根基地位。

如前所述，家族、亲缘关系成为理解与他者关系的指引性和规范性模式，这种观念支配着传统的友爱观，也支配着传统的政治观念。传统友爱观是基于同宗的两个人之间的亲近感，以兄弟情谊为典范。所以，这种友爱是绝对同一的，划定了界限和范围，因而同时也是排斥和抹杀他者的。在这种友爱观念基础之上，通过这些自然关系的谱系模型来定义的传统政治概

① Jacques Derrida, *Politics of Friendship*, trans., G.Collins, New York/Lodon, 1997, p.viii.

② Jacques Derrida, *Politics of Friendship*, trans., G.Collins, New York/Lodon, 1997, p.viii.

念，其实质就是政治要进行划界。德里达指出，传统的或大家习以为常的政治概念本身就总是带有某种国家与家庭之间的依附关系。如果没有血统和谱系的划分，就没有传统的政治概念和政治学；如果没有敌友的对立，没有兄弟和姐妹的对立，传统的民主和传统的政治概念也不存在。谱系划分是规定政治性的重要因素。而这种谱系划分衍生出来的是亲缘和对抗划界，是等级化和排斥。没有关于对抗性和亲缘性的二元对立，就无法确立政治。德里达指出，传统政治概念这种敌友亲疏界限的划分使传统政治出现等级化和排斥，也由此和暴力、政治犯罪联系在一起。而在德里达看来，施米特的敌友划分的政治概念就是这种传统政治观念的典型。

第二节 友爱政治历史谱系的演变

友爱政治谱系历经了几千年的沿革。在其演变过程中，兄弟情谊作为友爱的典范模式一直流传至今，它的基本特征不仅没有消失，反而不断加强。而友爱的政治性却在友爱谱系的发展演变中逐渐丧失殆尽。可以说，在政治哲学史中友爱和民主政治的关系经历了由合到分的演变。希腊城邦时期友爱的政治性历经基督教信仰的洗礼，尤其是经过现代性和自由主义的冲击，其内在的政治性越来越淡，逐渐地非政治化。友爱和政治之间存在的紧密关系被打破，人与人之间的友爱关系也逐渐变为私人领域的伦理维度。

一、友爱政治的演变

在西方思想的源初，友爱不仅属于伦理学范畴，而且是政治学的核心概念。自古以来，交往共同体就是人类存在的主要形式，亦是政治发生的主要依托。在古希腊时期，友爱和城邦民主政治密切相关。城邦民主政治就是享有城邦合法公民资格的主体间的政治。全体公民都可以参加城邦的政治生活，城邦的政治生活成为个人生活不可或缺的组成部分。城邦的整体利益与个人利益紧密联系在一起。城邦政治囊括了一切社会性问题，社会生活与政治生活合为一体。城邦是最高的社会组织，任何个人必须属于某个城邦，并融合于城邦的政治生活之中。国家兴衰依赖于每个人的努力和爱国热情，个人也离不开城邦公民身份产生的自豪感。公民之间的友爱关系是城邦良好秩序和正义的基础。公民之间的团结友爱构成很强的内聚力，但同时也产生具有排他性、封闭性和自给自足的特征。正是这种友爱作为一条情感纽带，联结着城邦的公民，使大家团结一致，维护着城邦的和谐稳定。

在柏拉图和亚里士多德的政治理论文本中，友爱是正义和城邦民主政治经验最重要的组成部分。城邦正义离不开城邦中平等自由的公民之间的友爱，所以，友爱是城邦安定繁荣的基础。虽然《伦理学》中最高的友爱是基于德性的，而非政治的，但是，亚里士多德的伦理学本身就是其政治学的一部分。友爱在正义甚至民主的定义中起着一种组织作用，是连接伦理学和政治学的桥梁。亚里士多德曾说过：人天生就是政治动物。一方面指基于自然的“合群性”；另一方面指人总是处于交往共同体的政治组织形式之中，人的本性只有在城邦中才得以实现。在城邦这一交往共同体之中，友爱被看作是连接城邦关系的自然纽带。“友爱被看作是把一个城市或公共政权结合在一起的伦理纽带，而它的衰败则被认为是内战、专制或者两者的征兆。”① 在亚里士多德看来，立法者们重视友爱胜过公正。因为城邦的团结，就类似于友爱——若人们都是朋友，便不会需要公正，若他们仅只公正，就还需要友爱。真正的友爱，就包含着公正。

但是，友爱和政治的这种密切关系却在城邦解体、帝国建立之后逐渐开始出现裂痕，尤其是在基督教的洗礼和法国大革命的冲击之后，友爱成为私人领域的个人情感体验，和作为公共领域的政治之间出现了不可逾越的鸿沟。

首先，这种断裂不是现代情境下顿生的，而是伴随着城邦解体、帝国建立，个人同政治、国家的距离变化而逐渐滋生的。在伯罗奔尼撒战争之后，城邦制度发生危机，逐渐解体并被帝国所取代，个人主义和超越主义的价值取向滋生出来。在帝国的军事

① 汪民安：《生产》（第二辑），广西师范大学出版社 2004 年版，第 71 页。

独裁的专制制度下，广大的自由民群众被排除在国家的政治生活之外。国家的命运操纵在国王、皇帝、大臣和将领的手中。人们失去了城邦时代那种对政治的兴趣和热情。城邦曾是人们的精神支柱，城邦的公共生活曾是人们生活中最重要的组成部分，现在，由于国家的急剧膨胀，个人与国家的关系开始疏远，个人在国家中的相对价值降低。人们从城邦退回到自身，从关注公共生活转向关注个人的生活。思想理论的中心也从研究城邦国家转移到研究个人的生活。伊壁鸠鲁学派的幸福主义的伦理学和实用主义的道德观就是在这种背景下产生的。伊壁鸠鲁主张，人的自我意识能冲破命运的束缚，人应该注重现实生活，努力追求幸福快乐，要在社会中光明正大地正直生活。因此不应伤害他人，而应该与人为善，使他人感到安全。而“友爱最能增进我们的安全。……在智慧提供给整个人生的一切幸福中，以获得友爱最为重要。”① 人与人不应对立或心怀戒备，只有彼此友好和信任，才能得到安宁和幸福，社会才能有序和谐。所以，人们应当与人为善、和睦相处，平等待人、相互友爱。

城邦解体，规模庞大的帝国建立，结果是使个人凸显出来。与此相伴随的，是城邦时代的整体主义被抛弃，个人主义观念开始出现。每个人都有双重公民身份，他既是所属国家的公民，又是人类大家庭的一员。两种身份中，个人作为人类大

---

① 《古希腊罗马哲学》，北京大学哲学系外国哲学史教研室编译，商务印书馆1982年版，第346页。

家庭一员的身份优先于他作为具体国家成员的身份。这种帝国的建立，促进了各民族的融合和文化交流，促使原来排他的、自我满足的城邦对外开放，作为帝国的一部分与其他广大地域相联系。这就冲击了狭隘的城邦主义和希腊、罗马民族的种族观念，瓦解了城邦时代那种根深蒂固的种族偏见和种族优越感。因而，就有了斯多葛学派的人类一体、种族平等的观念和世界主义思潮的出现。斯多葛学派提出，宇宙本性就是理性，所有公民、奴隶、异邦人都受到同一宇宙理性的支配，有同样的起源和命运，所以生活在社会中的人可以说是同一父亲的兄弟，因而都是平等的。而在这种宇宙理性的支配下，人的自我保存的本能即自爱本能会不断扩大，扩大到不仅自爱，而且爱家庭、朋友、同胞乃至整个人类，爱人类如同爱自己。因此，人类社会应该是一个互助互爱的普遍性团体，是一个"世界邦国"。在斯多葛学派看来，世界分裂为互相冲突的国家是荒谬的，只有世界邦国才是正义的。在世界邦国中人人如兄弟，甚至包括敌人在内均应平等相待。由于帝国的地域扩大，成分复杂，加之统治者的高压政策，阶级矛盾和其他社会矛盾表现得十分复杂和尖锐。国家成了贪婪的帝王、粗鲁无知的将领们手中的工具。他们为了争权夺势、互相残杀，导致国家战乱不已，人民饱受苦难。专制独裁政治也腐蚀着人们的心灵，带来社会道德的败坏。因而，人们产生了一种消极的厌世和出世的思想，将希望的目光转向现世之外，寄希望于上帝，寄希望于来生。最后万流归宗，各种思想都汇入基督教中。

其次，对于友爱和政治的分离，基督教也起到了促进作用。希腊化时期关于个人主义、友爱和人类一体的观念被基督教神学吸收，并广泛流传开来。基督教的爱抛开犹太教狭隘的民族主义，宣扬四海一家，但是在这种广博的爱中却充满矛盾。在中世纪，基督教逐渐把人们之间的友爱引为个人内心的体验，和在上帝启示下的爱德行为。可以说，从基督教开始，友爱转向了人类经验和深化个人本真性的精神。在基督教伦理范畴中爱的观念是一种超自然的精神意向，在上帝与人的精神关联中摆脱主观情感状态的混乱易变，获得精神的纯粹性。早期基督教的教义充满对罗马帝国的痛恨和复仇的情绪，期待救世主的正义审判，奖善罚恶。为此教会高举平等的旗帜，团结一切被压迫的民众，宣扬大家都是上帝的子民，信徒都是兄弟，一律平等，共同推翻罗马统治，建立一个平等正义的千年王国。所以，恩格斯指出《启示录》中宣扬的根本不是爱的宗教，“要给恨你的人祝福”①、“要爱你的仇敌”都是虚伪的说教，“这里宣讲的是复仇，毫不隐讳的复仇，是应该的、正当的对基督徒迫害者的复仇。而且全篇都是如此。”② 随着基督教地位的提高，仇恨的情绪逐渐被爱的宣扬所取代。

基督教的爱的理念表现为一种纯粹的精神性意向和运动，更多地体现为个体内心的充实和福乐的宁静。基督教的爱的价值根

① 《马克思恩格斯全集》第 22 卷，人民出版社 1965 年版，第 544 页。
② 《马克思恩格斯选集》第 4 卷，人民出版社 2012 年版，第 345 页。

基源于人与上帝内在关联的爱之秩序。爱主然后爱人，作为上帝之城的成员的爱者依靠内心对上帝的感知和信仰，与上帝同在、同行、同感。在沐浴着天主的爱的同时，把这种爱传递给他人。友爱的目的不是政治共同体的团结和稳定，而是践行爱的诫命。通过爱邻人和爱敌人，履行个人的事功，使个人与上帝更为接近；同时，也维护教会团体的团结，促进了上帝的善和完满。所以，从基督教统治下的中世纪开始，友爱逐渐被限定在私人领域内，成为在上帝的启示下的一种个人内心体验和个体事功的积累，和公共领域、政治领域相分离，友爱逐渐丧失了其政治向度。

圣奥古斯丁认为，人带有原罪，人的得救必须依靠上帝的恩典。上帝把爱灌输给被拣选的人，使他们的心灵得到新生，充满了善意和爱心，并借助恩宠的力量将爱心付诸实践。人们只有把信仰注入心灵，充满对上帝的盼望和爱，才能得到上帝的爱和恩典。所以，信仰、盼望和爱以及道德上的圣洁是人们得救的标志。在《论上帝之城》中，奥古斯丁指出，“两种爱组成两种国度；地上的国度是爱自己以致蔑视上帝，充满对权力和享乐的追求。天上的国度是爱上帝乃至蔑视自己”。[①] 两个城的划分实质上是依据基督教伦理对人进行的区分，进而也区分了两种不同的生活方式：肉欲的生活或精神的生活。上帝之城是最高的善、永久的和平，圣者、虔敬者、被拣选者和预

---

① 奥古斯丁：《论上帝之城》，转引自叶秀山：《西方著名哲学家评传》第二卷，山东人民出版社 1984 年版，第 325 页。

定得救者生活于其中，他们享受着永生的幸福，相互间形成一种最有秩序、最和谐的兄弟关系。而地上之城则是罪恶的渊薮、黑暗之国，不义者、伪善者、被摒弃者和受惩罚者在其中过着充满肉欲和罪恶的生活。人类的历史就是两个城之间相互斗争而上帝之城不断取得进展并终将获得最后胜利的历史。两种不同的爱即纯粹精神之爱和现实有缺陷之爱。在两种爱中，基督教指向最高的爱或最终的爱。人类除了最高的爱之外，还有各种不同的爱。人类的美德就在于将不同的爱置于适当的位置上，即被爱的事物在爱中保持正当的秩序。两个城的成员在最高的爱上相互对立，但对于许多较低等级和中介的善，他们的爱是共同的。这样就构成了共同体的一套价值体系，使两个城的公民在现实生活中的广泛领域可以达成一致。

进而，奥古斯丁把国家纳入他的双城论体系之中。他反对西塞罗把国家定义为“人民的事务”，认为从来没有作为人民事务的共和国，也没有由于共同利益和一致接受的共同法律而联合起来的大规模的人群。真正实现正义的国家只有一个，就是上帝之城，现实中的国家不过是“强盗团伙”而已。奥古斯丁以成员的“爱”给国家下了一个价值中性的定义，即一个由所爱的事物一致而联合起来的理性动物的共同体。根据这个定义，共同体成员只要有一个共同的爱作为忠诚纽带就足以形成一个政治上的共和国。奥古斯丁一方面拒绝神化国家，同时也给国家以有限度的承认。他认为，世俗国家是上帝实现自己拯救计划的工具，国家负责满足人们的物质需要，保证安全和有秩序的社会交往，是为地上之城和天上之城的公民共同希求的。奥古斯丁对国家的看法，标志着西方国家观念的一个根本的转变。从此，西方人不再把国家看作为人类谋福利的最高的社会组织，也不再把全部的忠诚指向国家。他们开始与国家之间拉开距离，以保留、怀疑的眼光审视国家。在奥古斯丁这里，个人与国家间最初的裂痕已扩展为鸿沟。

阿奎那也指出，人注定要过合群的生活。在社会生活中形成的公共利益是社会团结的纽带。为了维持有序的社会生活，实现公共幸福，就必须设立政治权力。共同体必须有控制力量，否则它就是一盘散沙。政治权力是人们社会生活的需要，归根结底是上帝的意旨。一个社会的幸福和繁荣在于保全它的团结一致，或者说，在于和平。所以，政治的首要目的在于和平与团结一致。如果由许多人共同掌握政府权力，由于意见分歧，永远也不能产生社会的统一。人类追求两种幸福生活：尘世的幸福生活和天堂的幸福生活。只有天堂的幸福生活才是人生的最终目的。他把尘世幸福生活视为导致天堂生活的必要准备和前提。世俗的君主的职责在于掌握世俗国家的权力，建立和维护社会的安宁，扩大社会的福利，使他所领导的社会实现世俗的幸福生活。要达到这种幸福生活，就需要教会的神甫们的精神指导。

在这种观念的影响下，整个中世纪基督教神学统治下的西欧，其政治表现为两个特征：纵向上看，君主以下，层层结成领主与陪臣的关系；从横向上看，政教二元化权力体系。一方面，中世纪最基本的社会关系和社会制度是金字塔式的封建等级制度。封建主义以“封地”的分封和占有为基础，它在国王与臣民间建立起以相互忠诚和相互保护的双重承诺为前提的个人之间的联系，以誓约和承诺为保障。它把国家权力化作私人性质的忠诚与保护关系，整个王国成为大小不等、层层分割、互相交错的封地的拼合以及一大堆杂乱的特权与义务的综合体。所以，“中世纪的国家本质上是一种个人的联系”①。政治被严重“弱化”，政治权力和政治机构的社会控制功能几乎被降到文明社会的最低限度。世俗国家处于混乱无序状态，其作用和影响有限。它只是在教会之旁或教会之下的一个负责较低等级事务的社会组织。另一方面，在世俗国家四分五裂、君权式微的同时，天主教会却控制了巨大的权力。人们生活中最本质性、最重要的部分都由教会来控制。在这种政治背景下，教士们都具有双重身份：一个是教会的神职人员，要服从教会的纪律和法律，服从教皇；另一个是所居住国家的臣民，必须服从国王或皇帝。皇帝和国王们也具有双重身份，作为世俗国家的首脑，他们对他的国土上的臣民包括教士具有最高统治权，但作为一个基督徒，他要受教会的管辖和控制。教会内部形成了一套以教皇为首的教阶制，组织严密、权力高度集中，其触角伸展到西欧各个角落，指导教徒的精神生活。它是分崩离

① Heinrich Mitteis, *The State in the Middle Ages: A Comparative Constitutional History of Feudal Europe,* H. Alton, North Holand,1975, p.5.

析、混乱动荡的西欧的唯一有组织的力量，代表着西欧的秩序与统一。

基督教的爱的伦理成为架构希腊友爱和现代政治社会友爱观的桥梁。兄弟关系确立了基督教教义和现代政治社会形式之间的联系。基督教把其博爱平等的实现推迟到来世，今世我们只能期待。基督教是个体内在本真性精神的深化，表现为从外在普遍性的寻求转向内在精神的专注。城邦整体主义的爱、公民之间的爱，变成信徒之间的爱，个体之间的爱；教友们的友爱从外在的交往行为，转变成内在的对上帝的信仰和爱。这种至高无上的爱打破了希腊友爱的对称性和狭隘性，变成人类一体的普遍性的爱。但是，希腊时期兄弟情谊的友爱典范依然隐藏在基督教的爱之中。在上帝之光的普照下，人们亲如一家，但仍需计算谁是选民，谁是弃民，等级性、同一性、男性中心主义等兄弟情谊的友爱模式的特征仍然存在。而且，在基督教的爱本身中存在很大的虚伪性，这也是中世纪的基督教文化内在的无法克服的痛苦的自我分裂。美与丑、善与恶、真挚与虚伪、崇高理想与卑劣欲念，在基督教文化中融为一体，其结果就导致了普遍的伪善。由神性与人性之间的这种尖锐矛盾所导致的巨大痛苦，必然会把人引向最无耻的虚伪和最无情的残忍。由于基督教会是凌驾于一切分散软弱的世俗权力之上的唯一的统一性社会组织，其自身固有的这种深刻的内在矛盾及其所导致的普遍虚伪，必定会对整个西欧社会产生重大的影响，甚至衍生出种种罪恶，最终酿成深重的文化危机。

最后，也是最为重要的是，近现代以来友爱成为一种心理学领域的情感状态，是通过心理感官对苦和乐等的感性感知，它追求感性上的快乐、和谐。文艺复兴以来，欧洲人高扬民主、平等、博爱的旗帜以现代博爱观念抗议上帝之爱，从而实现了爱的观念的当代转变。这种转变又一次使友爱政治谱系的延展发生变化，友爱和政治之间的鸿沟无形中变得不可逾越。

在现代社会中，友爱一直处于被围困的状态，尤其是在公共领域或政治领域。友爱问题一直被人们视为私人道德领域的问题或日常生活的经验性活动，被限定在狭小的私人空间和日常生活之中，其特点是私人化和非政治化。对现代人来说，友爱不过是一种难以言说的情绪情感，是人们在日常生活的交往过程中凝结而成的心理体验。由于人类的群居性生活方式，所以无论在心理需要上还是在物质活动中，人都离不开与他者的交往，正是在这种相互交往的共同经验中往往会形成一种依赖关系。所以，友爱是在民族国家、主权国家或任何团体内部，个人之间建立在利益一致和相互信任基础上的个人之间的一种亲密关系，它在政治和政治哲学领域成为边缘性概念，通常是属于伦理或心理或道德领域。

友爱被圈定在狭小的私人领域，被看作是个体之间的亲密关系，更多地体现在伦理和道德上的友善和关爱。在现代社会中，友爱变得尤为稀少和珍贵。人与人之间更多的是利益关系，没有不变的朋友或敌人，只有不变的利益。在现代友爱观念中，自我已经被排除了，与其他自我也疏远了。作为政治问题的友爱问题在现代社会中往往被忽略。友爱被限制在民族国家和主权国家内部的私人领域，成为个人之间的友爱。友爱的政治性被忽视了，或者说和政治之间应有的紧密关系被破坏了。人与人之间的信任友好关系受到侵蚀，变得越来越功利，逐渐物化和异化。朋友只能共享快乐，却不能共同患难。朋友之间的往来成为一种利益活动，朋友的聚会变成带有世俗功利目的的交际，形成一种社会大裙带关系。

在德里达看来，经过启蒙的现代，博爱取代友爱观念在公共领域中的价值和地位。法国大革命上演了神迹，延续了基督教所许诺的伟大事业，使埋藏在中世纪的神恩教理之中的博爱观念传向整个世界。德里达引用米什莱《民族》的诗句说明：启蒙运动所倡导的博爱精神，是对基督教之爱的延续和继承。法兰西民族通过启蒙运动把基督教中寄托来世实现的博爱的平等，“作为大地之法向整个世界传播”①。在政治传统中，所有好的共和国都追求博爱。分离的个人由于“四海之内皆兄弟”这个博爱的自然基础而联结为一个整体，民族、城邦国家、帝国乃至现代民族国家。启蒙运动开启蒙昧，弘扬人类的自由、平等和博爱。现代博爱的对象不再是城邦的同胞兄弟或者天主的子民兄弟，而是当前的、可见的、受限的尘世自然生物的“人”。现代性的胜利就是作为主体的单个人的诞生。博爱就是

① Jacques Derrida, *Politics of Friendship*, trans., G.Collins, New York/ Lodon, 1997, p.227, p.

把这些单个人联系起来的纽带。博爱转向了集体概念上的“人类”之爱。因而，博爱的价值根基在于促进人类进步或公益福利为特征的功效价值。

而在德里达看来，启蒙所开启的普遍性的博爱精神，仍没有摆脱男性中心主义，女性仍是被排斥的。博爱所赖以产生的自然血统根本不存在。就像大地之母的比喻一样，兄弟情谊不过是一种语言修辞，没有自然的兄弟情谊。所有这些自然根基及以其为基础派生出的概念“都是语言使然，因而也是约定俗成的”①。这种自然根基掩盖了所谓同一实体中的差异，也衍生出对立面之间的等级关系，兄弟之于姐妹、公民之于自由人、朋友之于敌人的优越性。所以，基于这种自然血统的根基，西方整个哲学传统就陷入同一性观念导致的二元对立的泥淖。在这种思想传统的熏陶之下，人要通过家庭、朋友、公民身份、阶级、民族和国家等未分化的同质性集团来寻找一种身份认同，并把自己的个性湮没在浩瀚的一致性之中，从而获得安全感。个体的存在只有在整体之中才有意义，个性完全消融在同一性、整体性和总体性之中。所以，这种基于自然血统和同一性的博爱只能是狭隘的、虚假的。而失去了普遍的博爱、友爱和平等维度，资产阶级民主政治只能陷入困境和冲突之中。

① 陆扬：《后现代性的文本阐释：福柯与德里达》，上海三联书店 2000 年版，第 390 页。

二、友爱的政治性

在现代政治观念看来，友爱问题不是政治问题，而是私人领域的伦理问题。而德里达则指出，“政治问题，并非必然也非注定是政治的。只要以一种占统治地位的传统观念来规定政治，它也许完全不是政治的，不是尚未成为政治，就是不再成为政治”①。政治问题可以是友爱问题，友爱问题也可以是作为政治问题的友爱问题。友爱问题虽然表面上是在政治体制之外的问题，但却仍是个政治问题，它对一切政治体制都是有效的，也就是友爱高于政治体制。超出友爱原则的政治是不存在的。尤其对于我们称之为民主的政治体制来说，友爱尤为重要，因为它正面临着严峻的现实问题。德里达甚至反对把民主纯粹地理解为一种政治体制，在他看来，民主作为一种政治联合方式，以人与人之间的和睦友善关系为基础。他在人与人之间的友爱关系中探究造成现代民主政治的困境的深层原因。

在德里达看来，在西方社会中自由民主政治的狭隘性与其传统友爱观之间不无关系。在西方，男性中心主义和兄弟情谊的友爱观念和友爱实践，从希腊、罗马和中世纪一直流传到今天，成为建构现代西方政治组织模式和政治理论的指引，支配了各类有关民族、国家主权、国家疆界以及议会民

---

① Jacques Derrida, *Politics of Friendship*, trans., G.Collins, New York/Lodon, 1997, p.27.

主制度和移民政策的政治理论与实践。以男性为中心、以兄弟般的亲缘关系为典范的趋同排异的友爱观，对于现代世界中因国家主权和国家疆界的纠纷而引发的战争起着一种节制作用。[①] 在德里达看来，友爱是政治活动的任务，彼此不能公正相处的人不可能是朋友。“恰当的政治行为或政治操作最终创造（产生，制造等）了最高可能的友爱。”[②] 真正本源的友爱反过来又能消除隔阂和敌意，形成一种有序的政治运作和和谐社会状态。如果友爱可以维系平等的社会，不在于交换和分配的数量化，而在于建立亲密关系，反对人与人陌生关系和交换关系。漠视和疏远是一种生存的威胁，交往则可以克服孤独的恐惧，因而生活在社会之中的人们总是渴望亲密关系。自由主义者强调的交换和自由竞争就会使人回到霍布斯的狼一样的关系。现代社会中资产阶级政治理论推崇权术，使政治变成了单纯的利益计算，在政治家之间握手和拥抱背后掩藏着巨大的利益关系。现代民主政治只注重程序和过程的合法性，忽视了个人与他者、众多他者之间的深层友爱信任关系。把友爱仅限于私人关系的传统友爱观念，既不能解决摆在人类面前的亟待解决的那些现实的难题，也不能推动当代民主理论和实践的发展。所以，德里达力图解构兄

① 参见刘国英：《非亲缘性与他者》，载于高宣扬编：《法兰西思想评论》，同济大学出版社 2005 年版，第 130 页。

② Jacques Derrida, *Politics of Friendship*, trans., G.Collins, New York/Lodon, 1997, p.8.

弟情谊的友爱模式和现代博爱观念，力图恢复友爱的本质和其政治性，以解决现代民主政治的困境。

德里达指出，友爱除了具有伦理向度之外，其政治向度和公共向度也不容忽视和遗忘。友爱并不仅仅局限于个人或私人领域，具有公共政治的向度，"它是比任何社会组织和任何政治组织都要更古老的公共向度。"① 友爱的观念直接规定了我们与他者之间的关系，以及由这种关系构成的社会空间。因此，友爱先于一切有组织的社会联系，先于一切政治结构，先于一切政府和法律。友爱观体现着与他者的关系，也承托着社会模式、政治制度，以至国族与国族之间秩序的建构。友爱在政治之外，但却是政治最基本、最重要的基础。朋友不仅和伦理相联系，与所有普遍化的法律相联系，与平等、自由价值相联系，同时，还与一切公共政治模式相联系，特别和民主政治相联系。因为，作为民主政治深层基础的友爱观念和友爱模式决定了人与人之间的关系模式以及社会组织结构，也就直接影响社会政治结构和政治统治方式。

友爱不仅仅是一个实证的范畴，还具有理想的维度，它意味着人类普遍的相互信任和相互承担责任。所以说，友爱在政治哲学中占有重要地位，它涉及个人与他者、诸多他者之间的关系，是民主政治的深层基础和前提。因此，应该批

① 刘国英：《非亲缘性与他者》，载于高宣扬编：《法兰西思想评论》，同济大学出版社 2005 年版，第 130 页。

判地继承传统的友爱观，建构普遍开放的友爱理念，并且在此基础上形成新的普遍平等的民主政治理想，推动民主政治实践。

总之，德里达在对关于友爱的经典文本的解构性阅读和谱系研究的基础上，希腊罗马时期所流行的友爱模式是一种兄弟情谊的友爱典范，这种友爱模式一直占据着友爱历史的主流，在今天仍然具有重要的地位和影响。从亚里士多德到西塞罗再到蒙田一脉相承下来的兄弟情谊的友爱典范，内在地包含着同一性、在场性、有限性、互惠性、排斥性，这些特征对于今天流行的友爱模式仍然适用。另一外，在友爱政治谱系的历史演变中，友爱和政治的关系发生了变化。在希腊罗马时期的友爱模式中，友爱和政治存在着密切关系。在城邦政治中友爱的地位甚至超越公正和法律。而随着城邦的解体，基督教观念的引入和近代启蒙之后思想的冲击，友爱和政治的直接关系被打破。友爱越来越私人化，远离公共领域。德里达强调，友爱问题虽然表面上是在政治体制之外的问题，但却仍是个政治问题，它对一切政治体制都是有效的。友爱观体现着与他者的关系，也承托着社会模式、政治制度，以至国族与国族之间秩序的建构。尤其是对于民主政治体制来说，友爱是其深层基础和前提。因而，以兄弟情谊为典范的友爱观念是西方两千多年政治学的自然基础。而这种友爱观念的特征就造成了理解政治和民主含义的狭隘性。资本主义自由民主制的困境与这种兄弟情谊的友爱模式不无关系。

第三章

敌友划分的政治与友爱的政治

1989 年，柏林墙倒塌，历史全然以另一种意想不到的形式突然转向。整个冷战时期的政治，就是两大阵营的对抗，不是朋友即是敌人。而伴随着这种意识形态斗争的终结，就不再有明确的敌人或朋友。没有敌友，如何判断是非和善恶呢？没有敌友，政治还是政治吗？没有敌友，战争将会怎样呢？德里达指出，冷战虽然已经结束，但冷战的思维仍在延续，敌友重新划分的问题依然是后冷战时期国际政治战略的核心议题，也是传统政治理论的基础，而卡尔·施米特（Carl Schmitt）就是这一政治理论的集大成者。

在《友爱的政治学》中德里达说，1927 年有两本重要的经典著作问世，一本是海德格尔的《存在与时间》，而另一本就是施米特的《政治的概念》。这两本经典著作后来的命运却迥然不同。《存在与时间》成为20世纪西方哲学的第一经典；而《政治的概念》则在其问世后的六七十年间少人问津，逐渐销声匿迹，仅仅在一些20世纪政治哲学的读本中才能看到。出人意料的是，施米特却在谢世后奇迹般地迅速重回20世纪西方大师级思想家之列，其势头在德国和美国两地急剧上升，德里达也加入到追逐施米特的队伍之中。施米特政治理论的主题是解政治化和再政治化，其基础就是敌友划分的政治概念。德里达的友爱政治学正是把施米特及其敌友划分的政治观念确立为自己的“敌人”，进而对其进行了深入的解构分析。

第一节　敌友划分的政治概念：施米特

施米特这位一度因与纳粹政权的积极合作而被称为第三帝国的“桂冠法学家”“希特勒的教授”的思想家指出，现代世界是一个中立化和非政治化时代，敌人消失了，就会失去政治存在。在对自由主义、议会民主制、德国浪漫派的政治中立和去政治化批判的基础上，施米特以敌友划分来界定政治概念，并提倡寻找敌人，通过战争的可能性构造敌人，进而实现再政治化。

一、政治的概念：敌友划分

L. 施特劳斯在其著名的《〈政治的概念〉评注》中开篇就

断言说，施米特的《政治的概念》探讨的是人类事物的秩序问题，即国家问题。而认识国家就需要说明国家之根本性的基础——政治，因为“国家的概念以政治的概念为前提”。① “如何理解‘政治’，决定了如何理解‘国家’”②。国家不等同于政治，国家具有政治性。“国家是在封闭的疆域内，一个有组织的人群拥有的政治状态。”对于这个国家，施米特评论说：“这只是一般性解释，而不是国家的定义。因为我们在此所关注的乃是政治的本质，所以这样一个定义尚未得到保证。”但是，由于政治的关系领域不断地变化，人们几乎找不到关于政治的明晰定义。这种概念的混乱要求为政治做出明确界定。

施米特认为，要想定义政治，就必须界定特定的政治范畴。就像道德领域的善与恶、审美领域的美与丑、经济领域的利与害一样，敌与友是政治领域里的相互对立的规定。“所有政治活动和政治动机所能归结成的具体政治性划分便是朋友和敌人的划分。”这一敌友区分就是唯一可以用来定义政治的尺度。朋友与敌人的划分具有自主性和独立性，能够在理论上和实践上独立存在，而无须借助于任何道德、审美、经济等方面的划分。“从情感上讲，敌人容易被当作邪恶和丑陋的一方来

① 刘小枫选编：《施米特与政治法学》，上海三联书店 2002 年版，第 1 页。

② 刘小枫：《现代人及其敌人——公法学家施米特引论》，华夏出版社 2005 年版，第 184 页。

对待……反过来讲仍然正确：在道德上邪恶、审美上丑陋或经济上有害的，不一定必然成为敌人；而就朋友一词所具有的特殊政治含义来讲，在道德上善良、审美上靓丽且经济上有利可图的，并不必然成为朋友。”政治敌人在道德方面不一定是邪恶的，在审美方面不一定是丑陋的，在经济方面也不一定非要以竞争者的面目出现。因而，也就是说“政治能够抛开其他对立面独立地处理、区别并理解朋友——敌人这个对立面，借助于此，政治所固有的客观本质和自主性就变得显而易见了。”[①] 施米特强调政治的独立性，其目的是把“政治”看作现代社会生活各领域（包括经济、宗教、文化、阶级、审美等）的真正实质，因而高于其他各领域。

敌友划分的政治，能够增加国家统一体的强度。以敌友划分为核心的政治不是抽空国家统一体，更不是削减国家统一体的力量。“朋友与敌人的划分表现了最高强度的统一或分化、联合或分裂。”[②] 这是因为国家统一体在明确划分敌友的基础上，它能够区别对待敌人和朋友：对朋友则联合、团结、结盟，对敌人则给予孤立、分化、打击；前者是直接增强国家统一体的力量，后者则在削弱、瓦解敌人的同时也增强了国家自己。因此，敌友划分能够提升国家统一体的强度，能够增加国

① ［德］卡尔·施米特：《政治的概念》，刘宗坤等译，上海人民出版社 2003 年版，第 128、138、139 页。

② ［德］卡尔·施米特：《论断与概念》，朱雁冰译，上海人民出版社 2006 年版，第 139 页。

家统一体的利益。

在现实政治世界中，我们不可避免地会遭遇非此即彼的选择，必须直面而不能逃避划分敌友。政治就依赖于敌友阵营的最终形成。虽然敌人可能只是潜在地存在，但是一旦敌人被明确地辨认出来，就是政治状态呈现的顶点时刻。敌人无处不在，战争随时可能爆发，所以我们总是面临选择，总是要做出决断。因此，政治性属于人类生活的基本特性，在这个意义上政治是一种宿命，是人类永恒的命运，我们无法回避，只能勇敢地去直面它。

二、纯粹的政治：绝对敌意

施米特的敌人和朋友的概念是在生存论意义上提出的，不是比喻或象征意义上的，更不是私人或个体意义上的。敌人是一个政治共同体的公敌。施米特强调，“广义地讲，敌人乃是公敌，而非仇人”。[①] 在施米特看来，敌人不是指竞争对手或存在冲突的对方，也不是某个人所痛恨的私敌，而是带有公共性的。“只有当一个斗争的群体遇到另一个类似的群体时，才有敌人存在。敌人只意味着公敌，因为任何与上述人类群体，尤其是与整个国家有关的东西，均会通过这种关系而变得具有

① ［德］卡尔·施米特：《政治的概念》，刘宗坤等译，上海人民出版社 2003 年版，第 143 页。

公共性。”[①] 施米特指出，敌人不是私敌，某个政治上的敌人可能是我私下的朋友，但这并不能否定他所属的群体是我们的敌人。爱仇敌并不意味着一个人应当去爱、去支持他自己民族的敌人，只有在私人领域去爱敌人即爱仇敌才有意义。

政治的前提是区分敌友，即要求我们保护朋友、杀戮敌人。政治诞生于两个人走在一起并联合起来对抗某个敌人的地方，政治的对立乃是最紧张、最极端的对立，而且任何一种具体的对立性越接近极端的敌友区分的临界点越具有政治性。在界定敌人的概念和本质时，施米特认为敌人的概念必须在具体的生存论意义上来理解，不能把它当作比喻和象征，也不能将其与经济、道德或其他概念相混淆，或被这些概念所削弱。施米特认为，敌人指涉一种肉体消灭的现实可能性，政治的权威性基于杀戮的可能性建立起来的。在政治的意义上，敌人不是一般意义上的对手或者竞争者，不是私敌，而是另类，是非我族类，是那种与我们战斗的人。因此，敌人的本质是他者和陌生人，与敌人的冲突意味着对其自身存在方式的否定。在施米特的敌友政治观中，政治就是敌我冲突，取消了加在政治之上的一切道德和法律来束缚，因而，敌对这个概念也失去了任何道德意义，没有任何道德和形而上学的前提，只有本己的生存要求。

---

① ［德］卡尔·施米特：《政治的概念》，刘宗坤等译，上海人民出版社 2003 年版，第 143 页。

在近代民族国家的背景下，敌人或朋友就是指国家的敌人或朋友，真正的政敌不是国内的敌人而是国际政治的敌人。一个强大的现代民族国家应该是内部消除敌友划分、团结一致对外的国家，唯一的政治就是国际政治，也只有国际政治才是纯粹的政治。施米特直接地援引柏拉图来证明国家之间战争和内战的区分。他指出，真正的战争就是国家间的战争，而民族国家内部的战争不过是内讧或兄弟间的不和罢了。

施米特赋予国家以优先地位，将敌人概念放置在国家战争的可能性基础上。战争在人类历史上从未停止过，尽管我们将战争视为人类的野蛮行径，但文明时代战争仍然可能发生。即便是冷战后的今天，仍然没有消除战争爆发的可能性。因而，我们不能天真地幻想靠人类美好的天性去消除战争，也不能停止对于战争的反思。施米特将政治原则的敌友划分限定在生存论的思考范围内，因而，战争也就必须限制在生存论之中。所谓的“生存论意义”是基于战争的现实可能性。当另一个共同体对我们的生活方式构成生存意义上的威胁时，我们就要宣布他们是我们的敌人，就要对之宣战。也只有如此，在肉体上毁灭人类生命的行为才能正当化，否则无论为了实现多么美好的社会理想，都不能证明人类相互杀戮是出于某种正当的理由。一旦超出生存论意义上的敌友划分的政治界限，战争就会变得极端恐怖，“这种战争必然空前惨烈、毫无人性，因为一旦超出政治范围，它们必然在道德和其他方面贬低敌人，并且把它们变成非人的怪物。对这种怪物不仅要抵抗，而且必须予以坚决消灭，换言之，敌人就不再仅仅是被迫退回到自己的疆界而已。”

施米特指出，他宣称的国际舞台上敌友划分的现实性和战争的可能性，并不意味着宣传帝国主义或鼓吹战争。战争不是政治的目标，也不是政治的真正内容，在施米特看来，政治恰恰是为了限制战争，为了设定战争的性质。战争体现的是民族国家间的激烈的政治冲突。不同的民族国家之间则势必要区分敌人和朋友，而不可能实现整个人类世界的永久和平。普遍人类的概念与敌人的概念相对立。施米特持有一种现实主义的思考立场，不相信普遍主义的世界政府、全球大同的理想。他认为民族甚至种族是形成政治统一体的最好基础，以此为单位来思考现实的国际政治问题。因而，“世界并非政治的统一体，而是政治的多样体。”① 国家统一体自身的生存是每个民族面临的根本性的首要问题，政治统一体的首要任务就是致力于维护自己的存在；“政治统一体要维护‘自己的存在、自己的一体性、自己的安全、自己的宪法’，即一切涉及存在的价值。”②

① ［德］卡尔·施米特：《政治的概念》，刘宗坤等译，上海人民出版社2003年版，第116、142—143页。

② ［德］卡尔·施米特：《宪法学说》，刘锋译，上海世纪出版集团/上海人民出版社2005年版，第27页。

三、例外的决断：国家主权

从敌友划分和纯粹的政治出发，施米特强调国家主权的重要性。他认为，主权就是在紧急状态下做出决断。作为现代民族国家的主权就是一种对外的主权，即在国际关系中做出谁是敌人、谁是朋友的决断。在紧急状态之下，主权者必须明确地划分敌友，当机立断，尤其是面临紧张的国际局势时，主权者必须做出是战还是和的决断。而一旦战争打响，就意味着杀死敌人。在这种意义上，主权就是一种杀人的权力。主权者也可以要求同胞为了战争的胜利而牺牲生命。在施米特看来，最根本的和最完整意义上的政治实体是国家。一个民族必须形成政治的统一体，即国家。拥有主权的政治实体（国家）是决定性的组织，它超越或凌驾于所有其他社团之上。因为它有支配人肉体生命的权力，能够合法地处置人的自然生命，可以要求其人民为之牺牲。政治是人类的命运，即对谁是敌人、谁是朋友的决断，是一个民族无法逃避的命运。如果一个民族不能做出决断的话，迟早会被沦为附庸。国家是一个由民族构成的特殊状态，拥有最高的、不受任何限制的主权。国家的职能就是维护疆域内的和平，所以不仅要防止国内动乱，也要抵抗外敌入侵的可能性。“当敌对性爆发，我们感受到的政治历史紧迫性和以往我们熟悉的最坏情形没有一点相似之处，我们必须说，这种政治历史紧迫性就不应该容忍耐心、不应该宽容曲折、不应该宽待圣爱的谨慎，不应该宽容隐微的稀有价值。”① 应该做的就是吹响号角，带着我们的武器冲上战场。“战争的规律客观要求如此，它意味着双重的可能性；有权要求自己的成员为自己献身和毫不犹豫地杀死敌人”。②

施米特从对非常状态的决断来揭示主权的本质。他写道：“主权就是决定非常状态。”③ 非常状态，也可称为紧急状态、例外状态、特殊状态，在这种状态下，主权高于法权，可以在日常的法律秩序之上作出决断。非常状态的首要特征就是不受限制的权威。在突发的紧急状态或非常状态之下，主权者可以不顾法律和规范，甚至终止整个现有秩序。从现代民族国家角度来说，非常状态就是指那种国家存在受到威胁、整个族群面临生死存亡的考验或国家面临分崩离析的情境，而此时国家就必须凭其主权做出决断，谁是朋友、谁是敌人，并可以发动战争，利用源自实体的能量同敌人进行战斗，维护国家统一体的生存。只有国家在紧急状态下能够做出敌友区分和战争的决断，因此国家才能存在并且具有政治性。区分敌友是国家最基本的政治决定，尤其是在存在肉体杀戮的危急时刻，在打破或建立秩序的紧急状态时刻，区分敌人和朋友也是最为迫切的政

① Jacques Derrida, *Politics of Friendship*, trans., G.Collins, New York/Lodon, 1997, pp.78-79.

② [德] 卡尔·施米特：《政治的剩余价值》，载舒炜编《思想与社会》第二辑，第 164 页。

③ [德] 卡尔·施米特：《政治的概念》，刘宗坤等译，上海人民出版社 2003 年版，第 6 页。

治行为。战争预设了一种指明敌人的政治决断。施米特指出，一个“确定的民族”并不一定必须是另一个民族之永恒敌人或者永恒朋友。中立性概念也服从于敌人/朋友划分的一种现实可能性。如果在世界上占统治地位的只有中立性，那么，战争和政治都将走向终结。决断是对例外的判断。例外的，是一个决定性事件，危机时刻的到来。施米特对当代进行了诊断并指出，战争在今天依然频繁和例外，主权的优势也以同样的速度增长。杀戮的现实可能性就趋向于无限。这就意味着，在今天，战争仍然是一种决定性的痛苦经历，是危机的标志，是严峻的决断。战争状态就意味着绝对敌意，意味着决断的片刻和瞬间，永远决断于敌人和朋友之间。①

正是从紧急状态、危机时刻、敌对状态、斗争和杀戮的现实可能性、战争的现实可能性的存在出发，施米特强调：政治这个概念取决于敌对性，政治的实质就是敌对状态，政治只有在敌友关系可能性存在的背景下才能得到理解。在他看来，政治概念的含义就是人类的联合或分裂，就是敌友划分。所谓敌人就是始终存在发生斗争、战争的现实可能性，而这种可能性是建立在人的危险性基础上的，正因为政治事关生死存亡，因此政治是自主的、完整的，相对于经济、文化、道德等领域来说是决定性的，也因此建立政治共同体或统一体即主权、国家

① 参见 Jacques Derrida, *Politics of Friendship*, trans., G.Collins, New York/Lodon, 1997, p.128。

是决定性的事情，政治统一体、国家与其他组织相比才具有决定性的意义。

四、去政治化：自由主义批判

基于这种对于政治和主权的理解，施米特批判了自由主义理论缺乏对紧急状态的关注，往往是议而不决。在他看来，自由主义者缺乏政治意识，缺乏决断能力。他们往往以个人主义为原则，把所有决断都看作是私人性的，以商人的视角进行思考，衡量利益得失，认为技术手段可以解决一切问题。自由主义者们都迷信辩论，在遇到需要进行决断的时候，他们天真地相信，一切冲突都可以通过理性的辩论去化解，所有问题都可以通过做生意一样的讨价还价去解决。在施米特看来，这是不懂政治的体现。他更进一步指出，自由主义把决断看作个人的私事是十分危险的，因为把决断的权利交给每个单独的个人，会导致在现实情境中政治决断无法做出。施米特清楚地看到了魏玛时期自由民主的软弱导致了魏玛共和国政治上的无能，因此，他倾其全力去批判自由主义。所以有人说，施米特在当代西方政治思潮中首先以一名“反自由主义者”的面目出现。[①]这也是施米特能分别受到左派或右派的挖掘和利用的原因。

---

① 参见［美］斯蒂芬·霍尔姆斯：《反自由主义剖析》，曦中等译，中国社会科学出版社 2002 年版，第 51—84 页。

施米特从政治理论和制度安排两个层面对自由主义的文化政治建制加以分析和批判。首先，在施米特看来，自由主义的政治理论使我们的时代成为一个中立化和非政治化的时代。自由主义把政治上的敌人抹杀了，只有经济学领域上的竞争对手和伦理道德领域的论争对手。在自由主义看来，最基本的价值原则就是个人的自由。政府的基本职责就是保障个人的自由、生命和财产不受侵犯，任何超出这一范围的行为都是令人无法忍受的。个人自由是社会赖以生存的根本基础，而自由竞争是实现社会和谐和财富的最大化的推动力量。以技术和经济体系为核心的契约社会不需要国家的强制和干预，国家只是守夜人。为了避免国家对自由可能带来的威胁，国家权力和政府职能必须限定在一定范围之内。从限制和反对国家权力出发，自由主义主张解政治化和国家中立化。施米特认为自己所生活的时代的自由主义没有政治哲学和政治理论，只有伦理和经济理论；没有国际政治，只有国内政治或政党政治。自由主义以人权抵消了主权，以自由的名义消除了民主。自由主义的民主政治就是挑选和授权政府的机制，幻想把对抗和斗争问题变成非政治的私人经济领域的问题，它完全是非政治化的。施米特认为，自由主义只看到眼前的国内利益，无视国家主权、国家与国家关系，没有看到国家的中立化无法保障国家主权，无法使国家成为政治统一体以便反对国家的敌人。在施米特看来，和自由主义相比，纳粹法西斯主义的政治理论是一种价值激情和政治理想所驱动。

其次，施米特对自由主义的制度安排进行了猛烈的攻击，尤其是针对作为现代西方政治体制的基本形式和自由主义政治核心的议会民主制进行了尖锐的批评。施米特指出，议会民主在德国现实中的实际作用表明，它已经失去了自由辩论的原初内涵。“当今议会民主制的处境岌岌可危，因为现代大众民主的发展已经使辩论性的公共讨论变成一种空洞的形式。当代议会法的许多规范，特别是关于议员的独立性和议会讨论的公开性的条文，只是一种徒有其表的装饰，毫无用处，令人汗颜，……德国的各种政党（虽然根据写好的宪法文本，它们还不存在）在今天聚在一起的时候不是在讨论各自的意见和看法，而是作为社会或经济上的权力集团，在计较和计算他们相互间的权力、利益和机会，这是他们达成妥协或形成联盟的基础。大众则是要通过宣传机器去争取，而这种宣传机器的最有效的手段在于诉诸大众最直接的利益和冲动。真正的讨论具有论辩的特点，但论辩在今天已经消亡了。”① 自由主义的政治家们都在研究如何利用舆论和心理技术手段，争取多数选票以便进行统治。由此，民主异化成了党派之间的妥协和分赃的政治机器和工具性技术。而对人民来说，这种民主更多的是流于形式，常常表现为几年写一张选票。施米特指出，自由主义的议会制只关注程序规范，而不关注民意，其精神实质不是民主，

---

① 张旭东：《施米特的挑战——读〈议会民主制的危机〉》，《开放时代》2005 年第 2 期。

只是针对君主专制时期君主的专断独裁而实现了政治的公开性。施米特并不把民主制看作是普选权或代议制议会辩论等，在他看来，投票选举比人民意志的直接迸发与表达低级得多。施米特提醒德国的市民阶级，其权利的保证不是议会民主的形式程序，更不是理性、科学、技术和自由等普遍的价值观念，只能是公民为自己的权利和价值而斗争的政治意志。只有当议会民主制和市民阶级的政治意志和权力追求相适应时，它才有政治实质，才是有效的制度形式，否则它就是一个夸夸其谈的演讲和辩论俱乐部。

施米特批评自由民主制、代议制，并不是试图推进和扩大民主，而是主张建立强国家。要求国家在紧急状态之下做出决断，就必须有一个强大的国家政府。因而，施米特诉诸一种专政理论，主张魏玛共和国必须对自由民主的敌人实行专政，必须为维护自由民主而斗争。在施米特看来，专政提供了表达全民集体意志的机会，流于形式的自由民主政体却做不到这一点，因而，给反对魏玛宪法的政党以议会民主的平等机会无异于宪政的自杀。也正是由于持有这种观念，施米特才会投靠纳粹。

施米特对议会民主制的批判，不是在原则上否定自由民主原则，也不是意欲推翻资本主义民主制度，而是对民主政治的基础进行反思。施米特认为，民主依赖于一系列的政治认同，所以民主的基础是一种“同一性”关系。现代民主制度以完全违反自由主义和形式民主原则的方式，确保政治共同体在种族、宗教、文化和民族等方面的“同质性”。古往今来，西方民主制度无不具有同质性和排他性，民主制度的建立和公民民主权利的实现，前提是要确定公民的范围，并且把“非公民”排斥出去，如奴隶、女性、外邦人、异教徒、非法移民、恐怖主义者，由此划定了“民主”的界限。在施米特看来，民主政治的排他性，就是以类似于自诩为自由民主的西欧帝国主义国家对待海外殖民地的方式，对待那些不具有同质性“资质”的社会成员，控制和管理他们，但是不赋予其公民权利和参政权利。所以，在施米特看来，“任何一个实际存在的民主制度都建立在这样一个原则上：只有地位相同的人之间才有平等，地位不同的人之间没有平等可言。所以，民主的第一个要求是同质性；第二个要求是，当形势需要的时候，排斥或剪除异质性。”① 所以，在自由主义表面的非政治化之下，仍然蕴藏着敌对和冲突。施米特的分析在今天看来也仍然有效，这也正是德里达意欲解构的。

同时，施米特还在《政治的浪漫派》中批判了德国浪漫派以浪漫主义的情怀消解了政治，其实质也是解政治化。德国浪漫派以一些诗人、艺术家为代表，从总体上而言是德国保守主义的具体形态。浪漫派的口号是“世界必须浪漫化”，主张建立“诗人国家”，崇尚美与和谐，歌颂爱。浪漫主义者对启蒙

---

① 张旭东：《施米特的挑战——读〈议会民主制的危机〉》，《开放时代》2005 年第 2 期。

理性主义不满，不喜欢缺乏感情的现代工业文明，但其反抗的形式是审美式的，有一种对前工业社会田园牧歌的乡愁。施米特指出，浪漫主义是自我中心主义，以自我作为世界意义的来源，浪漫主义者往往沉溺于个人内心感觉与想象力，陶醉于自我感伤的情怀和随意的诗意创作之中，回避非此即彼的决断，在政治上持折中主义的立场，总是试图寻求某种对立面的综合力图达到一种和谐。施米特强调指出，浪漫主义与自由主义表面上是敌人，实际上却是一丘之貉，他们的解政治化联手导致了德国政治的虚弱、无能。所以必须唤起敌我意识，重新政治化和再政治化。

五、再政治化：重构敌人

在自由民主的魏玛共和国政府软弱无力，民主宪政国家体制岌岌可危的政治情景下，施米特极力抨击弱化国家力量的自由主义，试图建立一个强大的国家政府，使德国尽快走出困境。也就是重新确立敌人，实现再政治化。

结合 20 世纪的国际环境，施米特指出，冷战并不意味着政治的消失，相反，“冷战是对战争与和平和中立、政治与经济、武力与文明、作战人员与非作战人员的一切古典区分的嘲讽，而不仅仅是对敌友的古典区分的嘲讽，尽管敌友区分的逻辑一贯性构成了冷战的源头和本质。”而从柏林墙的倒塌，西方资本主义世界的议会民主制发现它们再没有一个根本的敌人了。没有敌人，就会失去政治存在，就是纯粹的解政治化。但是，施米特反问道："这个时代在抹去战争与和平的区分的同时，又在制造核杀伤武器：在这样一个时代，怎么可能停止对划分敌友的反思呢？最大的问题仍然在于限制战争；但是，如果战争在两方面都与敌对性的相对化脱不开干系，限制战争不是玩世不恭的游戏，就是发动一场狗咬狗的战争，再不然就是自欺欺人的空谈。"① 现实证明，自由主义的政治中立化并没有实现一个真正自由、民主、和谐的社会，相反，其社会内部的诸多矛盾难以消解，民族国家之间的'小规模战争'、种族斗争或种族屠杀、恐怖主义等区域性的冲突和战争从未间断。"我们的世界被卷入新形式的暴力、新形式的战争、新形象的残酷与野蛮之中。"② 政治和政治冲突在现代社会中仍然具有最为重要的地位和作用，敌友划分依然具有现实性。他说："我们无法否认各民族仍然按照朋友和敌人的对立而分合聚散，因而无法否认这种划分在今天仍然存在的每一个民族中具有现实性，也无法否认这是每个处于政治领域的人始终具有的可能性。"③

政治概念取决于敌对性，即绝对敌意。政治的实质就是敌对状态，政治只有在敌友关系可能性存在的背景下才能得

① ［德］卡尔·施米特：《政治的概念》，刘宗坤等译，上海人民出版社 2003 年版，第 124、125 页。

② Jacques Derrida, *Politics of Friendship*, trans., G.Collins, New York/Lodon, 1997, p.78.

③ ［德］卡尔·施米特：《政治的概念》，刘宗坤等译，上海人民出版社 2003 年版，第 142 页。

到理解。敌友划分的意义在于从敌人的存在中获得奋斗的动力。在施米特看来，敌人和朋友界限的划分，就是通过他者确认自我，敌人的存在使我们明白自己的身份。施米特说：告诉我你的敌人是谁，我将告诉你你是谁。敌人是生存论意义上的敌人。因为敌人存在，所以要随时准备战斗。敌友划分是被确定的对立。“如果这个对立自我消蚀，就像战争一样自我消亡，那么，所谓政治这种体制就失去了界限和特殊性。”① 施米特指出，即使是自由主义国家，也要随时准备面对敌人。对敌人共同的仇恨是公民友爱的唯一源头。敌人的存在是我们最强有力的动力，也因此民族才具有活力。也是在这个意义上，一个人的全部生活就是一场斗争，每个人都是一个战士。在战争的地平线之外，就不存在国家。敌人和朋友的划分是政治的决定因素。所以，我们必须重新政治化，构造敌人，必须时刻保持警醒和警惕，随时准备战斗。多伊布勒的诗句将这种敌人概念表达得极其清楚：“敌人是我们与生俱来的问题，他将追逐我们，我们也将同样追逐着他。”②

客观地来讲，施米特倾其全力去批判自由主义，其主要的现实原因是与他所处的时代的政治和文化氛围紧密相关的。从这个背景出发来看，卡尔·施米特的政治哲学有很多深刻的思

① 张旭东：《施米特的挑战——读〈议会民主制的危机〉》，《开放时代》2005年第2期。

② 转引自［德］扬-维尔纳·米勒：《危险的心灵：战后欧洲思潮中的卡尔·施米特》，邓小菁译，新星出版社2006年版，第75页。

想洞见，至今仍然有着广泛影响，被视为足以与自由主义对峙的一种完全不同的政治哲学取向。同时，其理论中也存在着许多不容忽视的理论缺陷，受到了当代哈贝马斯、麦考米克、霍尔姆斯、马尔库塞、卢卡奇以及施特劳斯、迈尔等现当代著名哲学家的解读与批判。德里达也把施米特的政治哲学作为传统政治观的典型加以解构性地阅读，提出种种质问：政治是否建立在终极的对抗性上？敌对与战争是否是人类的终极理想？

第二节　解构敌友划分的政治传统

《友爱的政治学》中，德里达以近四章的篇幅深入地反思批判了施米特以敌友划分为基础的政治概念，颠覆了施米特政治哲学体系的基石。德里达缘何以如此之多的篇幅来论述施米特呢？德里达以施米特为靶子，把对敌友划分的政治概念的批评同对友爱问题的哲学思考结合起来。在德里达看来，现代西方民主政治理论和制度是在传统友爱观念和实践的基础上建构的，而从古希腊直到现代所流行的男性中心主义的友爱观念及友爱模式都具有狭隘性，因此当代资本主义自由民主政治有许多困境和危机无法摆脱。德里达在对传统友爱观念基础之上的政治概念和民主概念进行深入反思的基础之上，指出所有传统的政治思考和政治实践都有共同的前提，即基于同一性和同源性，并以此来划分朋友和敌人。进而，他质疑了以权力、民族、主权、合法性、代议制等为核心的政治的概念，解构了传统政治原则、民主原则、战争原则以及近代以来的民族国家观念。由此，整个传统政治的宏伟大厦丧失了根基。在德里达看来，施米特是20世纪最顽固不化的国家主权论的倡导者和蛊惑者，其敌友划分的政治概念就是传统基于同一性的政治观念的代表和集中体现。因此，要呼唤一种新的政治概念和新的国际法概念，就必须解构施米特的“政治的概念”，既要解构其作为政治的标准的“敌友之分”的概念，也要解构其基于国家和主权概念的政治概念。所以，德里达对施米特的解构，不单纯是对施米特个人政治思想的批判，也是对西方政治学传统的颠覆，更是对资本主义自由民主政治尤其是后冷战时期国际政治的反思。

一、悲观的人性论

德里达指出，施米特的政治理论背后预设了一种悲观的人性论。敌友划分的政治概念界定取决于他对于人性及人的生存论的认识和思考。

施米特认为“所有的国家理论和政治观念均可按照它们所依据的人类学来检验之”①，他把这种人类学笼统地分为两类：性善论和性恶论。任何深入的政治思考都首先要回答：人是否

① ［德］卡尔·施米特：《政治的概念》，刘宗坤等译，上海人民出版社2003年版，第179页。

是危险的存在。人性善恶的人类学前提，在人类思想的不同领域中存在巨大差异，不同的学科会根据不同的需要选择不同的观点，比如教育家认为人是能被教化的，神学家认为人有罪需要救赎，法学家则假定人趋利避害，伦理学家假定人可以自由选择。作为政治学家和法学家的施米特强调，政治概念不能完全从人类学的乐观主义出发，否则将会消除敌对的可能性，并由此消除所有具体的政治后果。① 在他看来，以悲观人性论为基础的政治理论要比天真的乐观主义深刻得多。"只有'悲观'人性论的思想家才是系统、深刻和一致的政治事实思想家。"② 因为从性善论的前提出发，必然导致对国家和政治的否定。从维护国家和政治的角度出发，施米特批评了自由主义和无政府主义的性善论：无政府主义相信人性本善与对国家和政府的激进否定密切相关；而自由主义也倾向于反对国家干预，主张国家和政府应该从属于社会、服务于社会，国家的合法权威必须限定在特定的范围内，不得渗透和侵犯个人和社会的独立自由空间之中。施米特指出建立在性善基础上的自由主义没有提出一种实际的国家理论，也没有靠自己找到改革国家的途径，它只是试图把政治限制在伦理领域并使之服从于经济。而资产阶级自由民主制度之下，为了制约和监督国家权力所创造的一整

---

① 参见［德］卡尔·施米特：《政治的概念》，刘宗坤等译，上海人民出版社2003年版，第185页。

② Jacques Derrida, *Politics of Friendship*, trans., G.Collins, New York/Lodon, 1997, p.113.

套权力分立和制衡理论，既不能被看作是一套国家理论，也不能被看作是一套基本的政治原理。①

在施米特看来，所有真正的政治理论都预先假定人性是邪恶的。马基雅维利、霍布斯、德·麦斯特、潘恩、黑格尔等重要的政治思想家在这个问题上都达成了共识。这些思想家都认为人是恶的，每个个体总是危险的渊源，人与人之间就像狼一样。因而，作为主权者应该把暴力与欺骗结合起来，效法狐狸与狮子，可以采取任何手段，包括不道德的手段，甚至是残酷的战争来维护和实现国家的强大统治。由此，引申出专制集权主义的国家理论，国家也就成为利维坦。施米特也搬出了黑格尔大师，他指出黑格尔总是保持着政治性，在思维的辩证法规律的从量变到质变规律中就具有政治含义，并且使得所有非政治性的问题或纯粹的事实均变得具有了政治性。② 黑格尔与一种乐观的人类学决裂，认为人类在本源上和人性上都是恶的。施米特也认为“人性是危险的”，这种对悲观人性论的肯定，最终落脚点在于政治性。“真正的政治理论都假设人在本质上是恶的存在物，杀机四伏，动荡不安以及危机重重。”③

在施米特看来，悲观主义政治思想家持有现实主义的态

---

① 参见［德］卡尔·施米特：《政治的概念》，刘宗坤等译，上海人民出版社 2003 年版，第 181—182 页。

② 参见［德］卡尔·施米特：《政治的概念》，刘宗坤等译，上海人民出版社 2003 年版，第 182—183 页。

③ Jacques Derrida, *Politics of Friendship*, trans., G.Collins, New York/Lodon, 1997, p.140.

度，始终意识到敌人存在的现实可能性。人在本性上是危险性的存在，划分敌友就是必要的，政治的存在也就因此具有了合法性。从人性恶出发，敌对不可避免，没有敌人也要构造敌人，以维持政治的政治性。

德里达质疑了施米特所赞扬的人性恶假设的逻辑。德里达指出，施米特这个断定过分绝对化。"人是危险的"与"人性是恶的"之间是有区别的。"人是危险的"是不带有任何道德或伦理的色彩纯粹从价值中立的角度看待人性。这种悲观人性论不再有道德评价和伦理标准，只是论证了敌对的不可避免，他人可能成为敌人。而人性恶的观念则带有很强的主观价值判断。人是恶的，也就意味着他人一定是敌人，而且是必须诛杀的敌人。伴随着这种绝对的敌意，战争就不可避免。德里达指出，一旦"最恶劣的敌意的迸发，最终则导致'一切人反对一切人的战争'。这既不是一种被解放的想象力迷幻的怪物，也不是布尔乔亚资本主义社会的自由竞争学说的产物，而是具体政治哲学的基本假设。"①

在德里达看来，人性恶的假设忽略了人性中包含的善和责任。人是不是真的十恶不赦，没有一点良知和道德感，对于自身的行为完全没有判断力？答案是否定的。② 正如麦金

① Jacques Derrida, *Politics of Friendship*, trans., G.Collins, New York/Lodon, 1997, p.113.

② 这一问题汉娜·阿伦特曾在《耶路撒冷的艾希曼：伦理的现代困境》中作了详细的论述。

泰尔、桑德尔等社群主义所主张的，人过一种追寻美德的生活，在群体生活中，共同体总是包含着德性和共同善，对于善的认同和责任总是内在于心灵深处。这种人性恶的假设，使政治非道德化，而脱离了正义、道德的政治概念是有局限性的，甚至是危险的，它与当今世界普遍民主发展的要求相违背。

二、同一的自然论

德里达从施米特对柏拉图的引证中发现施米特的矛盾和错误。施米特援引柏拉图来证明其观点，即真正的战争就是国家之间的战争、纯粹的政治就是国际政治。德里达指出，施米特搬用柏拉图，没有理解其政治哲学的整体主义和正义，并且把战争和内讧的对立绝对化，没有看到柏拉图已经预先消解了这种对立，进而也没有看到柏拉图的理想国的理想性和现实可能性之间的辩证关系。由此出发，德里达指出，在施米特的政治概念中也带有一种同一性的诉求。

首先，德里达指出，“在《理想国》中，柏拉图在严格意义上把‘战争’和内战、内讧和叛乱对立起来了。”① 施米特尽管承认内讧和战争之间存在着一种差异，但当他在证明这一点

① Jacques Derrida, *Politics of Friendship*, trans., G.Collins, New York/Lodon, 1997, p.89.

时并没有详细分析论证，没有将这种差异具体化。为了证明自己观点的合法性，施米特把这种区分与两种敌人之间的区分联系在一起，与战争和内讧之间的区分联系在一起。施米特没有看出或者根本不关注，在柏拉图的政治哲学中，战争和内讧的区分是为了论述希腊人的团结和同一，从整体主义出发维持城邦的和谐、实现城邦正义。而施米特把公敌和私敌的划分绝对化，强调敌人的现实存在。德里达指出，由战争和内讧的区别推出公敌和私敌，显然不是柏拉图的目的。在柏拉图的整体主义政治观念之下，内讧和战争之间的差异“最后都指向同一、归属同一”①。在柏拉图眼中，真正的战争只发生在希腊人与野蛮人之间。希腊人中间的冲突只是一些分歧而已。内战只是一种内部分裂，它并不意味着将会创造出一个新国家甚至一个新民族。② 柏拉图是要表明，当希腊人之间存在着一些分歧时，只是一种内部的不协调。而希腊人是一个家庭，所以，这种内部分歧不能叫作战争，最终也总是能够实现和解。德里达指出，柏拉图的《理想国》已经预先消解了内讧和战争截然对立的区分，所以不能充分地证明施米特牢牢依靠着的敌对观念。“即使柏拉图确实想说，野蛮人是天生的敌人，希腊人‘自己在本质上仍然是朋友’，那也不能得出结论说，希腊人之间的

---

① Jacques Derrida, *Politics of Friendship*, trans., G.Collins, New York/ Lodon, 1997, p.113.

② 参见［德］卡尔·施米特:《政治的概念》，刘宗坤等译，上海人民出版社 2003 年版，第 148—149 页。

内战、怨恨简单地外在于本质。”[①] 因为在柏拉图看来，希腊人应该善待野蛮人，不把他看作绝对肉体上消灭的敌人。“希腊人总是善待他们的敌人——野蛮人，就像他们现在善待自己一样。”[②] 德里达指出，施米特断章取义，没有对柏拉图的政治哲学所探讨的核心问题进行深入思考。为了实现城邦的正义，柏拉图认为理想国应该由哲学家进行统治，真正目的是让国家以正义作为最终的统治原则。国家没有正义时，哲学家没有成为统治者时，国家权利失去正义的基础时，当正义与强权分离时，实现理想国只是可能性。理想国不是现实的，而是可能的。施米特的敌友区分没有仔细地研究柏拉图分析的背景。柏拉图所追求的政治的核心原则是正义，而施米特强调的是敌对性。

其次，德里达指出，施米特在根本没有仔细地研究这一问题的情况下，就直接把它纳入到自己的一般理论之中，因而他没有发现，内讧和战争都是自然存在的，“实际上是指两种类型的分歧、竞争和混乱。具有同样血缘关系和具有同一根源（家庭、家眷、近亲、血缘共同体和利益共同体，家族等）的人们之间的离散纷争就是内讧，就是分裂，就是战争，有时被叫作内战。至于外国人或者外族人之间的离散纷争，则是纯粹

---

① Jacques Derrida, *Politics of Friendship*, trans., G.Collins, New York/Lodon, 1997, p.90.

② ［古希腊］柏拉图：《理想国》，郭斌和、张竹明译，商务印书馆 1986 年版，第 210 页。

的战争。将希腊民族或希腊种族统一起来的自然纽带，不论是在战争中还是在内讧中，都保持着本源的完整性。希腊民族（血缘、种族、家庭和人民等）是靠血缘和原始共同体的维系而统一起来。”① 柏拉图已经把内讧叫作内战，已经是战争了，外战是纯粹的战争。希腊人团结起来打败野蛮人，有内在的自然关系把其联系起来。

和施米特强调国家间的战争不同，在柏拉图看来，对于城邦来说内讧比战争更为至关紧要。“当希腊人反抗野蛮人，或者野蛮人侵略希腊人，他们是天然的敌人。他们之间的冲突必须叫作战争；如果希腊人同希腊人冲突，他们是天然的朋友，不过是希腊民族不幸有病，兄弟不和罢了，这种冲突必须叫作内讧。即使希腊人在向自己人宣战，对自己人作战，我们也应该说他们仍然是朋友。所谓‘不幸有病’，就像随后出现的一种自然的疾病，一种自然地影响自然的邪恶一样。它自我分化和自我分裂。”② 德里达把这种分析称为诊断城邦的共同体病征学，也就是说，城邦是病态的、不健康的，处于内部分裂和纷争之中。而既然是内在纷争就不可能靠怨恨、敌意和恶意来解释，但是也必须在内讧中看到和解的希望。内讧的和解可以实现整体再度的统一和团结一致，其唯一根源就在于假想的自然

---

① Jacques Derrida, *Politics of Friendship*, trans., G.Collins, New York/Lodon, 1997, p.91.

② Jacques Derrida, *Politics of Friendship*, trans., G.Collins, New York/Lodon, 1997, p.92.

亲属关系，“是它产生了一种稳固坚定的友爱，这种友爱的基础是同质性，是同胞之爱，是来源于出生、来源于天然共同体的稳固亲近性。这种血亲关系不仅在言语中、而且在事实上、更是在行动中养育了万古长存的同胞之爱。换句话说，友爱关系的有效性 / 现实性，即超越话语永恒性的保证，的确就是现实的血亲关系，是出生关系的现实性。假如这种被习惯风俗所表达所设定的血亲关系是真实的，那么同宗谱系学就持久地担保着属于生命和依据生命的社会约束力量”①。

希腊人想通过战争找到基于同胞之爱、稳定的亲缘性关系之上的整体性。德里达指出，一切政治团结的话语都是虚构。纯粹的血缘谱系关系以及这种血缘关系的现实性都是被假想和构造出来的，暗含着一种象征和比喻。“诉之于出身、自然、民族，以至诉之于国家、人类兄弟关系的普遍国家的政治话语之中所表达的一切，整体的家庭主义的宗旨就在于将这种‘[法律的] 虚构’再度自然化。”② 也就是把自然的血缘关系扩大化，投射出去，扩及到整个民族。通过象征规定我们的关系，我们和他们属于同一种族，我们享有这种同胞之爱，不管过去是谁伤害了谁，都应当互相宽恕。

德里达也指出，在柏拉图那里自然的兄弟平等和贤人

① Jacques Derrida, *Politics of Friendship*, trans., G.Collins, New York/ Lodon, 1997, p.92.

② Jacques Derrida, *Politics of Friendship*, trans., G.Collins, New York/ Lodon, 1997, p.93.

政制（politeia）[①] 之间存在矛盾。柏拉图主张贤人政制，它实际上是一种经过多数人赞同而建立的贤人政制，也可以称为民主政制。在他看来，贤人政制只有一条原则，即聪明和善良的人才能担任统治者。但是，另一方面，公民是兄弟，全都是同一个母亲的孩子，这种天生的平等对抗主人和奴隶的关系，也推动着人们寻求法律上的平等。[②] 德里达指出，柏拉图由基于自然平等的兄弟的友爱最终就导向父权制。

其实“敌人与仇人的区分已经暗含着一种关于‘自然’（phusis）的话语”[③]，德里达以一种躯体政治学来解释内战和战

① 这是中文译者译著中的译法。柏拉图的著作《politeia》中文译者把书名翻译为理想国，这是从著作内容中衍生出来的。politeia 在古希腊语中是“政制”或者“宪法”的意思，所以现代英语翻译为 constitution。politeia 来自于 polis（城邦），一群人居住在一起形成一个城邦时，住在城邦之中的 polites（公民）需要一种 politeia（政制）以确保他们生活在一起。所以，politeia 严格意义上说就是一种政治制度，并没有理想的意思，也没有特指某种政治制度。柏拉图在这部著作中既讲理想政制，也讲各种不完美的政制。之后，亚里士多德作出进一步解释，politeia 是对城邦组织的安排及对权力的分配，也决定了每一政治群体的目标。它是一个城市或城邦的生活的方式（《政治学》，1295bl，1328a35）。如果 politeia 改变了，城邦也将改变。

② 参见 Jacques Derrida, *Politics of Friendship*, trans., G.Collins, New York/Lodon, 1997, pp.95-96。

③ Jacques Derrida, *Politics of Friendship*, trans., G.Collins, New York/Lodon, 1997, p.91.

争的自然性。无论是内战还是战争，都是一种躯体政治的邪恶、病态。在一切种族或民族中心主义之中，都包含着一种关于出生和自然的话语，一种自然的谱系学，它必然会导致排斥与吸引、分歧和赞同、战争与和平、怨恨和友爱的对立。血缘和谱系是一种幻影、想象的，被构造出来发挥团结作用。古代的民族主义是靠想象的联系把他们团结起来，希腊人是血缘关系扩大的整个群体。现代的民族主义、国家也都具有某种想象性。这种自然是构造的、想象的，在此基础上才有法律、语言、道义原则、政治关系。

三、封闭的主权论

德里达反对施米特威权主义的国家主权理论，以及在民族国家框架下的决断思维方式。首先，德里达否定了施米特关于国家以政治为前提的前提预设。德里达认为，不能把国家和政治等同。施米特在区分二者的同时，把二者分别看作是对方的目的因。他把政治看作国家的前提，把政治定义为敌友划分，同时又把国家看作是敌友划分的政治的典范，所以国家在政治中具有优先性。施米特继承了黑格尔的国家理论传统，认为国家不仅外在于社会而且在社会之上。“国家确实假设了政治，因此二者在逻辑上互相区别；但是严格地讲，政治分析及其不可还原的内核——敌友对立结构——从一开始作为独一无二的引导线索就可能仅仅给予这种对立结构的国家形式以优先性。换言之，给予作为公民的敌人或者朋友以优先性。”①以施米特的观点看来，只有作为民族存在的特殊样态的国家才能在紧急状态下作出决断，才能赋予某种状态以政治性。而德里达指出，“将国家看作政治统一体的模式，看作最为奇特的垄断——垄断政治决定——的载体，看作欧洲的形式和西方理性主义的光辉篇章，凡此种种国家观都已经被废黜。”②尽管国家的概念仍然被保留下来，但现代民主国家已经遭到了质疑，而古典的共同体式的国家观念已不复存在。施米特主张从政治的角度界定今天所谓的国家，但是，他不过是概念的循环论证。

国家是决定性的政治统一体，是主权的所有者和实施者。只有以国家的名义才能行使主权，做出决断。这种主权在施米特那里就是对外的决断。在纷繁复杂的国际政治中，每个民族国家都要做出自己的决断，是朋友还是敌人，是结盟还是战争。这种在民族国家框架下的决断思维方式，不断地树立敌人，维护自己，也就不可避免地造成今天民族国家的种种封闭性和敌对性。德里达力图突破民族国家的框架来思考政治和共同体。

德里达质疑了施米特关于民族国家对紧急状态的决断思想，他力图探寻不可决断之物，以此来打碎施米特决断政治的

---

① Jacques Derrida, *Politics of Friendship*, trans., G.Collins, New York/Lodon, 1997, p.120.

② [德] 卡尔·施米特:《政治的概念》,《施米特文集》第一卷，刘宗坤等译，上海人民出版社 2004 年版，第 90 页。

基础。按照施米特的观点，战争等紧急情境或者决断情境越是强烈，它就越是具有决定性，越是具有揭示力量，最终也越是政治化。所以，必须以解政治化的程度来衡量政治化。① 而政治不是基于特殊情况的决断，有众多不可决断之物存在。面对它们，施米特的政治将无法判断敌友划分，因而也就不再是绝对的和纯粹的。这种不可能的情境，这种例外状态，揭开了事情的面纱，暴露了其本质、核心和中心。“这种不可能发生的（事件），这种仅仅因其不可能发生才发生的（事件），这种作为现实可能性的不可确定的终极可能性，才形成了决断和塑造了真理。这种不可确定的决断赋予了解蔽的力量。这种揭开面纱暴露本质的决定性指称活动自然而然地导致了决断。在即将来临的分崩离析的决断之中，解除遮蔽使事物的核心暴露出来，这也许不是在招致死亡的战争行为之中，而确实是在分裂的可能性之中，在杀戮的可能性之中，在作为现实的和在场的可能性之中完成的。后一种可能性仅仅是在剥去他者的衣装时，在揭示‘肉体杀戮’的可能性时，才能真正展露事物的核心。”② 决断的必要性源于敌对的客观存在。施米特思想中的核心概念是敌对，敌对是政治的前提，而敌对的最高形式是战争，因而，说明了战争和政治关系。没有国家就没有政治，没

---

① 参见 Jacques Derrida, *Politics of Friendship*, trans., G.Collins, New York/Lodon, 1997, p.129。

② Jacques Derrida, *Politics of Friendship*, trans., G.Collins, New York/Lodon, 1997, p.128.

有成群的敌人就没有战争。

施米特想确立具有二元对立性质的政治的独立性，并认为政治对人类生活至关重要。施米特把政治变成独立的领域，尽管他摆脱了经济决定论，但也忽视了政治和生活的关系和哲学的关系。其实，政治和生活世界有一种说不清楚的关系，很难说清楚政治怎样从生活世界中分化出来。但不可否认的是，政治和生活世界密不可分，政治绝不是脱离生活世界高高在上的上层建筑。施米特倡导的那种纯粹政治不可能是纯粹的。

德里达指出，施米特主张的那种纯粹的政治学具有神话性质和狭隘性。他主张政治的独立自主性，无视政治与经济和生活世界紧密的相互作用关系。施米特对政治和敌人的界定使政治仅限于国家层次，即现代民族国家，因而，限制了政治发生可能性的范围和领域。在他看来，政治脱离于道德、经济和艺术等其他领域，而且仅仅限于国际政治。而无论从理论上还是现实中，我们都可以发现，在国内甚至在不同的领域也存在政治问题。尤其是在当今社会的复杂性之下，政治在任何领域都可能发生，环境、能源、教育、艺术、科技、道德等在某种意义或程度上都成为政治问题。

施米特希望维持政治的纯粹性，使其在不纯粹性上仍然是纯粹的。如果政治是确定存在的，也就意味着我们必须实际地辨认出谁是敌人，谁是朋友。施米特希望能够维持这种对立，尤其是在实践中、在政治上以及在斗争中，我们必须知道谁是朋友、谁是敌人。但是德里达指出，一切对于本质的纯粹接近都是不可获得的，而且在一切概念的纯粹性上都不知道什么是战争、政治、友爱、敌对、敌意、爱与恨以及和平。[①] 在施米特看来，政治行动不能取消敌友之分，人类日常语言也清楚地显示了所有根本性的政治概念的敌对性，甚至基督教的“爱你的敌人”也愈加清楚地预设了敌友之分。失去敌人就等于失去政治本身，敌人的死亡是反政治的罪行。如果取消了敌友之分，尤其是取消了主权国家之间的敌友之分的话，战争与和平、内政与外交、武力和文明的区分，以及国家、主权、战争、敌人等概念也就不再有任何意义了，这实质上就是以人类、权利、和平、秩序、责任、未来、正义等名义消除了政治。德里达认为，施米特犯了自由主义的老毛病，他总把政治领域视为独立的、纯粹的、自律的、与其他领域有着根本的区分原则的政治本身。正如施特劳斯在对《政治的概念》的评注中写道，“对自由主义的批驳往往看起来就是施米特的最终论题，而且他往往纠缠于对自由主义的批驳之中，因而迷失了自己的真正意图，停留在自由主义划定的水平上。”[②]

正因如此，施米特坚持“划分敌友是政治的标准”，甚至不惜为政治而决断出至少一个敌人。伴随这一决断而生的就是一场战争的可能性。在战争的地平线之外，就不存在国家。敌

① 参见 Jacques Derrida, *Politics of Friendship*, trans., G.Collins, New York/Lodon, 1997, p.117。

② ［美］列奥·施特劳斯：《〈政治的概念〉评注》，载刘小枫编：《施米特与政治法学》，上海三联书店 2002 年版，第 24 页。

人和朋友的划分是政治的决定因素，没有这种划分，政治体制就失去界限。施米特将战争和革命称之为朋友和敌人形象的两个呈现方式。他主张将政治性定义放置在可能的外在冲突基础上，又把战争的必然性扩及到内战。德里达指出，“这种内在化本身就是外部战争向内战的生成，就是国家政治整体意识的觉醒。施米特有意区分的，不是一般的政治，而是国家的政治形式，而他常常用此作为它规定政治的目的或者导引线索。”①在德里达看来，施米特用来限定政治的纯粹战争或者纯粹敌人仍然是子虚乌有的。政治的概念作为概念，相应地表明，话语希望可以更严格地陈述政治的理想性。但是，任何政治都不符合它的概念。所以，运用这些概念，根本不可能正确地描述、规定任何政治事件。而且，由于政治学在本质上是一种实际行动，所以，政治与其概念之间的不符合就不是偶然的，正如施米特本人在分析政治的规范结构之时总是如此坚定地依赖于现实、在场或者终极可能性。②

德里达说：“施米特要求我们首先思考战争，其次思考屠杀，最后思考作为哲学事情的所谓绝对的敌对性。……哲学代表着纯粹政治和纯粹敌对的真正创造动因——这就从历史过程之内发展出游击队理论和实践，也就是说，这就质疑了古典

① Jacques Derrida, *Politics of Friendship*, trans., G.Collins, New York/Lodon, 1997, p.119.

② 参见 Jacques Derrida, *Politics of Friendship*, trans., G.Collins, New York/Lodon, 1997, p.114。

性，也就动摇了通常意义上的政治概念。”① 德里达指出，施米特在《政治的概念》和《游击队战争》两本书中表现出其内在的矛盾。前者主张纯粹的政治，国际间的敌友划分的政治，政治之中的一切都是以斗争的方式表述出来；而后者以游击队战争打破纯粹政治的界限，使战争变为内战，使仇人变为公敌。“‘只要我们谈论政治’，就一定会有现实的‘斗争的可能性’；这种‘现实可能性’就再也不是指国家或者帝国的民族单位之间组织的战争，而是‘在逻辑上’‘顺理成章地’指内战。国家的弱化要求‘内部走向和平’，证实‘内部敌人’这一概念的上升；所谓‘内部敌人’，就是‘一种公共敌人’。”② 尤其是在冷战后失去敌人的今天，只有游击队政治具有政治性。游击队战争改变了古典欧洲的合法战争之传统的敌意概念，并且模糊了它的界限。“游击队员不再是敌人，也不再有传统意义上的敌人。现实的敌对性通过恐怖主义和反恐怖主义延伸以至大灭绝。”③ 游击队战争模糊了宪法和国际法关于常规和非常规、合法和非法古典的区分。传统的敌人概念和游击队的区别之中，起决定意义的是技术问题。具体表现在两个方面：一方面，定义游击队标准是错误的标准和似是而非的概念，如非常

① Jacques Derrida, *Politics of Friendship*, trans., G.Collins, New York/Lodon, 1997, p.146.

② Jacques Derrida, *Politics of Friendship*, trans., G.Collins, New York/Lodon, 1997, p.121.

③ Jacques Derrida, *Politics of Friendship*, trans., G.Collins, New York/Lodon, 1997, p.141.

规性、政治冲突强敌、高度流动的主动作战。另一方面，装备以及远程技术自动化的速度又造成了同乡土性的决裂。[①] 游击队战争打破正规战争的大地乡土性。而在现代技术的新时代，私人和公共的区分将丧失。德里达指出，施米特没有考虑到，警察制度和间谍网络终究要在国家机构之中预先从内部摧毁政治的可能性、摧毁公私之分。现代民族国家标榜着自由和民主。但是，在现代社会，技术侵入人们生活的方方面面。计算机犯罪侵入国家电子档案、军队、警察制度、银行、医院和保险公司。当代政治，现代政治体制下，破译密码技术，作为精神分析之独特建制，国家和公民联盟之间关于结社、发明、交流、贸易以及保护隐私的权利的争论，国家垄断能够窃听和记录的削波录音设备，本意是保护私人交流的隐秘性，但是却没有给私人留下空间和机遇。[②]

四、在场的政治观

德里达进一步解构了施米特的一个核心概念“现实可能性”。德里达指出，施米特没有解释清楚“现实可能性”。在德里达看来，施米特把现实可能性等同于现实性和具体性。他指

---

① 参见 Jacques Derrida, *Politics of Friendship*, trans., G.Collins, New York/Lodon, 1997, p.142。

② 参见 Jacques Derrida, *Politics of Friendship*, trans., G.Collins, New York/Lodon, 1997, p.144。

出，施米特认为人类共同体就是斗争的共同体，人类群体都存在于斗争之中，始终具有斗争的可能性。为了界定政治，施米特通过先天构造敌人的方式构造政治，“只有一个具体的、确定的敌人才能唤醒政治，只有一个现实的敌人才能将政治从沉睡中唤醒”①。施米特警告我们，敌人问题涉及公／私对立，敌人永远是公共的敌人。一个私人敌人的概念是毫无意义的。所以敌人的背后，是公共性领域。“民族要继续按照敌友对立来组织自己，即使在今天这种敌人和朋友的对立也还是现实的，对于每一个有政治存在的人来说，这种敌对都作为一种现实可能性的状态持续存在。”② 也就是说，民族对立是现实的，即使这种敌对是可能性的存在，即使敌对没有发生，即使处于友好之中，但仍有敌对的可能性，而且这种可能性是现实的。政治是敌对，“因而，敌人不是一般意义上的竞争对手或者对立面。他既不是我们所怨恨的私人对手和私仇，也不是我们感到特别厌恶的人。敌人只能是整个有组织的个体结成的群体，面对整个具有同一本质的群体，至少他们也涉身于一种现实的斗争之中，也就是说，它是现实的可能性”③。有组织的个体结成群体就陷入斗争的可能性。敌人是公敌，有存在的现实可能性，所

① Jacques Derrida, *Politics of Friendship*, trans., G.Collins, New York/Lodon, 1997, p.138.

② Jacques Derrida, *Politics of Friendship*, trans., G.Collins, New York/Lodon, 1997, pp.85-86.

③ Jacques Derrida, *Politics of Friendship*, trans., G.Collins, New York/Lodon, 1997, p.86.

以敌对不会消失，政治是无法逃避的命运。

在德里达看来，施米特的纯粹政治概念并不具有现实性，它是先天演绎出来的，他先天演绎出敌人概念，敌人概念又预先假定了人先天具有斗争性，因而共同体的战争性是先天可能的，人只要结成团体就有战争的现实可能性。施米特的政治概念是先天综合式的政治，既是主观的，又是客观的；既是分析判断，又是综合判断，把现实性和可能性放在一起就像康德把分析判断和综合判断放在一起。①

德里达认为，纯粹的政治理论就是规定纯粹的政治，而施米特却总是转向政治现实，仍不是纯粹的政治。施米特是将政治在纯粹的实际存在的意义上阐述敌友划分的，又诉诸于一种敌对和战争的可能性，在现实性和可能性上反复。现实可能性的逻辑包含两方面含义：一是从可能性到现实性之间的过渡，有敌对的可能性，所以有现实的敌对关系，所以有现实的政治；二是从现实性到现实的现实性之间的过渡，可能的现实性到现实的现实性的过渡。可能和现实之间有绝对的断裂，可能变为现实是深渊的填平，施米特没有达到这一目的。他在解释敌对的可能性时没有解释可能性怎样变为现实性。德里达指出，施米特忽略或否定了这个深渊。施米特认为，一旦现时宣布敌人的存在，宣布对敌作战，也就宣布政治的在场，就变为

---

① 参见 Jacques Derrida, *Politics of Friendship*, trans., G.Collins, New York/Lodon, 1997, p.86。

现实，深渊也就被填平。施米特把战争作为敌对可能性变为敌对现实性的中介，作为填平深渊的泥土。德里达指出，在施米特那里，战争不是政治的目的，但是，作为一种现实的可能性，它是一个永远在场的假设前提，以一种独一无二的方式决定着人的行动和思想，因此也创造了一种特殊的政治行为。① 所以，是否发动战争，是否公开宣战，这仅仅是面对一种本质必然性而做出的经验选择，只要战争是可能的，它就是现实的。结成群体就是为了敌对和战争，也就构成了可能性，从氏族血缘组织到国家的过渡就是为了战争。②

在施米特那里，敌对性依赖于斗争的现实可能性，依赖于杀戮的现实可能性，不会有爱逝者，不会有独立于死亡冲动的友爱关系。德里达指出，施米特关于敌人所说的一切，同样适合于朋友，因为这两个概念是彼此规定。也就是说，"如果没有通过杀戮建立一个非自然共同体的可能性，就不存在什么朋友。"③ 敌人容易被杀死，他不过是一个有限存在者。而朋友也是一样。在友爱之中爱恋这个唯一的有限存在者，这意味

---

① 参见 Jacques Derrida, *Politics of Friendship*, trans., G.Collins, New York/Lodon, 1997, p.126。

② 关于国家的产生和战争的关系有很多相关论述。马克思认为国家是内生的，氏族内部的阶级划分逐渐演进的结果。考茨基认为国家就是源于战争，氏族部落和部落之间的战争。恩格斯认为，国家有内源的，即源于内部的阶级分裂；国家有外源的，就是战争。

③ Jacques Derrida, *Politics of Friendship*, trans., G.Collins, New York/Lodon, 1997, p.122.

着：我可能杀你，你可能杀我，我们可能自相残杀。我可能或者必须杀了我的敌人，这一事实“终止、取消、颠倒或者至少可以说压制、歪曲以及升华了友爱”①。朋友和敌人可能是同一人，爱朋友和杀敌人可能是同一个事情。“政治恰恰就是在死亡冲动和死亡决断之中、在处死他人和死亡赌注之中无止境地将朋友——敌人 / 敌人——朋友维系在一切或者彼此对立的东西。”② 德里达假设了另一种友爱，一种超越敌友划分政治的友爱。

施米特不希望把可能性和现实性区分开来，他的现实性就是可能性。“朋友，敌人和斗争，这些概念之所以获得它们的现实意义，恰恰是因为肉体杀戮的现实可能性。战争来源于敌对，因为战争是在生存上消灭敌人。这是敌对性最极端的现实化。它不必是共同的、规范的、理想的或者渴望获得的某些东西。但是，只要敌人这个概念有效，它就一定会作为现实可能性而在场。”③ 只要战争是现实可能的，敌人就存在，政治就存在。而德里达则相反，只要敌人存在，就是幻影朋友的回归。德里达在可能性和现实性的解构中，抛开传统的可能性概念，在一种超验本体论分析之中求助于一种可

① Jacques Derrida, *Politics of Friendship*, trans., G.Collins, New York/ Lodon, 1997, p.122.

② Jacques Derrida, *Politics of Friendship*, trans., G.Collins, New York/ Lodon, 1997, p.123.

③ Jacques Derrida, *Politics of Friendship*, trans., G.Collins, New York/ Lodon, 1997, p.124.

能性条件。

德里达指出，反复呼唤一种现实的可能性是必要的，因为，幽灵般的可能动摇了一切确认的和必然的事物。施米特的“现实可能性”逻辑也包含一种幽灵性。在现实性和可能性之间不断运动变化，带有一种“也许”意味。政治上的敌人和朋友之划分的最极端的结果仅仅是在现实的斗争之中被揭示的。人类生活从这种极端的可能性之中获得了其特殊的政治张力。① 但可能性还不是被给定的事实，它必须被征服。施米特的理论依赖于现实可能性的假设，必须在场，即谁是敌人的政治决断的在场。这种政治是一种现时在场的政治，与未来相对抗。与之相对，德里达以朋友关系取代敌对关系，提出未来民主、未来政治。施米特恐惧的正是未来的政治，他对之岌岌可危，认为失去政治性了。

德里达指出，施米特的政治精神是“否定性，拒绝和政治，幽灵出没和辩证法”②。这种政治精神不足以让施米特以对立的否定性来定义政治，德里达指出，“与其说施米特是以对立否定来定义政治，不如说他是以政治来定义对立否定。这一颠倒来源于权力或者目的论法则的强度。一种矛盾或者对立否定性越是强大，它的强度也越是倾向于接近界限，也就是越具有

---

① 参见 Jacques Derrida, *Politics of Friendship*, trans., G.Collins, New York/Lodon, 1997, p.129。

② Jacques Derrida, *Politics of Friendship*, trans., G.Collins, New York/Lodon, 1997, p.139.

政治性”①。政治上的敌对是最强烈、最极端的对立，即敌友之间的对立。现实可能性对应于政治在场的呈现，它包含着一个启示、呈现和解蔽的政治化的过程。施米特将具体性与幽灵性对立起来，幽灵性的对立面是具体性，但是他还是把幽灵性作为“抽象性”或“空虚性”的同义词而引出。而德里达指出，“从政治概念的抽象幽灵性之中唤醒；只有这种具体性才能将被唤醒的政治性召回到现实生活中。但是，有幽灵，有寄居在政治本身的幽灵；政治的反题寄居在政治之中，将政治政治化。”②

在施米特看来，幽灵可能就是游击队战士，不再尊重战争的规范条件和法定界限。德里达指出，可能的现实性、现实的现实性和哲学意识之间的过渡，就是哲学和游击战之间的联盟。③尽管施米特在《游击队理论》中持有一种中立性的立场，宣称对于战争可能性的诉求不是好战主义的，不是和平主义的，也不是帝国主义的，而彻头彻尾地是纯粹理论的。这种可能性可能总归是可能性而已。但是，“即便这种可能性依然是一种可能性，这种可能性也必定已经是、仍然是具体的、现实的，而且在这个意义上是‘在场的’。现实化无非是通往界限，

① Jacques Derrida, *Politics of Friendship*, trans., G.Collins, New York/Lodon, 1997, p.139.

② Jacques Derrida, *Politics of Friendship*, trans., G.Collins, New York/Lodon, 1997, p.138.

③ 参见 Jacques Derrida, *Politics of Friendship*, trans., G.Collins, New York/Lodon, 1997, p.148。

通往极限的完美状态以及通往一种已经是现实的和已经是在场的可能性之终末境界。现实化不是一种可能的东西之现实化，而是某些全然不同的东西之现实化：一种可能的现实性或者一种现实的可能性的彻底化。”①

在德里达看来，施米特并没有追问战争和敌人的起源，因为不仅存在着在敌对性的概念之间无限播撒的语汇，而且也存在着大量的敌友之间无法绝对分立的延异。而施米特从战争和敌人来定义政治，无非是把对国家主权的认同极端化，它仍然建立在对祖国、大地、人民、血缘、种族以及政治共同体的其他自然属性的认同之上，从而隐含地建立在传统的友爱的概念之上。德里达认为，施米特用“战争的可能性”或“政治的严峻性”这一含混的哲学概念掩盖了敌友之分的复杂性。德里达认为，如果像施米特那样，认为政治统一体区别于其他组织的特征就在于它具有生杀予夺的权力，那么“敌友之分”必须推到彼此杀死对方的可能性上才可能让敌人成为真正的、严肃的、政治上的、公共的敌人。人们只是为了生存和种族而与那些在道德上并不邪恶、经济上并不竞争、审美上并不丑陋、人性上并不缺乏尊严甚至是更有尊严的敌人斗争。然而，这就意味着存在着超出“敌我之分”之外的政治标准，即自然的生存或种族的生存。施米特最终仍然是诉诸作为政治统一体的民族

---

① Jacques Derrida, *Politics of Friendship*, trans., G.Collins, New York/Lodon, 1997, p.124.

或国家的绝对性，而这正是德里达的“新国际”政治学所要解构的首要目标。

五、启示的政治神学

迈尔曾经断言：“谁想谈论施米特的政治概念的基本前提，他就不能对启示信仰保持沉默。施米特的政治学说如果不被理解为是其政治神学的一部分，那么其政治学说就是无法理解的。要想有把握敌友区分在施米特的思想中所占据的核心含义，以及要想衡量施米特赋予其政治的标准的全部分量，就不能忽视那些将敌意的肯定和否定看作政治——神学的区分对象的其他一些标准。”①

施米特把政治的标准界定为敌友的划分，那么如何区分敌人和朋友呢？施米特从政治神学的立场出发给出答案，敌人和朋友划分的根本标准是信仰，敌我冲突在根本上就源于信仰的冲突。正如刘小枫指出的，在施米特的政治神学中，“不切实际的政治期待和深深的宗教渴望扎根于哲学的中心”②。在施米特看来，人人都各有信仰，终将决一死战。人类总是有化解不开的矛盾，而这些矛盾是基于不同的信仰。亨廷顿也说过，以

① ［德］迈尔：《古今之争中的核心问题：施米特的学说与施特劳斯的论题》，林国基等译，华夏出版社2004年版，第31页。

② 刘小枫选编：《施米特与政治法学》，上海三联书店2002年版，第296页。

后的敌人不再是政治的，而是宗教的，是不同文化之间的。

施米特的启示神学政治理论和基督教政治学论调一致。基督教的基本教义是爱，施米特的信条是敌对，但是，施米特和基督教的敌人有一致性。基督教中现实统治要服从神的统治，一切都拿到上帝的法庭来审判，一切都要在和上帝的关系之中加以衡量，世俗的矛盾的问题要通过神来拯救，现实的不平等和苦难的政治问题要上帝解决，可以说它是反现实政治的，反世俗统治，是反政治的政治。一切反对基督教的人，都是敌人。一切异端、一切异教徒都必须受到应得的惩罚。爱你的邻居、爱你的敌人与人类社会的理想联系在一起，是实现对所有人的拯救，实现神的王国，把所有人纳入到王国之中，消除仇恨，实现在上帝之爱下的兄弟之爱。但是，“爱你们的仇敌”指的非政治敌人，私人的敌人，也只有在私人领域，爱敌人才有意义，而绝对的敌人只意味着公敌，是必须被消灭的。施米特把基督教的爱限制在私人领域，爱他但不是全部，在公共意义上他是天敌。在敌友概念中，施米特把敌对看作是更优先的。敌和友不是并列而来的二元关系，敌对性、对抗性是更普遍更优先的更根本的。施米特把友爱看作和政治无关的私人事情，却把敌对上升到本体论高度，政治本体论就是对抗性、否定性，是否定的本体论。施米特否定了友爱的公共意义，贬低了友爱的范围，把敌对性看作是人类之间关系更深层、更绝对性的本质关系，一种否定的关系，即人和人之间就是互相否定、对抗。如果没有外在的敌对，造不成人类内部的共同体。

施米特借助《圣经》阐发敌意的来源，阐明敌人和我们的划分，把他的政治概念建立在以启示为根据的敌人概念和消灭对手的敌对性存在论观念上，并没有人类学、社会学的理性根据，他的政治观念无疑是政治神学的。在迈尔看来，政治神学和政治哲学的区别，是两种生存选择。如果绝对敌对性以兄弟为目标，将内战转化为真正的战争，转化为绝对的政治，那么就是圣经当中该隐和亚伯的故事，即“父亲或者国王不在场，兄弟之间分享和分配权利以及争夺遗产，而这就是政治。”①

德里达指出，施米特在肯定敌人的生存论意义时，也肯定了敌人对于自我存在的确定性意义。没有敌人就无法思考政治，不知道谁是敌人也无法做出决断。其实更为根本的是，没有敌人的自我认同和我们的自我认同，就根本无法做出决断。这种双重认同活动具有优先性，因为在同一个兄弟关系的生成过程之中既预示了兄弟朋友，又预示了兄弟敌人。德里达追问：没有敌人，也没有朋友，那么我们如何寻找作为自我的我们自己？这种生存论政治具有神话的性质，体现在他对霍布斯的“自然状态理论”的重构上。霍布斯认为，在人性的自然状况中，对每个人来说，想让他们全部处于畏惧之中的一般权力就是敌人。霍布斯认为，就自然而言所有人都有害人的意愿，因此自然状态中的人总是危险的渊源。在这样的人性状态下除

---

① Jacques Derrida, *Politics of Friendship*, trans., G.Collins, New York/Lodon, 1997, p.151.

了进行残酷的斗争之外，无法通过其他的途径产生自由生存的空间。只有借助利维坦，即凌驾于社会之上的国家才足以让人在恐惧中实现和平。施米特把这种自然状态看成政治状态，试图借助神化国家来阐明国家的权力和权威。他的决断的主权、国家和政治都具有神话的性质。“一切政治，一切政策，一切关于出生的政治话语，都擅自滥用了可能仅仅在这个意义上作为信仰的东西。”① 在施米特对于敌人和斗争的理解中，可以看到一种本体论源始性。在这种人类学和本体论背景下，人生就是一场战斗，每一个人都战士。这种理解预示着是一种悲苦的人类境遇，即族类之间互相残杀。对同一族类之个体的尊重和爱，同对异族类个体的屠杀是共在的。因而，德里达指出，“在这种源始的和本体的意义上，敌人之间的战争既不能还原为竞争或者智力论争，也不能还原为一种纯粹的象征性斗争”②，而是真正的灭绝性的屠杀。

施米特针对马克思·韦伯在《以政治作为志业》中指出“谁讲人类，谁就是在欺骗”③。他尖锐地指出，一些国家征用和篡夺这一普世性概念，“这与人们对和平、争议、进步和文明的滥用如出一辙，其目的无非是把这些概念据为己有，而否

① Jacques Derrida, *Politics of Friendship*, trans., G.Collins, New York/Lodon, 1997, p.93.

② Jacques Derrida, *Politics of Friendship*, trans., G.Collins, New York/Lodon, 1997, p.123.

③ ［德］卡尔·施米特：《施米特文集》第一卷，刘宗坤等译，上海人民出版社 2004 年版，第 134 页。

认敌人同样拥有它们”[①]。施米特力图超越韦伯的悲观现代性范畴——现代社会是抽象形式和数量化的理性彻底支配的社会，强调政治和政治冲突在现代社会中仍然具有最为重要的地位和作用。

施米特推演出了许多与解政治化相关的结果，对于整个现代人类性来说，漠视敌人的存在是人类性隐存的一种根本的危险。人性作为抽象的人类本质，没有敌人。施米特认为人道主义和讲究人性的思想家不讲政治，把政治排出经济领域，构想一种纯粹的经济领域。施米特认为政治必须寻找敌人，不能谈人性。《游击队理论》中施米特认为，现代社会中，现代人漠视敌人，人类越来越趋向人类性，倾向于同一而没有差异和对立，没有人类性的敌人。现代人类性没有敌人，就没有政治性，因而必须将政治现实化。

施米特的否定性的政治神学割断了政治和生存的真正关系，强调死亡和对抗，忽略了友爱和希望。德里达批判地指出，施米特的政治就是敌对划分，必须超越这种政治观，建立没有政治的政治观，即友爱的政治，以他者和正义规定的政治观。敌人的存在，不是要用战争的手段在肉体上消灭敌人，而是尊重敌人的差异性。以与他者关系规定政治的本质，以社会约束性的关系纽带规定政治。德里达回到亚里士多德，认为如

① ［德］卡尔·施米特：《施米特文集》第一卷，刘宗坤等译，上海人民出版社2004年版，第134页。

何构造共同体的问题才是政治的，但又与亚里士多德不同，亚里士多德是从公民教育入手来实现幸福生活，而德里达是从保持正义、尊重差异性谈论政治共同体。对施米特也不能完全归结为这点，但这是施米特的关键。基督教也说没有敌人，末日审判之后，敌人消失世界和平，基督教的千年王国实现，犹太教的弥赛亚的到来。尼采通过世界历史终结的永恒轮回，探讨人和世界的关系、人的纽带。但施米特与尼采是不同的，在他看来，和平之后还有敌人，仍有战争的可能性。施米特以战争为政治的底线，没有战争没有敌人，国家就没有意义。

通过反思施米特的政治概念，德里达指出，政治事关人类的和解与冲突，事关人的社会生活群体的形成，事关人与人之间的关系和人的生存的社会意义。任何政治都不是单纯满足人的生存需要的政治，而是为了实现人的生存意义的政治，这种生存意义都是在生活世界中，在与他人的关系中形成的，我们必须在敬重和公正地对待他人的世界中生活，因此也就无疑需要一种正义的政治概念，并且用正义的概念评判任何政治概念。正义是衡量政治和超越政治的概念。进一步说，这种作为政治基础的正义概念，就是如何对待他人的概念。

六、反道德的虚无主义

德里达首先肯定了施米特对于敌人的生存论意义及其对抗性的强调，以及对自由主义尤其是议会民主制度的批评。在维护政治领域相对于现代社会其他领域，特别是经济领域的独立性和决定性地位时，施米特事实上打开了一个新的政治文化空间。由于施米特强调了政治的对抗性，看到了国家、法律概念的政治前提，批判了自由主义代议制民主的弊病，无疑有助于我们深入认识当代自由主义政治理论及其实践，在哲学层面上反思当代的政治概念。

尽管德里达赞同敌人和对抗性的存在，但是他却坚决地反对施米特对于战争和杀戮的认同。一旦战争从可能性变为现实，潜在的敌人就变成了绝对的敌人，就要予以彻底消灭。德里达指出，施米特用战争的现实可能性使两种敌人概念、两种战争概念对称地配置在一起。“斗争的现实可能性属于敌人概念。”① 两种战争都是武装斗争，都是以武器为手段的杀戮，会导致敌人的肉体死亡。因为敌人必须被杀。隐含在这个敌人概念之中的一个人的死亡，不是自然死亡，也不是谋杀。而战争犯罪，是不再尊重战争法则和人权，进行一种野蛮性的暴力行为。由于施米特把敌人理解为政敌，是政治性的敌人、一切敌人之中最坏的敌人、比敌人更坏的敌人，其中必然带有对战争的热爱和对屠杀的认同。政治的决定因素，政治差异本身，最后都可以归结为敌友划分，如果敌友的对立消失了，战争不存在了，政治也就不存在了。敌对的深层含义就是取消对方的生

① Jacques Derrida, *Politics of Friendship*, trans., G.Collins, New York/ Lodon, 1997, p.121.

存权利。战争就是搏斗、肉体消灭、荼毒生灵。靠肉体毁灭、搏斗规定政治，丧失政治的本真含义。超越生命，朋友和敌人的对立阵线就难以确定，政治战线也就难以确认，不再是纯粹政治阵线，因为靠肉体毁灭规定的政治已经上升到自然性。上升到自然性之后就超越了国家、民族等。因而，德里达呼吁“要超越特殊国家和民族，超越一切地理学、种族学和政治的大陆展开一种注定要捍卫特殊政治的保护运动。在这种非凡的阵线的政治侧面，关键在于解救真正的政治，保证它面对他人而持存下去。这个他人再也不是政治上的敌人，而是政治性敌人”。①

德里达指出，施米特的否定性政治精神和黑格尔的否定哲学相呼应。敌友区分在黑格尔看来就是“伦理的差别”，是伦理学规定的首要条件，但是这种伦理学规定并不是指道德规定。敌意的现代定义完全不同于敌对的规定，这可能滥觞于黑格尔和马克思。②施米特所强调的敌对概念，不单纯是纯粹的政治性的政治概念，也是伦理概念。黑格尔提出了一种被现代哲学家普遍回避的敌人定义。德里达进一步指出，“敌人是伦理差别，不是道德意义上的，而是在民族永恒存在之‘绝对生命’视野中的差别，正如一个异邦人在其生命整体上被否定了。

---

① Jacques Derrida, *Politics of Friendship*, trans., G.Collins, New York/Lodon, 1997, p.89.

② 参见 Jacques Derrida, *Politics of Friendship*, trans., G.Collins, New York/Lodon, 1997, p.139。

这么一种差别就是敌人；这么一种差别，一旦表现在伦理举止上，就同时作为其对立物，作为其反面存在的对立面，即作为敌人的空无状态而存在；这种空无，在两个侧面都是相称的，因此成为战斗的灭绝状态。因为伦理生命，这种敌人可能仅仅是民族敌人，其本身仅仅是一个民族。由于单一个体性在此显露，他就一定会为民族而陷入死亡的危险之中。”①

在德里达看来，他人不是政治上的敌人，而是政治性敌人，是一个从根本上外在于真正政治的存在。保证敌对存在，而不是用友爱取代敌对。他人，公共的敌人，不再是政治上的敌人，是政治性的敌人，是可能性的敌人，带有政治性可能的他人。施米特实际上把政治奠定在消灭敌人的本体论上，消灭生命成为界限，成为一种规定性，和政治联系在一起。被消灭的对手不是政治上的敌人，是自然性的肉体关系上的敌人，不是政治上的，而是具有政治性的敌人。这种政治性就是施米特所规定的纯粹的政治概念，它是悬想的，不是逻辑上推导出来的。没有被欧洲化的，没有被基督教感化就是政治敌人。敌人不仅是天生的，而且是肉体上的自然性。因此，施米特的纯粹政治性就是纯粹的自然性，就是纯粹的本体论。

在施米特那里，政治的问题和感情无关。政治存在以大规模的群体的敌对性为前提，这种敌对不是私人之间的敌对，和

---

① Jacques Derrida, *Politics of Friendship*, trans., G.Collins, New York/Lodon, 1997, p.140.

怨恨无关。在政治领域，友爱的对立面不是怨恨而是敌对。政治上的敌人并非必然不友好，他不一定怨恨我，我也不一定怨恨他。这里不存在激情，也不存在情绪，只是一种纯粹的政治本质上的敌友经验，和情绪感情无关。“政治就开始于这种情感纯化。”① 因而，施米特的敌对性是一种没有私人感情的敌意，一种被纯粹化了的攻击性，“一种纯粹的敌意，最终还是一种纯粹哲学的敌意。”② 德里达指出，施米特先天构造的政治概念，是无情无义的政治和战争，但是，即使是最凶狠的人在杀人时内心也会有情绪情感波动。纯粹化的战争是先天综合的判断，当施米特用它构成政治概念时，就意味着恶魔般的战争、脱离人性的理性、没有情感甚至冷酷残忍。

同时，德里达指出，这里也蕴含着朋友和敌人之间的置换。敌人是公敌，没有怨恨、没有任何情感的他者。所以，私下里的朋友可以成为政治上的敌人；我可能敌对于我的朋友，在公开场合可能和他敌对，而在私下场合又爱着他。战争和敌友划分的依据是公私，而施米特的这种公私之间的界限脆弱得不堪一击，其引用柏拉图的论证也就不攻自破。德里达指出，朋友的定义必须参照其对立面即敌人的定义才是可能的。所以特有的策略和正确的方法不是做朋友，而是先做我的敌人。“因

① Jacques Derrida, *Politics of Friendship*, trans., G.Collins, New York/Lodon, 1997, p.87.

② Jacques Derrida, *Politics of Friendship*, trans., G.Collins, New York/Lodon, 1997, p.124.

此，为了获得政治性，我必须从这一对立的否定开始，从敌对性开始。从敌人开始，二者并非互相对立。恰恰相反，就是必须从对立面开始；非此，就既没有朋友又没有敌人。”①敌人一旦消失，朋友也立刻消失。敌人的形象已经预先唤醒了朋友，对朋友提出了一个伤害性问题。“没有可能的伤害就没有朋友。友爱和敌对之间的张力可能是有疗效的。假设还存在另一种友爱，那么，友爱就将修复过失，回答一种可能的过失或者一种可能的犯罪，有安慰的友爱，哀悼的友爱以及治疗的友爱。”②

德里达指出“施米特最基本形式的公理：政治本身，政治性的政治存在，在其可能性上是随着敌人的出现而出现的。……敌人的消逝是本质政治的丧钟。它标志着非政治化的开始和政治终结的开始。”③在施米特看来，如果没有敌人，如果没有一种现实战争的确定可能，就绝对不存在本质的政治性。失去敌人，也就彻底地失去了政治本身。两次世界大战之后，世界似乎迎来和平，然而真的没有敌人了吗？真的没有敌对、仇恨、战争，实现了康德所谓的永久和平了吗？现实并没有想象的那般美好。这就是施米特解政治化和再政治化的主

① Jacques Derrida, *Politics of Friendship*, trans., G.Collins, New York/Lodon, 1997, p.152.

② Jacques Derrida, *Politics of Friendship*, trans., G.Collins, New York/Lodon, 1997, p.153.

③ Jacques Derrida, *Politics of Friendship*, trans., G.Collins, New York/Lodon, 1997, p.84.

题。“政治领域中的方位迷失，主要的敌人却似乎是不可辨认的！在紧迫和苦恼之处造就敌人；这种造就将必须完成再次政治化，终结非政治化。这是在任何地方都找不到主要敌人，找不到结构性的敌人，敌人不可辨认也不稳定，也就是说，同一种恐惧症就投射出众多流动的敌人，他们是潜在的，可以互换、转喻的敌人，彼此之间结成了秘密同盟，即一种秘密的盟誓/魔咒。”① 德里达指出，在列宁看来，只有革命的战争才是真正的战争，因为它来源于绝对的敌意。只有这种绝对的敌意，才能给予战争以意义和正义。只有绝对的敌意，才将一种空间再度政治化了，这种空间贯穿于现代解政治化运动，将古典时代政治对立中立化了。②

德里达对施米特的解政治化也持两种态度：一方面，德里达反对批评自由民主的解政治化，科耶夫的解政治化，即政治的终结，自由民主制的胜利。同时，肯定施米特提出的解政治化。这种是一种必然的和本质的解政治化，“可能再也不一定是中立和消极地对一切社会约束形式、一切共同体形式、一切友爱形式表示超然冷漠。”③ 施米特强调，在当代依然不能排除敌友关系，要维持自由民主制的话，就必须再造敌人，进行小

---

① Jacques Derrida, *Politics of Friendship*, trans., G.Collins, New York/Lodon, 1997, p.84.

② 参见 Jacques Derrida, *Politics of Friendship*, trans., G.Collins, New York/Lodon, 1997, p.148。

③ Jacques Derrida, *Politics of Friendship*, trans., G.Collins, New York/Lodon, 1997, p.104.

规模战争，支持种族屠杀，不这样就不可能维持政治统一体。德里达一方面肯定了施米特宣告的中立化和解政治化，并且指出，在当今现代性之中，中立化和解政治化的征兆显示了一种超政治化。政治越少，政治性越多；敌人越少，敌对性越多。所以，鼓吹世界和平的人需要再次政治化，民主左派也需要再政治化，终结非政治化。另一方面，德里达敏锐地发现，自由民主的解政治化中有一种重新政治化，解政治化本身就是政治化。自由民主的解政治化是骗人的，仍有政治化的因素。德里达主张真正的解政治化和再政治化本身就是一种超政治化，即没有政治的政治化，没有对立关系的政治化。德里达指出，解政治化，即这种“没有政治性的状态”并不是“政治的撤退”，相反，是一个“没有政治的世界”，一个被朋友和敌人遗弃的世界。德里达指出，施米特只看到敌人，没有看到朋友的数目恰恰是根据和敌人同样的尺度和以同样的比例增多。施米特强调的是斗争的可能性，“‘如果战争的可能性彻底地被删除，世界就成为一个极端安详的星球，那么这个世界就可能是一个没有敌友之分的世界，因而也就是一个没有政治的世界’。但是，这个‘没有政治的世界’可能提供了对立及竞争的一切方式，但就是不能找到敌人（因此也不能找到朋友），而且还不存在‘给予流血和彼此杀戮之权力’的敌对关系”①。借助于新技术

① Jacques Derrida, *Politics of Friendship*, trans., G.Collins, New York/Lodon, 1997, p.129-130.

的不流血的杀戮也许已经接近于一个没有战争和没有政治的世界，接近于一种没有战争之战争的非人性状态。

与施米特相反，德里达指出，真正的解政治化不是消极中立地对待友爱问题，而是重视友爱政治。德里达想肯定友爱，而不是像施米特一样主张冷漠和对抗，并对敌对的消失抱有惋惜态度。德里达反对施米特的政治概念，力图通过对这种政治的谱系学解构来解构民主，并且思考另一种政治、另一种民主的可能性。德里达打破旧的传统政治观念的界限，重新理解政治，通过古老的分析给解构的政治概念以新的内容，他称之为“没有政治的政治”，没有那种敌友划分的二元对立的政治逻辑，没有基于血缘、利益和自我保存的联盟，没有对敌人的绝对敌意和杀戮性的战争，没有在紧急状态之下主权的决断，也没有以民族国家为单位的划界。这种新的政治，是一种超政治，或许更确切地说，只是一种政治性（politictivity）。但是这种政治却回归了政治的本质，包含着人与人之间的尊重、友爱、正义等伦理价值，尤其是包含着民主的价值取向。可以说，德里达对施米特，以及对亚里士多德、基督教、蒙田、黑格尔等政治概念、民主概念的解构，是在寻求另一种民主概念。在德里达看来，民主不是单一的制度框架或某种固定的程序模式，甚至不是一种社会现实，真正的民主是一种弥赛亚式的承诺。德里达把另一种民主概念的本质归结为一种未来民主，指出了民主的多样性和不固定性，预示了民主的机遇和未来。

总之，卡尔·施米特以政治的本质就是敌友的划分为前提，在分析现代社会政治理论问题和魏玛自由民主政治危机时指出，敌人消失了，社会变得中立化和解政治化。所以如果没有敌人，没有战争的可能性，就绝对不存在政治，失去敌人也就彻底地失去了政治本身。然而失去了敌人并不意味着进步和解放，或是一个和平年代和人类博爱的到来，相反却是新的暴力和最残酷的邪恶的出现。但是他没有强调友爱的重要性，而是召唤一种绝对的敌意。尽管施米特拒绝承认自己偏护战争和冲突，但总的来说他的政治学就是一部斗争学。施米特把敌人而不是把朋友作为其政治定义的基本概念标准，就暗示着否定活动的优先性。他主张封闭主权论和纯粹政治观的政治哲学具有明显的非道德化的生存论性质，也具有启示神学的性质，和反道德的虚无主义性质，扭曲了对人的关系的认识，割断了敌对、战争与正义的关系。他强调政治的独立自主性，无视政治与经济和生活世界紧密的相互作用关系。施米特的政治理论本身也包含着悖论和含糊，如未说清楚现实可能性、敌对和战争关系矛盾等，也在内部瓦解了他的理论。德里达否定了施米特的政治概念，反对把否定性理解为消灭敌人生命。但同时肯定施米特的对抗性之中包含的差异性。德里达深入存在论，着力分析施米特批判自由民主制度所采取的哲学基础。指出，施米特是在对生命的否定性的基础之上构想政治、国家，其结局就必然是走向国家主义，走向纳粹。

从柏林墙的倒塌开始，西方资本主义世界的议会民主就发现他们自己没有一个根本的敌人了。面对敌人的消失和政治的终点，德里达反对施米特的解政治化和再政治化，而主张真正的超政治化，即实现没有政治的政治。由于施米特强调了政治的对抗性，看到了国家、法律概念的政治前提，批判了自由主义代议制民主的弊病，无疑有助于我们深入认识当代自由主义政治理论及其实践，在哲学层面上反思当代的政治概念。解构的风格是永远不全盘肯定，也不一概予以否定，而是看到不可能的可能性。“哦，我的朋友，没有朋友”，德里达通过悖谬的语言走出了传统的政治。它召唤朋友，却又马上说没有朋友，这就违背了政治上的敌我划分的立场和原则。以敌友划分为核心的政治哲学，其出发点是政治的现实利害以及政治体作为同一性整体的共同理想。从根本上说，敌友划分属于传统政治思维方式，冷战是其典型，而今全球化时代召唤着超越敌友的友爱政治哲学的出现，全球化时代的敌对性也必须予以考虑。在这种理论和现实的召唤下，德里达承担责任做出回应。

第四章 双重断裂的友爱谱系：别一种友爱

德里达解构友爱观念谱系的目的不是要不加选择地恢复希腊——罗马式的友爱模式或犹太——基督教普遍的爱的观念，也不是对整个友爱传统全盘否定或完全颠覆，进而提出一种全新的友爱观，实际上，德里达从对柏拉图和亚里士多德的分析开始，就把友爱引向了相反的方向。在他看来，从希腊到现代，兄弟情谊的友爱典范一直延续下来，在今天仍然内蕴在人与人之间的交往模式之中，具有深层的潜在影响。但是，整个友爱谱系的发展并非由此就是一成不变地简单继承。经典友爱观念本身中就蕴含着别一种友爱观念，它不同于兄弟情谊的独特特质既隐含在希腊的友爱观念的内在矛盾之中，也体现在友爱观念谱系经历的两次断裂①

① 参见 Jacques Derrida, *Politics of Friendship*, trans., G.Collins, New York/Lodon, 1997, p.290。

之中。第一次断裂是希腊罗马时期的古典友爱模式的衰落，取而代之的是基督教所宣扬的以异源性、不对称性、无限性为特征的友爱模式以及启蒙运动所宣扬的博爱精神；第二次断裂是尼采对传统友爱观念的颠覆，他提出以一种保持沉默、距离的隐匿友爱，其中包含着敌友之间转化的可能性和未来朋友到来的可能性。由此，德里达在友爱谱系发展的内部解构出不同于兄弟情谊的友爱典范的另一种友爱。

第一节　希腊时期友爱观念中的异质因素

如前所述，在希腊罗马时期理想的友爱模式就是兄弟情谊的友爱典范，它具有有限性、同源性、互惠性和政治性的特征。但同时，德里达认为，在关于友爱的理解以及友爱实践之中内在地蕴含着很多矛盾。也正是因此，从柏拉图、亚里士多德开始，友爱自身还内蕴着另一些特质，只是它们一直以来都被压抑着，以一种隐性的形式存在。这些特质和主导的兄弟情谊友爱模式相对抗，动摇了传统友爱观念的绝对真理性。德里达正是在友爱的解构中，力图瓦解兄弟情谊的主导价值特征，释放被遮蔽的异质特征，使其成为别一种友爱观念的特质。

一、超出自然性的德性

在希腊的友爱观念中包含着自然性和德性的矛盾。一方面，在希腊时期的友爱经典中，普遍从自然性中寻找友爱产生的动因，认为友爱是出于生物本能、习性的某种感性的情感体验。友爱是出于一种本性的冲动和心灵的倾向，而不是出于一种求助的愿望或功利的目的。另一方面，希腊时期关于友爱的哲学经典中都将朋友与德性和正义、与道德理性联系起来。德性和自然相对立，使友爱能够经历考验获得信赖。基于德性的友爱观念超出了那种认为友爱出于某种群居习性和自然性的自然友爱观念。友爱不仅是一种人和动物都具备的本能，而且具有非自然性和德性。朋友之间的信赖依托于德性，就使朋友之间的友爱摆脱自然性，具有社会属性，也即带有某种公共性。正是基于德性，亚里士多德把友爱划入稳定的事物，并与政治活动相关联。彼此不能公正相处的人不可能是朋友，“此外公正与不公正特别体现在朋友方面，善良的人被认为是朋友，友爱是某种道德状态。”① 亚里士多德引证欧利庇德斯《埃莱克特拉》（自然的是稳定的，财产不是）时补充道：“在这种情况下，说友爱是德性比说是自然要美得多。”② 在亚里士多德看来，

① ［古希腊］亚里士多德：《亚里士多德全集》第八卷，中国人民大学出版社 1991 年版，第 405 页。

② 参见［古希腊］亚里士多德：《亚里士多德全集》第八卷，中国人民大学出版社 1991 年版，第 417 页。

"朋友的确不仅必须本人充满善意，在你作为他的朋友这种关系中，他还必须对你充满善意。当这两种品质和谐共存，当朋友彼此之间和谐一致，朋友就是绝对的善，而且是绝对的单纯的朋友。"① 朋友给予的快乐是德性内在的快乐。

德里达指出，德性是友爱的重要品质。一方面，德性使友爱超越动物类似性、超越自然习性成为一种主动的德性行动；另一方面，德性使友爱摆脱自然血亲关系的限制，形成一种爱的自律和决断。在本性的善良品德之下，友爱的对象可以超出家庭、部族甚至城邦。"只有本源的友爱要求朋友之间相互平等地分配德性，实现德性的平等。"②

德性消除了自然本能生命的外在束缚。但是，德里达反对把友爱建立在有用、互惠基础上，他更赞同康德把友爱的德性上升到道德律令的高度，强调没有"他者的尊重"就没有友爱。对友爱的尊重确实同"道德良知"不可分割。同时，友爱又不等同于纯粹道德上的尊重。这种尊重仅仅在于它在个人身上发现的仅仅是一个范例而已。尊重朋友并不是尊重法律，法律是道德尊重的起因。③ 在康德看来，德性不是责任，而是一种道德的自主性。所以，友爱的出发点是在于德性的道德律法，我

---

① 参见［古希腊］亚里士多德：《亚里士多德全集》第八卷，中国人民大学出版社 1991 年版，第 416 页。

② Jacques Derrida, *Politics of Friendship*, trans., G.Collins, New York/Lodon, 1997, p.23.

③ 参见 Jacques Derrida, *Politics of Friendship*, trans., G.Collins, New York/Lodon, 1997, p.252。

们应该而且必须给予他人尊重和友爱。这种友爱之德性是一种智慧，实践的智慧。在《道德原理》中，康德将友爱定义为博爱，揭示了友爱的伦理学本质，也揭示了德性之中某些不可还原的东西。在康德看来，德性的友爱是纯粹道德的友爱。节制、博爱是友爱的德性，康德认为，人类的一切德性就像是小零钱，只有小孩才把它当作黄金，虽然数目很少，但也比没有好，经过流通最后可能转化成真正的金币。德性也是如此，需要积累。他人身上的任何小优点都值得我们尊重，也都可能对我们有价值。因而，他人值得我们付出关爱。

二、超出对称性的主动性

爱与被爱是两种截然不同的体验，二者之间有本质上的差别。德里达指出，爱与被爱往往不是同时存在，而人类顽固的思维逻辑是对立面的统一，追求爱和被爱相互对称：爱朋友，也得到朋友的爱和关注。幸福就是相互的爱，这是每个人都希望获得的。互惠使朋友变成一种得失的计算。我对你友爱，并且要得到你同样的爱。而德里达更注重主动地爱，这种爱不以被爱为爱的前提，涌动着不图回报的幸福感。只有无牵挂、不图回报主动地去爱才是纯粹的爱。和即将到来的朋友之间的新的友爱关系，就是不以被爱为前提的纯粹的爱。

德里达指出，在亚里士多德的友爱哲学中就存在着这种不对称的要求。亚里士多德则指出，“被爱是一种偶然”①，“友爱更多地是在爱之中，而不是在被爱之中”②。在亚里士多德看来，“爱似乎是主动的，被爱则是被动的。所以友爱和友好的事物总是属于实践者。”③亚里士多德以母爱为证据，说明只有在爱中才能产生喜悦。友爱的快乐是拒绝互惠关系的。《优台谟伦理学》中说“爱就是愉悦，但被爱则不是；……友爱的快乐就是来自于作为它自身的他自身；因为爱的是它自身，而不是由于另外的什么。所以假如没有作为善的愉悦，那就不是原本意义的友爱。”④因此，快乐、欣喜并非内在于被爱者，而是内在于主动的爱、爱的行动之中。德里达指出，亚里士多德把母爱看作一种特别的爱，主动的爱。爱与被爱，“这一区分的标准遵循的是一种显然是无形的界限。它活动在生者和死者之间，生命和非生命之间，以及灵魂和非灵魂之间。”⑤德里达指出，对于生命和灵魂问题的思考是友爱反思的核心。主动的爱能够超出生命，使灵魂得以延续。德里达用主客体范畴说明，

① [古希腊] 亚里士多德：《亚里士多德全集》第八卷，中国人民大学出版社 1991 年版，第 421 页。

② [古希腊] 亚里士多德：《尼各马科伦理学》，苗力田译，中国人民大学出版社 2003 年版，第 175 页。

③ [古希腊] 亚里士多德：《尼各马科伦理学》，苗力田译，中国人民大学出版社 2003 年版，第 198 页。

④ [古希腊] 亚里士多德：《优台谟伦理学》，《亚里士多德全集》第八卷，中国人民大学出版社 1991 年版，第 414—415 页。

⑤ Jacques Derrida, *Politics of Friendship*, trans., G.Collins, New York/Lodon, 1997, p.12.

"友爱首先是从主体（思考和体验友爱的人）方面接近的，而不是从客体方面接近的；客体可以被爱，可能是可爱的，但是他无论如何都没有被赋予一种依然是客体的伤感情绪……生命、呼吸、灵魂将永远存在于主动爱的一方，存在于爱的行动之中，而那被爱的可爱者则是没有灵魂的"①。

亚里士多德更主张爱的行动。他提醒我们，在爱和被爱之间爱更有价值，主动的爱比被动的爱更有价值。德里达指出，这种偏爱倾向就打破了朋友之间的平衡状态，使之变得不对称，进而纠正了把友爱看作是互惠关系的观点。在世俗世界中，这种不对称状态否定了平均主义、互惠主义。德里达指出，亚里士多德对于爱者的偏爱，依然内蕴着一种自我逻辑和第一性结构。强调爱者之于被爱者的决定性意义，就使二者之间内在固有的等级关系合法化，导致了主体对于客体的优越性，主体对于他者的权威。

德里达指出，主动爱和被爱之间存在着外在边缘线，应该超越边缘线之外追问友爱的本体。"友爱本身自在地、真正地、本质地蕴涵着行动和主动性，……发现友爱的唯一途径就是首先质问爱的行为和体验，而非被动之爱的状态或情境。"② 友爱在于爱的行动，这是友爱的存在之本体论，没有爱的行动，友

① Jacques Derrida, *Politics of Friendship*, trans., G.Collins, New York/Lodon, 1997, p.10.

② Jacques Derrida, *Politics of Friendship*, trans., G.Collins, New York/Lodon, 1997, p.8.

爱就不存在。因此，在出现一种互爱的情境之前，友爱作为一种主动的行动就已经存在。这种爱的行动比被爱的情境和刺激爱之欲望的情境具有更根本的意义。“如果我们要思考友爱，必须从主动去爱的朋友开始，而不是从被爱的朋友开始，这是一个不能颠倒的规则。”① 一个人可能被爱，却不知道被爱的事实。而我们对某人产生的友爱以及爱本身，对自己来说不能是一个秘密。甚至在大声向他人表白之前，爱的行动就已经诞生了。爱的行动更适合友爱。我们必须首先知道怎样去爱，通过爱明白爱意味着什么。

三、超出在场性的超越性

在希腊的友爱观念中包含着时间上的在场性、稳靠性的追求，强调友爱要历经时间考验而获得朋友的稳靠性。德里达却指出，理想的友爱典范本身已经包含着超越空间、时间甚至超越生命界限的价值。友爱并不随着朋友一方生命的终结而消逝，而是在幸存的朋友那里得以延续。德里达指出，恰恰是通过这种信任，我们才能领悟到友爱的时间性。友爱的誓约需要花费时间去践行，因而友爱超越了现在，是记忆的累积。

德里达指出，友爱不仅仅是现在在场，而是开始于幸存。

---

① Jacques Derrida, *Politics of Friendship*, trans., G.Collins, New York/ Lodon, 1997, p.9.

因此，友爱和幸存、哀悼以及记忆相关联。幸存者对逝去的朋友充满哀悼和眷恋，“因此幸存马上就成为友爱的本质、友爱的起源和友爱的可能性，尤其成为友爱的可能性条件。这就是悲伤的爱的行动。幸存的时间因此也就是给予了友爱的时间”①。两个朋友之间生命中存在一个时间差池，正是这种幸存的时间差池给予了友爱的真理。

在时间差池之中的友爱，朋友并不在场，是主动的爱，不计算回报的爱。它源于一种德性和责任。爱和被爱之间存在着一种原始的不可还原的非对称性。朋友之间的友爱并不由于一方的离去而消失，而是从幸存者那里获得气息，从主动的爱中获得灵魂，它可以主动地爱无生命者。德里达指出，“对于已逝者的友爱将这种友爱带向了可能性的极限，但是与此同时，也揭示了这种可能性的最后源泉：如果不能将友爱的动力投射到死亡的视界里，我们就不能产生友爱之爱。这个视界既是界限的存在，又是界限的缺场，是视界失落于视界之上，是属于视界的非视界，是作为没有界限的界限。”②如果我们没有与爱相约，没有预先感到自己超越死亡去爱他人，我们就不能产生友爱之爱。因此，超越生命之外，我预先在一切契约之前感到自己生来就爱死去的他者。这是一种不对称的，与死连接

① Jacques Derrida, *Politics of Friendship*, trans., G.Collins, New York/ Lodon, 1997, p.14.

② Jacques Derrida, *Politics of Friendship*, trans., G.Collins, New York/ Lodon, 1997, p.12.

的爱。它将爱之本体与死亡联系起来。对朋友的爱不要求得到被爱者同样的回应，最典型的就是爱已逝者。爱逝者既非源于现在，也非源于它借以现身和出现的场所，而是链接过去并指向未来，朋友的当下不在场和爱的不合时宜赋予这种爱以本源性。“时间差池的逆反光亮导致了现时存在的脱节。至少它在亚里士多德惯常称道的‘本源友爱’的形象中铭刻了非时间性和不合时间性。本源友爱，说它本源是因为它是第一次根据逻辑和等级自我呈现的，依据意义和等级而本源；说它本源，是因为要决定其他一切友爱，必须首先参照这种友爱。”[①] 在幸存的时间差池中，友爱再次开始、持久延续和无限重复，在绵延中恒常，在时间之中克服时间，永远更新。

四、超出同一性的普遍性

在希腊的友爱观念中包含着基于同一性诉求的自爱和主动的爱之间的矛盾。对友爱典范的追求中包含的同一性诉求引出自爱，朋友是另一个自我，爱朋友也就意味着对自己独特的存在特征有某种感情。所以它使友爱生于自爱，但自爱不是本质的友爱。德里达告诉我们，不应该是在他者中寻找自我的影子，或者努力使他者变成自我的模板，而是要在自我中寻找他

---

① Jacques Derrida, *Politics of Friendship*, trans., G.Collins, New York/Lodon, 1997, p.14.

者，在他者中看到他者性。“除非你已经在自己身上发现他人。在自我中继续存活，在同自己相脱离的自己中继续存活，这种继续存活具有同样的不对称和不和谐，即充满了张力。为了能够作为自己的朋友，或者说必须作为自己的朋友。而这将对我们讨论的关于遗嘱的结构上没有任何改变。它将预先分裂一切自我性，它将预先摧毁一切它使其可能的东西：自恋情结和自为典范。”① 所以，本质的友爱应该超越同一性原则，同时也是对自我中心主义的超越。要防止自我的不断膨胀，必须看到他者的差异性、异己性。友爱不是自爱，而是对他者主动的爱。

在《吕西斯篇》中，柏拉图引出问题：谁是朋友，他的名字什么，我们以什么来称呼他。德里达指出，友爱本是私人的事情，朋友名字的公开代表着友爱的产生，友爱也就由此进入到公共空间之中，必然和政治共同体的问题相关。所以，“友爱的政治问题显然就被悬置在名字的秘密之上”②。吕西斯本身就是在寻求通名，能指代一切朋友的通名。德里达指出，友爱是作为一个通名应用到具体的朋友身上，这种通名的应用中包含着友爱的普遍性和朋友的具体性、特殊性之间的矛盾。

同时，柏拉图还驳斥了智者们“同类相聚”的观点，强调朋友之间的差异和相互所属。他指出，博学的贤人都认为

① Jacques Derrida, *Politics of Friendship*, trans., G.Collins, New York/Lodon, 1997, p.24.

② Jacques Derrida, *Politics of Friendship*, trans., G.Collins, New York/Lodon, 1997, p.77.

同类的东西必定永远是朋友，“神总是让同类与同类相聚”[①]，这一点是完全错的。柏拉图反对“欲望是友谊的原因，有欲望就会对欲望的对象表示友好”[②]的观点，在他看来，朋友之间由于某种本性的联系而相互属于对方。“从本性上来说属于我们的东西我们必定要去爱它。”[③]相互归属的方式是心灵上的，或者是它的灵魂的某些性质方面的，或者是气质和相貌方面的。但是归属于我们的事物和与我们相同的事物还有区别。也就是说，我和朋友之间相互归属，但并不一定相同。另一方面，柏拉图出于维护城邦的和谐和正义的目的，指出希腊人应该团结一致，甚至应该团结外邦人。在《理想国》中，通过以对话形式探讨何谓正义的问题中探讨了友爱问题。柏拉图反对“正义就是助友害敌”。假如朋友是好人当待之以善，敌人是坏人当待之以恶，这才算是正义的话，那么帮助朋友、伤害敌人就是正义的。如果，正义就是给每个人以适如其分的报答，那么在战争中联友而攻敌的时候是最能利友而害敌，也就是说战争是最正义的。[④]在他看来，这是错

---

① 荷马《奥德赛》17 卷 218 行，引自［古希腊］《柏拉图全集》第 1 卷，王晓朝译，人民出版社 2002 年，第 215 页。

② ［古希腊］《柏拉图全集》第 1 卷，王晓朝译，人民出版社 2002 年版，第 227 页。

③ ［古希腊］《柏拉图全集》第 1 卷，王晓朝译，人民出版社 2002 年版，第 228 页。

④ 参见［古希腊］柏拉图：《理想国》，郭斌和、张竹明译，商务印书馆 1986 年版，第 8 页。

误的，“朋友之间应该与人为善，不应该与人为恶”[1]。正义是一种人的德性，“伤害任何人无论如何总是不正义的。”[2]不正义使人们分裂、仇恨和争斗，而正义使人们友好和谐。进而柏拉图推论出：不正义导致在国家、军队、家庭或任何团体中人们互相冲突，不能一致行动，甚至彼此为敌，也跟对立面的正义的人为敌。所以违背正义，只能导致内讧。不正义的人之所以能共同一直残害敌人，而不自相残杀，因为他们至少还有点正义。城邦的所有成员都是一土所生，相互之间亲如兄弟，但是柏拉图以神话的方式来说服人们达到对等级分工和自己等级地位的认同。一个人应该履行自己的职能，保持自己的德性，采取正当的方式来生活。各尽其事、各尽其能是正义的生活，最不正义的人是表面上仁义道德、背地里作奸犯科的人，而真正正义的人鞠躬殉道，坚持正义，维护和谐安定。柏拉图的理想国就是一个等级森严的奴隶制国家，其宗旨就是要把奴隶制社会等级划分永恒化、理论化和神秘化。但是，柏拉图提出了两个超越性的构想：一个是女人和男人应该平等对待，尽管女人从自然特点上比男人弱一些，但女人同样可以从事生产和保卫国家；二是取消私有财产和家庭。对于一个国家来说，团结化多为一是最善的，分裂化

① ［古希腊］柏拉图：《理想国》，郭斌和、张竹明译，商务印书馆1986年版，第7页。

② ［古希腊］柏拉图：《理想国》，郭斌和、张竹明译，商务印书馆1986年版，第15页。

一为多是恶的。[1] 打破关于"我的"、"非我的"的界限，公民同甘共苦是维系城邦团结的纽带。在柏拉图那里，表现为一种超越城邦界限的普遍性，这种观念经过新柏拉图主义，随着城邦的解体，帝国的建立，多民族交融，而被基督教所吸收和发挥。

在德里达看来，正是这些充满矛盾的特质使传统友爱模式不断地发生裂变，也使新的友爱观念和模式得以可能。德里达说:"由互惠论价值、由逻辑同一的内在有限论——或者说礼节主义的契约统治的希腊——罗马模式，其自身之内仍然潜在地负担着向无限和不对称生成的力量。"[2]

第二节 第一次断裂:友爱观念的基督教化

在德里达看来，友爱的第一次断裂源于基督教的友爱观念的兴起以及启蒙运动中博爱观念的传扬。随着城邦的衰落和解体，帝国的建立，古希腊时期那种带有互惠性、有限性和基于同一性的排斥性的友爱模式衰落，取而代之的是基督教所宣扬的以不对称性、无限性为特征的友爱模式。"基督教的兴起，

---

① 参见［古希腊］柏拉图:《理想国》，郭斌和、张竹明译，商务印书馆 1986 年版，第 197 页。

② Jacques Derrida, *Politics of Friendship*, trans., G.Collins, New York/ Lodon, 1997, p.291.

把一种强有力的巨大冲击引进了人类的定位，那就是对于救赎或人与神关系的强调，有时则有损于人类之间关系的纽带。”① 可以说，从中世纪开始，基督教神学使本就充满矛盾的友爱观念更加混乱。基督教的友爱和古希腊的友爱存在许多区别，在继承了兄弟情谊的主导模式的同时，注入了许多异源性、超越性、不对称性和无限性，这些特征在法国大革命和启蒙运动所宣扬的博爱精神中得以延续。

一、爱的异源性：爱的诫命

爱在《圣经》中占据着重要的地位，是整部新约的要旨，因而也是人类生活的中心。基督教中最基本也是最大的两条诫命就是爱主和爱人。② 你应全心、全灵、全意爱上主。这是最大也是最首要的诫命。同时，你应当爱邻人，爱人如己。全部法律和先知，都系于这两条诫命。(《玛窦福音》22：37-40)。基督教的爱来自上主，他是一切存在的创造者、万物的始祖、人类的慈父。上主将爱倾注在我们心中，这种圣爱使信徒生活在爱德中。天主对人的爱就等同于父亲对子女的爱，有时也被描绘为主人和亲密的仆人，朋友和朋友的关系，或者牧羊人和

① 汪民安主编：《生产》(第一辑)，广西师范大学出版社 2004 年版，第 70 页。

② 参见［德］卡尔·白舍客：《基督宗教伦理学》，静也等译，雷立柏校，上海三联书店 2002 年版，第 10 页。

羊群之间的关系。“天主就是爱，住在爱内就是住在天主内，天主也住在他内”（《若望一书》4:16）。因为爱是来自上主的，所以爱是神圣的。

友爱不再是基于自然习性的情感体验，不是基于德性的爱的行动，而是基于上主之爱的诫命。“不爱他所看见的弟兄，就不能爱没有看见的天主。爱天主的，也当爱弟兄，这是我们从天主所受的命令”（《若望一书》4：20）。兄弟之爱为天主的爱提供了一个决定性的活动领域。如果不能爱我们的邻人，就不可能爱慕天主。因为父亲的爱，上主护卫者爱他的人，并且守卫着他们的福祉。兄弟之间的平等是基于崇拜同一个父亲。父权地位对于基督教形式的兄弟共同体具有不可颠倒的超越性。由此可见，友爱不是自下而上的对较为高贵、较完美的被爱者的主动行动，而是由于最高贵、最完美的存在即上帝的爱而做出的“爱之回返运动”。基督教的上帝不是高高在上的彼岸世界的永恒存在，而是返身向下，倾顾弱者、甘愿牺牲，并且体现上帝的价值与品性。我们在接纳爱的同时，也要付出我们的爱，但重要的是，不仅爱天主，也爱所有天主所爱的人。所以基督教的爱是爱上帝、爱自己、爱邻人的三位一体，同时包括向上、向下两个维度，这一爱的运动转向并非简单的方向逆转，而是昭示着古希腊和基督教爱的思想的断裂。

德里达引用了本维尼斯特《印欧语言与社会》中关于文化转型的论述来说明基督教的爱使希腊的兄弟之爱发生变化。本维尼斯特从文化模式转型的视角出发分析文化与语言之间的关系，揭示了希腊亲属关系词语所经历的深刻复杂的文化转型。他指出："在基督教的生成运动中，'兄弟'以及'姐妹'这样的词语，同样获得了独特的宗教意味，即'宗教上的兄弟姐妹'。所以，有必要铸造一个新词来表达这种自然血统的亲属关系。"① 铸造这些新词常常是对古代词语的颠覆。所以，德里达认为，本维尼斯特已经发现了基督教对于古希腊兄弟情谊的友爱模式的革命。"在前基督的氏族时代，亲属关系渊源于'同一个父亲'，而不像柏拉图的《美涅克瑟诺》中所说的那样，来自于独一无二的母亲。"② 当希腊人运用"兄弟"的阴性形式来指代姐妹，把"兄弟"和"姐妹"对立起来，因而在印欧语系之中形成了一种父权制度，其基础是：全体兄弟来源于同一个父亲，并神秘地组成了一个氏族，一个没有女性的氏族③。这种观念强化了共血同宗的关系。而基督教打破了兄弟关系的这种同源性，赋予爱以异源性。兄弟关系运动的基督教化，使兄弟不再是基于自然血亲关系的同宗兄弟，而是基于共同信仰的信徒兄弟。基督教的爱的革命在于所爱之邻人或敌人，不再是希腊式的友人，不再是血亲关系的亲近者，不再是邻居或家

① 转引自 Jacques Derrida, *Politics of Friendship*, trans., G.Collins, New York/Lodon, 1997, p.96。

② Jacques Derrida, *Politics of Friendship*, trans., G.Collins, New York/Lodon, 1997, p.97.

③ 参见 Jacques Derrida, *Politics of Friendship*, trans., G.Collins, New York/Lodon, 1997, p.97。

族联盟，而是一个“另类兄弟”①，在某种意义上甚至可以说，是一个纯粹的全然他者。这种异源性扩大了兄弟的范围，使基督教的爱不受自然血亲关系的束缚，趋向于无限化。

二、爱的无限化：爱邻人和爱敌人

德里达指出，兄弟关系的基督教化即无限化。“无限化就是皈依上帝，也不妨说，就是兄弟友爱关系模式的无限化。”②因而基督教的爱具有一种普世主义的普遍性，不仅要爱主，并且要爱邻人，甚至爱敌人。

爱邻人在《旧约》中有两层含义：首先指同胞之间的爱，是在父权制社会中所形成的那种强烈的团结感。属于同一个祖先后裔，这使得古以色列人视同胞为兄弟；其次也指对外国人的爱，在上主的指示下，爱邻人也扩大延伸到世界每一个角落中的每一个人，也包括奴隶在内，甚至也包括敌人。但总体说来，在旧约中，爱的观念被一种功利的幸福论观念束缚，也被正义和惩罚的观念所牵制。基督教抛开了旧约之中的缺点，即博爱的局限性和狭隘的集体意识，使博爱延及外邦人，甚至是国家的夙敌。爱人诫命是建立在诚心爱主基础上的，爱主也意

---

① Jacques Derrida, *Politics of Friendship*, trans., G.Collins, New York/ Lodon, 1997, p.176.

② Jacques Derrida, *Politics of Friendship*, trans., G.Collins, New York/ Lodon, 1997, p.187.

味着去爱天主所爱的每一个人，包括罪人和敌人。耶稣批判了仅仅局限于亲戚朋友的爱，突破民族主义的障碍和家族血亲的局限，把爱人扩及到更广泛的对象和范围，甚至所有敌人。基督将爱邻人的诫命延伸到每一个人，无论其种族或宗教，也无论是朋友还是敌人。爱邻人就是爱任何神意安排下来到我们身边的每一个人。我们应当彼此相爱，这是天主的意愿。基督的爱的普遍性体现在基督徒们“向所有民族传布福音、拯救世界的使命中”[①]。爱的本质尤其是对那些处于困境中的人伸以援手，把关爱赋予朋友、同事和团体成员。

爱仇的诫命也是基于天父的造化秩序。为仇者祈祷（《玛窦福音》5:44）和宽恕他人（《玛窦福音》6:14）也成为诫命。旧约中就反复提倡要爱敌人，但是把这种爱限制在以色列同胞之中，或在本国的异乡人，而不包括异教民族。而且旧约中还包括惩罚和报复等消极情感。耶稣没有把爱限制在狭隘的种族中心之中，而是将爱仇敌扩大到部分民族和国家的所有对立者的范围。爱仇敌也成为一种诫命：“你们当爱你们的仇人，当为迫害你们的人祈祷”（玛窦福音 5 : 44）。敌人不仅仅指个人的私敌，也包括敌对的团体或国家。基督教导我们宽恕伤害，将爱的原则延及一切仇敌，用爱和善意对待敌人。即使是有罪过的人也并未丧失人的尊严，也有资格获得爱和尊重。因为天

① ［德］卡尔·白舍客：《基督宗教伦理学》，静也等译，雷立柏校，上海三联书店 2002 年版，第 230 页。

主让太阳照恶人也照义人，所以人们也当爱他的仇敌（《玛窦福音》5：44、《路加福音》6：35）。天主为我们树立了效法天主的典范，人们应该分享耶稣的生命、命运和爱的精神，学习耶稣爱仇敌的榜样，主动地去爱、信仰和无私地奉献。

由此可以看出，同亲友之间的自然之爱和城邦内的同胞之爱相比，基督教的爱具有爱德的普遍性特征。不再分犹太人或希腊人、奴隶或自由人，爱邻人意味着爱所有人，包括亲人和外人，本国人和外国人，朋友和敌人，个人和群体（家庭、团体和国家）。天主和基督把爱惠及每一个人，无论是好人还是坏人，无论是朋友还是敌人，所以门徒们应该去爱每一个人。爱邻人不仅是要爱同一民族或宗教的同胞，也不仅仅是爱自己国家中的外邦人。这种爱不仅涉及个别邻人，还涉及群体和国家。爱德面向社会的视野，使得基督教的伦理精神具有政治动力和政治维度。爱邻人是所有社会关系的基础，也是这一切关系的启发与灵魂。

但是，基督教的普遍的爱也强调，基督教内部的弟兄姐妹应得到一种特殊的爱。在信仰中的教友团体是基督徒表现圣爱的第一个领域。但是普遍的爱不仅仅局限在教友之间的兄弟情感。基督教以一种极强的团体意识来处理人和人之间的社会性关系，尤其是旧约之中体现得更为明显。这种团结关系纽带的维系，除了由于共同种族、历史和文化之外，更重要的是依靠盟约。对于同一神圣救赎经验的归属感形成一个非常有凝聚力的宗教团体。所有人都与上主缔约，这就构成了每个人与其周围的人有着互相忠信的关系纽带。“那种广泛的兄弟之情从上主盟约和他的神圣旨意那里承受了一个决定性的基础，这也就为博爱赋予了神学上的动力。……萌发于广泛的兄弟之情的基本要求就是要维护法律和公义。正义的人着眼于彼此的权利是否得到尊重和个人在集体中的整合是否完全得到维护。”① 基于盟约，人应该彼此帮助，相互忠信，保持耿直和正义。

基督教宣扬的无限的爱和兄弟友爱的社会运动在范围上具有普遍性，在理论上对自然的、文字的、遗传的以及在性别上确定的友爱界限构成了挑战。② 启蒙宣扬的博爱精神就是将这种“四海之内皆兄弟”的博爱观念的世俗化。

三、爱的无私化：牺牲和宽恕

基督教伦理中，不仅爱的对象范围扩及到每一个人，而且爱的质量也有所提高。尽管基督教的爱中依然带有界限，即信仰的界限，但它在希腊的友爱中注入了无限他异性和非对称性，成为一种无尽的、无私的、超越一切的爱。这一点集中体现在基督教所宣扬的牺牲精神和宽恕精神之中。

首先，爱是天主对一切人毫无例外的爱以及基督毫无保留

① ［德］卡尔·白舍客：《基督宗教伦理学》，静也等译，雷立柏校，上海三联书店 2002 年版，第 20—21 页。

② 参见 Jacques Derrida, *Politics of Friendship*, trans., G.Collins, New York/Lodon, 1997, p.236。

的自我牺牲式的爱。所以，人对上主应该全心全意，奉献全部精神和情感力量，随时准备着作出行动和诚信的服务，甚至牺牲生命。基督徒之间的友爱也应该爱人如爱己，培养一种无尽的忘我的爱。新约提倡博爱，也强调信、望、爱之德和牺牲精神。惟有天主的爱不带有自私性，而人性的爱都缺乏无私性。“惟有植根于天主的爱才能变成灵爱，它超越了一切自然的爱欲；……它超越了亲情朋友之爱，因为即便没有自然的吸引力，它也会为了天主和嫉妒的缘故而以友善、同情和宽恕之心同他人相处”。[①] 新约中，众人的天主就是“仁爱的天主”(《哥林多后书》13：11)，是一位慈爱的父亲。耶稣基督爱他的门徒，甚至为了所有人的得救而牺牲了生命，由此上主的爱被具体化了。它引导着信徒们作为兄弟和朋友彼此相爱。神确保每个人的接纳、关怀和爱。这种爱在于对他人的善性的喜悦。爱你的邻人如你自己，逐渐演变为耶稣式的自我牺牲的爱。这是基督教爱的诫命中非常重要的修正和限定。爱的衡量标准的不是自爱，而是耶稣终生侍奉天主和邻人的爱。耶稣通过自己的行为，树立了爱的典范，这种爱在其被订立在十字架时达到极点，因为他为朋友奉献出生命。耶稣式的爱成为推动一个人征服自负和怨恨的黑暗而走向光明的动力。

其次，在基督教中，爱应该是对兄弟姐妹们无限的、真正

① 转引自［德］卡尔·白舍客：《基督宗教伦理学》，静也等译，雷立柏校，上海三联书店 2002 年版，第 226 页。

的、发自内心的宽恕，我们祈求上主宽恕我们，我们就应该准备宽恕别人。天主以父亲般的爱关怀着人类（《玛窦福音》5：44），宽恕人们的过错。天主宽恕了人类祖先的罪行，宽恕了我们忏悔的罪过，我们也要随时准备宽恕那些回心转意、悔过自新的人。对敌人的爱表现在对敌人的宽恕、友好和尊重。爱敌人就是要排除恶意的憎恨，真心实意地和解，保持开放的态度。宽恕是受害方以爱积极响应对方的和解请求，并对对方所犯罪过提出合理补偿。人人都会犯错，每个人的生活都有错综复杂的历史背景。不要希望他人承认过错，不要要求他人弥补罪行。在任何情形下都应该为宽宏大量的爱的恩典，以及为敌人的回心转意祈祷。爱敌人就要保持最低限地的同对方的社会接触。① 以一般性的友好来化解隔阂和敌意，这可以避免仇恨加深，实现双方和解。不拒绝为冒犯者和敌人祈祷，它的实际效果就在于可以防止我们有不仁慈的言行。希望上主照顾我们的敌人，保护他们的灵魂。在紧急情况下，尽己所能地帮助自己的敌人化解仇怨实现和解。“当我们去爱，我们会在我们周围的人的心中创造、恢复和释放一种似乎战无不胜的力量。如果我们不去爱，我们就会沦为魔鬼的帮凶。”② 爱敌人意味着高尚的隐忍，克服怨恨，断绝报复之念，采取积极的行动引导敌

① 参见［德］卡尔·白舍客：《基督宗教伦理学》，静也等译，雷立柏校，上海三联书店 2002 年版，第 250 页。

② ［德］卡尔·白舍客：《基督宗教伦理学》，静也等译，雷立柏校，上海三联书店 2002 年版，第 226 页。

人的醒悟和皈依。总之，对敌人的爱是宽恕精神最崇高的表现。真正意义上的爱，就是天主对罪人的爱，摧毁罪恶的根源以及通过新的恩典而恢复人所丧失的完整性。

再次，基督教的爱包含着对他人的尊重和为他人的祈祷。真诚地尊重他人的物质和精神财富，按照上主的召唤保护和存进他人实现这些财富。爱不可缺少的性质，即对被爱者的尊敬。对个人和团体的价值和尊严保持谦逊，不因付出帮助而剥夺接受者的主动性和尊严。只有尊重他人，鼓励、接受和欢迎他人，才能与之形成和维持真正的爱与关怀。爱邻人不是由于他个人的美德和优点，而是出于对欠缺天主善美的地方予以善化的渴望，是努力使他变成好的。爱敌人和爱邻人的目标是一致的，即对一个人（包括敌人）所拥有或可能实现的价值的真诚尊重，进而推动上主计划的实施和完成。“爱敌人的特殊目标是根除和摧毁憎恨的邪恶根源和理由。但最终这种消极目标会转向一种积极的目标，即恢复那忧郁憎恨多摧毁的完善和完整性。”① 爱使得我们向他人敞开，也使他人向我们敞开。

最后，基督徒对兄弟的爱是对所有人不偏不倚、公正无私的爱。它包含着隐忍、慈祥、包容、信任、不求益己、不图谋恶事。这种爱必须是发自内心的，真诚的，毫无妒忌、毫无贬损地对他人的价值和能力真诚肯定和接受。群体和国家之间的

---

① ［德］卡尔·白舍客：《基督宗教伦理学》，静也等译，雷立柏校，上海三联书店 2002 年版，第 248 页。

关系也应该如此。爱不仅仅是情感，还必须付诸行动，对他人利益切实的关怀。爱不仅是希望他人好，而且是外在的爱德事功。基督精神要求应爱人如己（《肋未记》19：18），爱意味着以公正之行待人，以仁义和友爱彼此相待。爱邻人的首要任务是帮助穷人、外邦人等处于困境的人。我们应该同情地进入他人的生活，在日常生活中实现爱。以同情对待他人的痛苦和喜乐，主动热情的爱，保持对他人的责任感，与他人形成团结关系。爱意味着关怀别人，无私地为别人祈祷祝愿，甚至为爱而殒命。爱不求益已，但求益人；爱不求自娱，但求奉主和兄弟。这种爱是不计回报的无私的爱。德里达以奥古斯丁为例说明基督教这种非计算性和超经济性。德里达指出，在亚里士多德和蒙田之间，在友爱谱系的断裂的一端中，还有奥古斯丁。德里达指出，奥古斯丁的整个《忏悔录》都是友爱无限化的证词。奥古斯丁说："爱你的人是有福的，爱你之中爱他们的朋友的人是有福的，为你之故爱他们的敌人的人也是有福的。"[①] 因而，德里达说："转向上帝，转向上帝的面相，信赖上帝，信任上帝，集聚在上帝之边并为上帝感动，寄居在上帝的居所，寄居在家园，也就是说，生活在上帝的家庭之中，生活在对上帝的虔诚之中，生活在'有德性的上帝'之中（祈求他使我们悔改，让我们皈依于他）——这一切，不仅是朋友的

---

① 转引自 Jacques Derrida, *Politics of Friendship*, trans., G.Collins, New York/Lodon, 1997, p.188。

友爱，而且是敌人的敌意。按照上帝，敌人也应该得到爱。朋友应该在上帝之中得到爱；敌人不应该在上帝之中得到爱，而是因为上帝得到爱。问题不是要在上帝之中爱敌人（这无论如何是不可能的），而是我们可能也必须爱敌人，因为上帝自为地注定了这一点，因为上帝作为始因。”① 德里达指出，尽管奥古斯丁对于亚里士多德的“一个灵魂寄居在两副躯体之中”的质疑是错误的，但却指出了在亚里士多德那里蕴含的计算性，即当对方逝去，余下的一半破损的灵魂也许将要面对活下去的恐惧和活不下去的恐惧。所以，从友爱关系建立的一开始，就开始这种算计。而要为对方活下去，或者以对方的名义活下去，就打破了礼物的逻辑，一种没有保留的经济被释放出来，对这种算计提出了挑战，激起了对无限多重化主体之欲望的不可分离性。我们对朋友毫无所求，要哀悼朋友的死亡，因为由于朋友的丧失，生命就成了活着的死亡。② 因而，我们应该不以爱作为交换的条件，而是在爱中实现双重化。德里达指出，奥古斯丁正是在重构亚里士多德和西塞罗的基础上确立了自己的权威，同时也为希腊友爱模式中移植入了一种无限性。

---

① Jacques Derrida, *Politics of Friendship*, trans., G.Collins, New York/ Lodon, 1997, p.188.

② 参见 Jacques Derrida, *Politics of Friendship*, trans., G.Collins, New York/ Lodon, 1997, p.187。

四、爱的超越性：来世和祈祷

基督教的爱中还包含着一种超越性，把一切理想的实现寄托于末世审判。正如罗素所说的，“使人相信来世的是感情而不是理性观点。”① 基督教的爱给予人们意义和对未来的希望。只有在爱中生长才能对生活怀有希望。天主对于子民的爱，也表现为救恩，是一种从现世不幸痛苦的解脱，也包含了一个末世性的期许。

在基督教中，生命只有在基督的团契中被感受和体验，才能使短暂的生命融入到历史之中。如果没有爱，人的存在将会枯萎凋谢直至死亡。爱的诫命可以使遵从的信徒得到期许的赐福，而背叛者得到的是惩罚威胁。敬畏上主、敬爱上主，表现在对上主的感激、信靠和忠诚的爱，这样的人将得到拯救。上主的爱是救赎的爱，遍施于所有的人，即使是他的敌人。

圣爱“是把宗教生活同人在世上的承诺联系在一起的纽带”②，它必须在祈祷和行动中实现。对上主的爱，一方面表现在敬拜、默想和朝拜之中，另一方面表现在弟兄之爱的行为和事功中。圣爱是“人与上主的最深共契和神秘合一，是上主与人的彼此渗透和互相寓居。……圣爱可以被定义为充满喜乐地赞许上主无限的善，而且希望增进他外在的荣耀并与他合而为

---

① 参见［美］迈尔威利·斯图沃德：《当代西方宗教哲学》，周伟驰等译，北京大学出版社2001年版，第638页。

② ［德］卡尔·白舍客：《基督宗教伦理学》，静也等译，雷立柏校，上海三联书店2002年版，第112页。

一。”[①]爱的行为和事功就是人对自己周围世界施加转变性影响的行为；它尤其指的是弟兄之爱的行为。这是上主的诫命，人应当参与创世的工作，并使之完善；应当管理大地，发挥它的潜能；应当增进团结、公义和人类之间爱的合一。因此，人对上主的爱必然地体现在对这些任务的接受和实现之中。[②]爱邻人是仁慈善功，不仅可以使被爱者对圣爱开启心灵，也可以使他对天主敞开心扉，但对践行者来说，它是一种神爱的圣事。通过爱的事功，拯救圣事和实现善的生活。在基督教中，爱邻人主要表现在对邻人困难的实际帮助。解除人的困难的互助行为被视为基督徒爱德的生动体现。对处于困难中的人应该给予真诚的关注和带有敬意的关怀，无论对象是个人、群体还是国家。在援助中体现出仁爱精神。要专注地倾听，了解对方所需，进而付出真诚的关怀和帮助，而不是父权主义或权威主义式的横加干预和野蛮资助。爱在上主和人之间建立了一种团契的纽带关系。爱主就是履行盟约，因而是一种义务。对上主的爱使人接近上主，并获得天主的友爱。因为，上主爱一切寻求他的人。一种相爱的纽带关系得以建立，人与神之间的友爱。爱慕天主一定要在现世的爱德行为中证明自己。

① ［德］卡尔·白舍客：《基督宗教伦理学》，静也等译，雷立柏校，上海三联书店2002年版，第115页。

② 参见［德］卡尔·白舍客：《基督宗教伦理学》，静也等译，雷立柏校，上海三联书店2002年版，第121页。

德里达更赞同应该把爱给予缺乏名誉的边缘群体，并主张应该随时准备做出宽恕，一种无条件的宽恕，为对立团体或敌人祈祷，表示基本的尊重。促进和平是一种善德，其主要的方式就是消除对其他团体或国家的偏见，消除拒斥和仇恨，接纳边缘群体、少数团体、异己团体。

总之，第一次断裂以希腊—罗马时期基于同源性的、内在性的、有限性的、互惠性和政治性的友爱模式的衰落，并为基督教神学的友爱观所取代为标志。尽管，古典友爱模式的某些特征仍寄居在基督教神学的友爱之中，但却打破了古典友爱模式的互惠和狭隘，引入了异源性、不对称性和无限性。在德里达看来，基督教福音对立于亚里士多德的德性和希腊式的友爱典范，它挫败了一切试图维护稳靠的、可以确定的和清楚明白的历史节奏的人们的希望。“‘我们的邻居之爱’，把我们引上了决裂之路。”①

但是，德里达也指出，“要把基督教的兄弟关系（博爱）形式与希腊的兄弟关系（博爱）形式对立起来，不仅十分困难，而且也可能比想象的更加粗鲁。不是因为它们之间的差异可以忽略不计——相反，它们的差异无疑是深刻的和不可化约的，而是因为它们并不是源于区分的原则和对立的原则。”② 基督教

① Jacques Derrida, *Politics of Friendship*, trans., G.Collins, New York/Lodon, 1997, p.285.

② Jacques Derrida, *Politics of Friendship*, trans., G.Collins, New York/Lodon, 1997, p.185.

强调四海之内皆兄弟依然是男性中心主义的，这种普遍的兄弟情谊掩盖了等级的不平等。首先，在基督教的友爱观念中，爱邻人的动机是天国回报。德里达一方面肯定了基督教将爱的范围从邻人扩及到全世界，但是同时也指出，基督教徒对邻人的爱以及仁慈在某种意义上只是贪婪地占有冲动和欲望。德里达反问："'爱我们的邻人'——这不就是对一种新的占有物的渴望吗?"① 在德里达看来，爱你的邻居、爱你的敌人有一种巧妙的设计，与对人类社会的理想联系在一起，即实现对所有人的拯救，实现神的王国，把所有人纳入到王国之中，消除仇恨，实现在上帝之爱下的兄弟之爱。爱邻人是爱上主的最好证明。为了自己的得救和圣化，爱人就成为一种必需的义务。如果没有对他人的奉献和付出，我们也不能通向拯救之路。所以，爱人落到根本，还是爱己。对邻人的爱是对上主的爱的具体表现模式。对邻人的爱可以在对上主的爱中找到其终极的根据。上主悉心照顾每一个人，同时也希望人们把爱传递出去，学习他一样去爱邻人。作为天主的子女，爱天主，也要爱自己的兄弟，在对同一圣神的信仰和听从之下，信徒们应该由此同一维系而团结起来。在同一个父亲的荫护之下，他们应该彼此成为弟兄，组成一个亲密的大家庭。如果不爱身边的兄弟，就不能爱天主。"如果我们彼此相爱，天主就存在我们内，他的爱在

① Jacques Derrida, *Politics of Friendship*, trans., G.Collins, New York/Lodon, 1997, p.65.

我们内才是圆满的”（《若望一书》4：12）。伤害邻人和兄弟，无爱、不义之举，是对天主说谎或亵渎。爱邻人，才能和上主的圣意相吻合，才能更好地服务上主。其次，基督教中普遍的爱带有排他性和等级性。对待教友和对待外人持不同的态度。只有真正的基督徒才是兄弟或姐妹。虽然不带有国家界限，却有宗教信仰的标准。对基督徒团体划分界限产生了一种带有秘传性质的排他性。越是同上主接近的人，就越值得爱，因此即便在教会内部也有严格的教阶制度。正是这种带有排斥性和等级性的爱构成一种精神价值，保卫着基督教团体的团结一致。人置身于宗教团体之中，与其邻人相处，通过对天主的听信可以找到通往与邻人建立互爱关系的途径。投身于社会生活，促进人间合一的爱，形成一种社会的凝聚与团结。这也有助于实现相互承认、彼此公平的人类和平。只有在这种互相承认的基础上，人才有可能实现相对的末世人类的团结。最后，对邻人的爱要不顾物质上的牺牲，但不要求付出个人生命，而在面对邻人的极端灵性需要时，要不顾生命和财产的安危以兄弟之爱去予以援助。爱兄弟之中，也包含有帮助兄弟所需代价的衡量和计算。德里达怀疑基督教的爱作为一种经济策略的无限化本身。基督教爱敌人如爱邻居、如爱自己，这是以在基督教精神上成为一个兄弟为前提的，以爱主为前提，尽管带有无私和不对称性，但是，其中还是蕴含着寻求报偿的计算，带有虚伪的欺骗性，其无限性依然是有限的。而在这一点上，尼采以一种朋友和敌人的辩证关系以及朋友之间的距离和沉默使友爱彻底超越了计算的经济。

第三节 第二次断裂：尼采颠倒的革命

第二次断裂是由尼采开启的，而后布朗肖、南希等人关于友爱的论述又加深了裂痕。尼采否定了以往友爱的示范性和朋友的确定性，在友爱中引入了可能性和距离感。朋友不再是邻人、兄弟，古典友爱中的朋友在超越了所有限定的距离之后的疏远之中“死掉”了。但他却在超出了知识、真理、科学、亲近、经济甚至生命本身之后，成为真正的朋友。

“‘哦，朋友们，没有朋友’，垂死的圣贤说，‘敌人们，没有敌人’，我，活着的傻瓜大叫道。此时此刻，更幸福的时刻，也许会降临到我们每一个人身上”。[①] 亚里士多德的名言在西方关于友爱的文献中反复被引用，但是引用者们总是把它当作经典不加思考地引用，没有看到其中的深刻意蕴。尼采则没有和伟大的圣贤们一样感叹那稀少珍贵的朋友，而是颠倒这句话来思考，提出：“没有敌人”。德里达指出，活的傻瓜比圣贤更精明和更深刻。尼采以一种夸张的句式颠倒，以叛乱的方式动摇了经典的可靠性。“这是一种存在于善恶之本源、同时为善

① 转引自 Jacques Derrida, *Politics of Friendship*, trans., G.Collins, New York/Lodon, 1997, p.28。

恶共有的夸张句法，作为善恶之差异、敌友之差异以及和平与战争之差异的夸张句法。”① 德里达肯定了尼采的颠覆，指出颠倒不是简单的概念置换，而是“在我们所传承的友爱政治概念之中引起了一场地震式的革命”②。

充满反叛精神的尼采当然不会不加批判地继承传统的友爱观念，而是赋予友爱许多新的特质。他从生存论上肯定朋友的价值，同时在朋友的身上看到了敌人的影子，也在敌人身上找到朋友的价值，以一种颠倒的方式发现朋友和敌人的辩证关系以及相互转化的可能性。更为重要的是，尼采把这种朋友和敌人互相包含和转化的新的友爱观念推向未来，寄希望于新人和超人，因此尼采的友爱观带有一种也许和未来的意蕴。

一、颠倒和置换：敌人朋友

德里达指出，尼采的查拉图斯特拉常常把朋友当作兄弟来呼唤，也呼唤朋友的德性，但是不同于友爱典范的是，尼采认为对朋友欲求可以终止自我的自恋意识和对他者的妒忌心理。尼采在《查拉图斯特拉如是说》中说：“‘在我身边总有一个人多余的人’，隐修者这样想，——‘原先总是一个人——时间

---

① Jacques Derrida, *Politics of Friendship*, trans., G.Collins, New York/ Lodon, 1997, p.112.

② Jacques Derrida, *Politics of Friendship*, trans., G.Collins, New York/ Lodon, 1997, p.27.

一长，就成了两个人！’本身的我和对手的我总是过分热心地对话：如果没有一个朋友，那怎么受得了？……对于隐修者，朋友总是第三者：第三者总是阻止二人的对话沉坠入深底的软木。对于一切的隐修者总有太多的深渊。因此隐修者渴望有一个朋友，渴望有个朋友站在高处。”① 对于与世隔绝的隐修者来说，朋友是浮木，使我们不完全沉湎于自身，故步自封，丧失与现实的联系。为了避免坠入唯我论的深渊，我们需要朋友把我们引向高处，引向理想，需要朋友来揭露我们的向往，使我们看到自己的理想和价值观，启发我们思考我们是谁，促使我们看到我们与我们所希望的理想的距离。一旦某人对朋友充满向往和渴望，表明他已经认识到局限于自身生活的片面性并在朋友中寻找平衡，这使他走出纯粹理想化而面对现实，将他从自我中心的道路带向自我超越的道路。② 朋友熟睡时，毫无掩饰地裸露在你面前时，看起来静止、轻松、愚钝的他没有自我超越的精神，缺乏超人具有的一切运动特征。而醒时的朋友的脸不外是你的投影。在尼采看来，人是不完美的，必须要被超越，而朋友就是引导我们自我超越的动力源泉。人应该保持争强好胜的灵魂，永远做第一名，凌驾于他人之上，除了爱你的朋友，不应该爱其他任何人。尼采指出，希腊人正是依靠互相

① ［德］尼采：《查拉图斯特拉如是说》，钱春绮译，生活·读书·新知三联书店 2007 年版，第 58 页。

② 参见［德］安内马丽·彼珀：《动物和超人之间的绳索》，李洁译，华夏出版社 2006 年版，第 242 页。

竞争激起上进心，而走上伟大道路的。朋友的作用就像新鲜的空气、孤独、面包和药物一样，关心对方灵魂和肉体的幸福，以创造对方实现自我超越并具备超人的条件。[①] 所以，“许多人不能挣脱自己的枷锁，却能做他的朋友的解放者。”[②] 即使自己不自由，也要努力为成为朋友的启发者和解放者，把朋友引向希望和自由之路。

在这种生存论意义上，尼采认为奴隶是不能做朋友的，暴君也不能有朋友。“你是一个奴隶么？那你就不能做朋友。你是一个专制者吗？那么你就不能有朋友。”[③] 因为奴隶的基本的生活方式是服从，不会去追求自我超越。他代表着固守习惯，其全部追求仅在于维持现状的人。他信仰权威，保守且教条，他热爱它所服从的强制。但是尼采又指出尽管奴隶由于外在障碍实际上没有实现自我解放，但是渴望自由并全力赢得自由的他却克服了奴性。所以，奴隶不能是朋友，并不意味着他不能有朋友，朋友应该启发他追求自由、摆脱奴役和枷锁。与此相反，暴君的生活方式是命令，在他所统治的人中找不到朋友的，否则它将破坏主奴关系。暴君只有解放奴隶才能解放自己，才能成为朋友或拥有朋友。暴君和奴隶的生活方式都是静

---

① 参见［德］安内马丽·彼珀：《动物和超人之间的绳索》，李洁译，华夏出版社2006年版，第245—246页。

② ［德］尼采：《查拉图斯特拉如是说》，钱春绮译，生活·读书·新知三联书店2007年版，第60页。

③ ［德］尼采：《查拉图斯特拉如是说》，钱春绮译，生活·读书·新知三联书店2007年版，第60页。

止的，他们没有自我超越和向更高发展的活力。因此暴君也是奴隶，因为它依赖服从他的人，这些人愿意维持这种依赖关系。暴君和奴隶两者只有推动彼此向更高方向发展并因而成为彼此的朋友才能共同摆脱受制于命令和服从的主仆关系。①

德里达指出，尼采的友爱也依然具有双重排斥的特性。女人是不能有朋友的，而男人也不完全适合友爱。在尼采看来，女性还没有能力交友，她只知道爱情。因为“在女性的内心里，有一个奴隶和一个专制者藏身得太久”②。在父系统治结构下，女人一方面被教育成为男人卑下的服侍者，另一方面通过热爱男人使男人依赖于她们的爱而统治男人。女人往往沉迷于爱情里，存在着不公正和盲目性，往往看不到爱人的缺点。恋爱中女人把男人绑在自己身上，也把自己绑在男人身上。因此，友爱只存在于男人之间，而不可能存在于男女之间，或女人之间。在这一点上，德里达指出，尼采依然在其传统的兄弟情谊的友爱政治体系之中。在这种男性中心主义的强权下，女人不知道尊重她的敌人，不知道赞美她不爱的对象。由于没有能力尊重，没有能力承受此等尊重带来的自由，她就绝对不能有真正的朋友或者敌人。由于不懂得友爱、敌意、战争、尊重他者（无论是朋友还是敌人），所以女人不是人，不是人类的组成部

① 参见［德］安内马丽·彼珀：《动物和超人之间的绳索》，李洁译，华夏出版社 2006 年版，第 246—247 页。

② ［德］尼采：《查拉图斯特拉如是说》，钱春绮译，生活·读书·新知三联书店 2007 年版，第 64 页。

分。[①] 女人就像猫和鸟或者小牛，善变不可靠又怀有矛盾感情，感情化的个性完全不适合友爱，使男人同时成为奴隶和暴君，阻碍了男人通往超人之路。[②] 女人无助于男人的自我解放，也不要求自我解放。所以，查拉图斯特拉几次说到：女人还不可能知道友爱。德里达指出，对女性的双重排除与一种友爱的政治化不无关系。当我们努力将友爱从彻底的政治化之中拯救出来时，它常常将友爱模式“政治化”了。在一切将政治和公共空间留给男人，而把家庭和私人空间留给女人的话语之中，政治性本身中就有冲突的张力在起作用。[③]

但是尼采同样质疑了男人爱的能力，在某种程度上超越了兄弟情谊友爱观的男性中心主义。尼采转向了男人：“女人还不懂得友爱。但是，请告诉我，你们男人，谁懂得友爱呢？哎，你们男人们啊，你们的灵魂的贫乏，你们的灵魂的吝啬！我甚至于愿意给我的敌人，像你们给你们的朋友的那样多，而不愿因此变得更贫乏。”[④] 尼采呼唤他们，指责他们，说他们陷入到同样的困境之中。一个男人是自由的，不仅懂得爱还懂得

---

① 参见 Jacques Derrida, *Politics of Friendship*, trans., G.Collins, New York/Lodon, 1997, p.282。

② 参见［德］安内马丽·彼珀：《动物和超人之间的绳索》，李洁译，华夏出版社 2006 年版，第 247—248 页。

③ 参见 Jacques Derrida, *Politics of Friendship*, trans., G.Collins, New York/Lodon, 1997, p.282。

④ ［德］尼采：《查拉图斯特拉如是说》，钱春绮译，生活·读书·新知三联书店 2007 年版，第 60 页。

友爱。但是，这么一个男人也不是人！尚未成为人！为什么不是呢，因为男人过于贫穷和吝啬，不够慷慨，不知道如何听从他者。他指出，男人往往对待朋友三心二意，甚至在与朋友交往模式之中带有成本和收益计算。在尼采看来，这种友爱并不是真正的友爱，友爱不是一个人给予一个人收获，不是一个人爱一个人被爱。真正的友爱是“一种辩证关系，为朋友所付出的力量会以同等程度增长自身灵魂的活力，以至于根本就没有能为吝啬行为辩护的失落产生过。相反，对朋友的吝啬恰恰是对自己的吝啬：灵魂的贫穷在于一个人将精神看作一种不可转让、应借鉴护持的财产，而不是积极地将灵魂、精神看作一种活动，一种组织化的行为。愈是实施这种行为愈能使自身不断巩固、坚强。友爱是以朋友的更高发展为目标的行为，它能同等程度地促进创造者的更高发展”①。尼采宁愿把自私贫乏的男人们给予朋友的有限关爱给予敌人。若要获得友爱这份无限的礼物，就必须懂得如何听从敌人。而到现在为止，男人和女人都不知道如何听从敌人。他们都贪婪，不愿意付出友爱，不能在友爱之中相爱。无论男人还是女人都不能成为朋友。能够拥有这种友爱的只能是未来的新人，那即将到来的超人。因而，尼采把朋友的主题转向了敌人，转向了超人。

尼采从一种生存论意义上来理解朋友的价值，指出朋友与

① ［德］安内马丽·彼珀：《动物和超人之间的绳索》，李洁译，华夏出版社 2006 年版，第 249 页。

敌人之间互相转化的辩证关系。他指出，将给予朋友的关心给予敌人，并不会因此而丧失灵魂的力量，相反却能在敌人那里获得更大的动力。在尼采看来，对朋友的渴望可能隐藏着不同的目的。“我们对朋友之爱，常常不过是想借此转移对朋友的嫉妒。我们为了隐匿我们自己有易被攻击的弱点，常常进行攻击，制造敌人。”① 一方面，人希望成为某人的朋友，可能是出于对他个性的嫉妒，而成为朋友就可以由于欣赏他的个性而爱他。把他人当作朋友来爱以扬弃嫉妒。另一方面，人们会以掩饰方法来掩盖他人的优点，不是以钦佩、喜爱、尊敬为特征而赢得他，而成为朋友，相反为了能感到自己的地位平等和权力均衡，把对方当作敌人，在对方身上获得挑战、战斗力。“友爱的紧张关系就是敌对。这种由追求与反追求的对抗而有结果的友爱关系通过心将朋友们联系起来……将不同的追求互利地联系起来，真诚热爱彼此的朋友如同两个高贵的斗士，相互斗争以在对方中战胜自我。”② 德里达指出，尼采对于他者的依赖和信仰带有一种怀旧之情，类似于海德格尔坚信能在哲学之爱的源头处发现的怀旧情怀。“哲学本源之爱点燃了对他者和对自我的妒忌之火。我们彼此妒忌，爱无非就是跳出这种妒忌的努力而已。我们以侵犯造就了一个敌人，我们以侵犯使我们自

① ［德］尼采：《查拉图斯特拉如是说》，钱春绮译，生活·读书·新知三联书店 2007 年版，第 58 页。

② ［德］安内马丽·彼珀：《动物和超人之间的绳索》，李洁译，华夏出版社 2006 年版，第 244 页。

己也成为敌人。侵犯仅仅是一种反应。它隐藏又揭露了我们的脆弱性。”①

所以，尼采疾呼：“至少作我的敌人吧！”② 在尼采看来，这不是在乞求敌人，而是在乞求朋友。如果你想有个朋友，你必须愿意为他进行战斗：为了进行战斗，你必须能够做他人的敌人。即使是真正的友爱也包含对抗的因素，所以应当在朋友身上发觉最好的敌人，因为没有了敌人，是对自我的一种毁灭。“你应当把你的朋友当作敌人尊敬。”③ 但是，这并不是说要将朋友看作是在反对他的战争中的追随者，而是说朋友并不一定是同僚、同盟，也可能是你的敌人。“为了友爱人们必须能够将朋友看作对手，以加强朋友自我超越的力量。”④ 在激励朋友超越自我中也实现自我成长。要不断地超越自己、完善自己，使你和朋友互相向上，迈向超人的道路。

活的傻瓜向敌人呼唤：“敌人们，根本就没有什么敌人！”不是哀悼朋友，而是哀悼敌人：“但愿敌人存在”。尼采对于敌人的召唤和施米特对于政治中立化和解政治化的哀叹是一样

---

① Jacques Derrida, *Politics of Friendship*, trans., G.Collins, New York/Lodon, 1997, p.281.

② [德] 尼采：《查拉图斯特拉如是说》，钱春绮译，生活·读书·新知三联书店 2007 年版，第 58 页。

③ [德] 尼采：《查拉图斯特拉如是说》，钱春绮译，生活·读书·新知三联书店 2007 年版，第 58 页。

④ [德] 安内马丽·彼珀：《动物和超人之间的绳索》，李洁译，华夏出版社 2006 年版，第 243 页。

的。但是，“这种解政治化不仅开始了一种超政治化的建构，而且也决定了它。在这个颠倒的陈述之中，绝对敌人在形象上开始类似于绝对朋友：兄弟自我残杀得最惨烈的悲剧。”① 尼采对敌人的呼唤，事实上是把敌人转化成了朋友，你必须爱你的敌人，像爱你的朋友一样，哪怕是假惺惺地爱他们。通过朋友和敌人的转化，尼采把友爱置于一种辩证运动之中。“如果在可能存在敌人的地方就没有朋友，那么，敌人的必要性，或你必须爱你的敌人，就立即把敌人转化为朋友，如此等等。我所爱的敌人也就是我的朋友。我的朋友，也就是我的敌人。只要我们需要或者渴望敌人，唯一的朋友就可能被算作是敌人。这种朋友就包括了敌人，反之亦然。”② 亚里士多德意义上友爱的稳靠性因而被打破了，朋友不再是静止的，固定不变的。敌人和朋友不是决然对立的。人与人之间，一方面受礼仪、风俗影响互相敬仰、嫉妒、监视，另一方面也互相信任、友爱和体谅。在尼采看来，我和与我为敌的一切，就是真正我，真正实在的我。

把朋友当作敌人，因而这个敌人不是意欲消灭我们的极端的敌人，不是生存意义上的天敌。即便是，为了我们自己活着，活得更强大有力量，我们也要保存敌人的生命。“活着而

① Jacques Derrida, *Politics of Friendship*, trans., G.Collins, New York/Lodon, 1997, p.151.

② Jacques Derrida, *Politics of Friendship*, trans., G.Collins, New York/Lodon, 1997, p.32-33.

反对敌人的人必须设法让敌人活着。"[①]这是尼采和施米特的区分之所在，施米特主张通过战争在肉体上消灭敌人，而尼采主张保留敌人，甚至是把敌人当作朋友，关爱敌人。在尼采看来，高尚的人具有宽容天性，不会对敌人、不幸和别人的不当行为耿耿于怀，这些人才可能真正"爱自己的敌人"。高尚的人会向他的敌人表示尊敬，这种尊敬是通往爱的一座桥梁。

二、距离和沉默：星际朋友

无论是关于友爱的经典观念还是我们日常生活经验中的思维观念，都认为友爱就是亲密无间，毫无保留地袒露自己。而在尼采看来，这是一场灾难并将友爱腐蚀殆尽。一个人之所以是朋友正在于他掩盖弱点，将委屈藏于坚强的外表之下，不诱使朋友的同情而是做朋友的榜样，在自我超越的道路上前进。对朋友的坦白和毫无遮掩并不是对朋友的尊重，相反赤裸裸地和朋友交往，不拘礼节，这是对朋友的不尊敬。强求、好奇以及毫无保留的自我袒露会危害与朋友的关系。人都希望和朋友成为彼此的榜样，这就必须将其缺陷藏在优点背后，使朋友看到一种期望性的东西。这种对缺陷的掩饰被理解为自我超越的

---

① 转引自 Jacques Derrida, *Politics of Friendship*, trans., G.Collins, New York/Lodon, 1997, p.26。

开端。① 只有一种自由意识和尊重意识才能获得这种真正的能力，才能接近朋友或敌人现象之本质，以及他们构成的对偶关系的本质。② 所以，在真正的友爱之中，朋友之间应该是保持清醒，保持距离。一个正直的人应该毫无妒忌地承认另外一个人的自我优势，承认自己与他者之间的距离，不利用非正当手段去消除距离。尽管彼此之间存在距离，他仍愿意被对方严肃对待并尊重对方。“距离必须得以保持以在超人形象前保持相互尊重，他们个人心中都存在并以各自的方式从自身中创造超人形象。” ③ 爱，总是伴随着距离和神秘的敌意。

尼采提出了一种全然不同的思考方式，即从朋友的沉默之内理解“朋友之间”的关系。做一个人的朋友，必须学会保持沉默和孤独。“沉默”意味着尼采把朋友看成是要保持差异的。朋友之间存在着感受的差别和意见的分歧，一旦开始对话，两个人之间就会出现矛盾，有可能反目成仇。言语摧毁了友爱；在言说当中，友爱又腐蚀、贬低、蔑视以及取消了友爱的言语；但却不是以真理的名义为恶不仁。如果说，对于朋友，以及在朋友之间，必须保持沉默，这恰恰不是为了说出真理，说出谋杀的真理。“友爱并非保持沉默，而是

---

① 参见［德］安内马丽·彼珀：《动物和超人之间的绳索》，李洁译，华夏出版社 2006 年版，第 244 页。

② 参见 Jacques Derrida, *Politics of Friendship*, trans., G.Collins, New York/Lodon, 1997, p.282。

③ ［德］安内马丽·彼珀：《动物和超人之间的绳索》，李洁译，华夏出版社 2006 年版，第 244 页。

沉默保护了友爱。从对它自身说的第一句话开始，友爱就自我颠覆了。所以，它说，它对它自己说，朋友不复存在；承认这一点的同时它自我承认。友爱说出了真理——这就是最好永远被保留在未知之中的东西。”① 所以，朋友之间对彼此应该保持沉默，不应该谈论你的朋友，一切以友爱之情感为题的谈论都不过是在喋喋不休之中虚度光阴。沉默实质上就是保持差异性，互相忍让、尊重和接纳。对朋友保持沉默，就是保持朋友之间的那些未知的和差异的一切。一种新的友爱在沉默之中与友爱典范决裂和中断，“这种决裂和中断必须（因为在沉默之中一切都是可能的）以见证代替方式认知，以信仰代替验证，以也许代替确定，以他者代替同一，以友爱代替算计”②。

“保持沉默，使之归于寂静，说孤独是不可救治的，友爱是不可能的。有两种渴望分享和分配这种不可能性的方式：一种是消极的同情，一种是主动的肯定。”③ 尼采反对消极的同情的方式，主张对孤独的友爱给予主动的肯定。所以，尼采批判了叔本华所宣扬的“同情是对他人的无私的爱”的观点，主张一切伟大的爱要超越原谅和同情。可以同情你的朋友，但是这

---

① Jacques Derrida, *Politics of Friendship*, trans., G.Collins, New York/Lodon, 1997, p.53.

② Jacques Derrida, *Politics of Friendship*, trans., G.Collins, New York/Lodon, 1997, p.55.

③ Jacques Derrida, *Politics of Friendship*, trans., G.Collins, New York/Lodon, 1997, p.54.

种同情不应该削弱和软化朋友，而应该使用挑衅及攻击的方法使朋友能够尽自己的力量克服困苦。人必须能够抵挡同情的渗透，把对朋友的同情包裹起来，这样一方面使朋友独立治愈痛苦，从而超越自我，展现其创造性；另一方面，通过从朋友利益出发而把同情掩盖在无情的面具下，同情的施予者也会战胜自我。"同情的自我否定形式要求以超人般的努力实现其目标，既是摆脱困苦，又是付出同情者的困苦，后者存在于付出同情者必须隐藏的同情中。"①

在沉默中，朋友保持互相认同和彼此平等，而不是通过话语沟通实现去一致。沉默只带有一种本源的认同，却保留了友爱的差异性。即我们同样是离群索居、与世隔绝、形单影只的存在，单子一般彼此相异。出于这种本源的认同，那些彼此分离的人又走到了一起，但是，他们并不彼此凝聚，依然是孤独的，但他们在沉默之中在共同沉默的必然性之内彼此结成联盟，却依然各处一隅。在德里达看来，对差异性的尊重就是一种社会约束，同时又肯定了没有约束的存在，不合时宜的孤独存在，也默认了分裂的存在。朋友间共同的沉默可能摧毁本体论中的稳靠性以及通识性的常识和概念。尼采敢于推荐分裂，敢于在追求同一和团结一致的政治语言中进行间距化运动，尤其是那种友爱、政治、国家以及家庭、亲近、亲缘、归属、身

① 参见［德］安内马丽·彼珀：《动物和超人之间的绳索》，李洁译，华夏出版社 2006 年版，第 246 页。

份的共同归属等相关性语言。[①] 可以说，尼采建立了一种分裂的政治学。

保持距离的友爱才是真正的友爱。这种朋友不会因距离遥远而放开友爱的手，不会因时间长久而冲淡友爱的情。“我们曾经是朋友，但已经走上了陌路。……人生苦短，见识卑微，根据这种崇高的可能性，我们无法更长时间地作朋友！——即使我们被迫成为大地上的敌人，也让我们相信我们星际的友爱吧！”[②] 尼采要我们作孤独的朋友，天生的朋友，宣誓的朋友。“作为朋友，我们首先是孤独的朋友，我们呼唤你分享不可能分享的东西，即分享孤独。我们属于完全不同类型的朋友，不可接近的朋友，因彼此不相容而又没有共同的尺度、没有互惠和没有平等而孤独不堪的朋友。因此，朋友之间，没有承认的境遇。没有家庭纽带，没有邻近性，没有亲密性。”[③] 朋友应该是孤独的创造者。做一个独立独行的人，把自己当作自己的朋友。在尼采看来，作为爱者的朋友首先要爱自己，要轻视自己。而轻视不是放任自己，而是轻视现在的自己，是要创造更高的自己。朋友应该“情投意合，却又彼此嘲笑，像良师与益友，又像阴沉的小

① 参见 Jacques Derrida, *Politics of Friendship*, trans., G.Collins, New York/Lodon, 1997, p.55。

② 转引自 Jacques Derrida, *Politics of Friendship*, trans., G.Collins, New York/Lodon, 1997, p.271。

③ Jacques Derrida, *Politics of Friendship*, trans., G.Collins, New York/Lodon, 1997, p.35.

偷”①。不仅轻视自己，也要藐视朋友，嘲笑朋友，不是不尊重朋友，而是通过那个不同的朋友来超越自己，也使朋友超越他自己，在孤独中去爱、去创造。

基于这种没有临近、没有在场、没有相似甚至没有引力的友爱，尼采设想了一个由孤独的朋友构成的隐士共同体。每一个孤独的创造者都是这个单一共同体的成员。在这个隐士共同体之中，我们只能遥远地相爱，“但是他们主动地爱；他们主动地爱之所爱……他们在爱之中主动地爱，在友爱之中主动地爱。只能在断绝关系之中相爱的人们，就是孤独个体坚定的朋友。”②在这个与社会隔绝的共同体之中，孤独的朋友嫉恨孤独，召唤朋友，希望朋友到来。这个共同体就是“没有共同体的共同体”。这种表达看起来自相矛盾、荒诞不经、难以成立又不可理解。这是说，不再有那种基于某种自然血亲关系或虚构而来的紧密共同体，而是一个由孤独的朋友构成的世界，一个与世隔绝的世界。德里达指出，“没有共同体的共同体，没有孤独的朋友的共同体的友爱。没有随从者。没有类似之物也没有临近之物”③，这也许就是亲近关系的终结，我们只追求彼此之间承认，而不是结识成为亲密的朋友。

---

① Jacques Derrida, *Politics of Friendship*, trans., G.Collins, New York/Lodon, 1997, p.113.

② Jacques Derrida, *Politics of Friendship*, trans., G.Collins, New York/Lodon, 1997, p.35.

③ Jacques Derrida, *Politics of Friendship*, trans., G.Collins, New York/Lodon, 1997, p.42.

同时，尼采也批评了基督教中“爱邻人”的虚伪性。宗教所许诺给我们的信仰、爱和期望作为尘世生活的补偿。尼采指出，但丁在通往自己地狱的大门上题词“永恒的爱也创造了我”，而尼采看来，在基督教里可以说“永恒的恨也创造了我”。在尼采看来，“上帝也有他的地狱：就是对世人的爱”①，而世人的地狱就是对邻人的爱。民族、集体、家族、同胞比我更古老、更主要，更神圣不可侵犯，个人应该为它们服务。因此，我才想走到邻人那里去。在爱中忘我，将我融入他人的生命……这些感人的爱的宣言，在尼采看来不过就是骗局，不仅仅是欺骗他人，也是自欺。爱邻人的诫命，是将朋友放置在邻居之上。顾名思义，邻居是接近的和在场的，而在尼采看来，应该逃离邻居，去爱最遥远者。这种远距离对爱的召唤超越了在场，超越了基于自然血缘的兄弟之间的亲近关系，也超越了基督教的救赎经济学。对作为邻人的兄弟和对作为上帝儿子的兄弟的爱，依然是寻求可以带来报偿的德性，也就是康德所说的金币。基督教的爱邻人、爱敌人都包含着寻求报偿的计算。友爱作为礼物应该是无偿的赠与，抛开了互惠的经济策略和计算得失的爱。尼采识破了基督教的“虚伪矫饰”对他人的误导，而把友爱理解为超越互惠的对称性的无限礼物。

尽管作为礼物的最遥远的朋友属于一个有限的世界，但是

---

① ［德］尼采：《查拉图斯特拉如是说》，钱春绮译，生活·读书·新知三联书店2007年版，第96页。

他的有限性反而使礼物无限化。在计算代价的经济体系看来，他什么也没有给予，但是尼采告诉我们："他给予了一个世界，给予了一切，给予了一切礼物出现的可能处境"①。朋友预设着一个未来的世界，他把这个世界作为礼物给予我们，尽管他所给予的世界，因其存在的有限性而具有形式和限度。但是，在创造的朋友的心中，有一个完全充满爱的完美世界，并把他作为礼物赠给朋友，和朋友一起分享。朋友应该做爱的海绵、善的容器，被满溢的心所爱。由于朋友的引导，我们看到了更广大的意义世界。通过对既成价值的对抗的恶而树立新的善。偶然的无目的的这个世界也变成有目的的世界。所以，友爱既不是希腊式的也不是基督教的友爱，而是有限世界的无限礼物。

三、未来和也许：超人朋友

尼采的颠倒不是简单地把朋友变为敌人，而在于对于传统友爱观念的颠覆。传统友爱观念中，主张朋友的少数和互惠的对称性、同一性和稳靠。尼采把友爱推向未来，许诺的超人朋友的到来。他召唤敌人，敌人也许来临，而敌人来了幸福也许会降临。这种也许打破了传统友爱观念的稳靠性，朋友不一定要经历时间考验来确定其可靠。

---

① Jacques Derrida, *Politics of Friendship*, trans., G.Collins, New York/Lodon, 1997, p.287.

“我劝你们爱邻人吗？我宁愿劝你们逃避邻人，而去爱最遥远的未来的人！……我的弟兄，在你前面奔跑的幻影比你更美；为什么你不把你的肉和骨头给它呢？可是你害怕，逃到你的邻人那里。……我不教你们以邻人爱，只教你们以友情。让朋友对于你们是地上的结清，是超人的一个预期。”① 爱最遥远的未来的人比爱邻人更崇高，对超人的理想和争取当超人的努力的执着和热爱，比爱世人更崇高的。爱邻人，意欲向邻人证明自己是好人，其实也欺骗邻人，他也是好人。爱邻人，有人是想要寻找自己，也有人是想丧失自己。对自己的博爱使人把自己的孤独变成牢狱。大家都在爱邻人之中装模作样地做好人。为了对邻人的爱作出牺牲的，是不在场的远人。尼采讨厌邻人，他说：“我的朋友，你对于你的邻人是没有良心的：因为他们对你是毫无价值的。因此他们恨你，要吸你的血。你的邻人将永远是有毒的苍蝇。”② 他希望朋友成为超人，一切都从超人的理想出发。超人是人一切行动和思考的动因。“人站在从动物到超人之间的道路的中间点，把他走向黄昏的道路当作他自己最高的希望来庆祝：因为这是迈向新的黎明的道路。”③

尼采把友爱由邻人那里转向也许即将到来的超人。对超人

① ［德］尼采：《查拉图斯特拉如是说》，钱春绮译，生活·读书·新知三联书店 2007 年版，第 64—65 页。

② ［德］尼采：《查拉图斯特拉如是说》，钱春绮译，生活·读书·新知三联书店 2007 年版，第 55 页。

③ ［德］尼采：《查拉图斯特拉如是说》，钱春绮译，生活·读书·新知三联书店 2007 年版，第 69 页。

的友爱超出了自然血缘关系，超出了时间和空间上的共在，超出了现实的确定性。尽管这种友爱看起来不可能，但是查拉图斯特拉已经在伙伴关系中看到了可能性的预兆。“如果伙伴关系仅仅是休戚相关、彼此相连、患难与共，那么这伙伴关系只是友爱的前奏。对于友爱他还缺少超人的思想。尽心尽力使伙伴一切顺利，诚心诚意希望朋友最好最高，同时必须用灵巧以及策略和战略上的理解力——纯粹是能力，这个能力是一个丰富的自由的灵魂的前提——推动朋友超越自己。因此如同女人的爱情一样，在作为最高人际关系的友爱中，男人的伙伴关系得以被超越。”① 超人以一种生机勃勃的个体化世界执着于生命。

德里达肯定了超人朋友的到来。超人是被等待、被宣告、被呼唤的未来者，被许诺、被宣告和被渴望的朋友，他就是人类的本源动因。带有未来超人期望的友爱是真正的人间友爱。这个最遥远者可以体验到“仅仅在不可接近之时才是可接近的。从根本上说，我们迄今为止一直在强调一种友爱的在场和临近具有人类学、人类中心和人道主义性质，它的一切概念规定都将定位于此和限定于此。即使这种人类中心论有时还是人类—神学或者本体—神学的，这种结构深邃的概念却不会改变：它的重力中心仍然要尽可能地靠近临近性，存在于最接近的在场

① ［德］安内马丽·彼珀：《动物和超人之间的绳索》，李洁译，华夏出版社 2006 年版，第 250 页。

之中”①。

超人和未来哲学家的到来是一种也许，星际友爱的到来也许会带来幸福。德里达指出，尼采在反对“一切时代的形而上学”并宣告其终结中，提出关于也许和可能性的思想，而正因如此，尼采才能超越形而上学思想家的牢笼。德里达发现，尼采提出的也许是以往形而上学家所恐惧和不敢想象的。传统的形而上学追求一种确定性，对也许思想持有一种轻蔑态度。在他们看来，也许外在于确定性，外在于真实性，外在于真诚性。所以，也许只是日常语言中的含糊的表达，属于哲学之外的词汇。② 也许总是对应于一种可能发生的现实，也许的现实。而在尼采看来，也许是必须被思考，必须被诉诸行动，必须被体验的东西。他说：“我有一种义务（我感到有责任、有亏欠、有义务），那就是从我们所有人中间驱散一种古老而又顽固的偏见和误解。”③ 尼采通过也许来废除确定的信念进而思考意义。尼采将形而上学比喻为“井蛙之见”。在他看来，也许并不是一种不确定的态度，而是只有通过对也许的思考，才能发现形而上学陷于偏见和信仰，不能思考其颠倒和反面，不能思考它们之间非辩证的过渡和转换。在一切时代的形而上学

① Jacques Derrida, *Politics of Friendship*, trans., G.Collins, New York/ Lodon, 1997, p.287.

② 参见 Jacques Derrida, *Politics of Friendship*, trans., G.Collins, New York/ Lodon, 1997, p.45-46note5。

③ Jacques Derrida, *Politics of Friendship*, trans., G.Collins, New York/ Lodon, 1997, p.39.

家眼里，也许在本质上等同于对立面和坏事，如果要追问事物如何可能从其对立面出现，那么一定是疯了。尼采就是这个疯子。他以也许激发了对现实和传统的挑战，敞开了未来的可能性。也许所虚拟的时空，覆盖了一切确定性。

也许赐予未来以唯一可能性，未来可能性就是可能性本身，没有可能性就不可能有未来。[①]《论文字学》题记中，德里达指出："未来已经在望，但是无法预知。展望未来，危险重重。它将彻底告别正常状态并且只能以稀奇古怪的形式显示出来，展现出来"[②]。未来总是与现在相异的，总是带有无限的可能性的。因而，未来就是一个他者，而他者也就是一种危险的可能性。他者也许即将到来，而即将到来的就是也许本身。未来的最基本规定就是也许，就是一种可能性。一种可能，如果仅仅是一种可能（不是不可能），一种确定无疑地可能的可能，一种可以先行把握的可能，那么，这种可能就是一种贫乏的可能，一种没有未来的可能。……他者、革命或混乱是不稳定性的风险。无论以终极的或最低级的形式，不可靠的不稳定性之存在恰恰就在于它不存在，它躲避坚实性和恒常性，逃避在场、恒常、实在、本质或存在，以及逃避和这些概念可能相关的一切真理的概念。德里达指出，不稳定，与其对立面稳

---

① 参见 Jacques Derrida, *Politics of Friendship*, trans., G.Collins, New York/Lodon, 1997, p.50。

② ［法］雅克·德里达：《论文字学》，汪堂家译，上海译文出版社1999年版，第6页。

定、恒常和可靠一样，都是不可缺少的。以开放的心来思考友爱——即尽可能地接近它的对立面来思考友爱，我们也许必须能够思考这个也许。① 没有可能，一切都变成一种宿命。传统形而上学所追求的终极的逻各斯主义，就是一个不变的没有可能性没有也许的绝对。而也许恰恰瓦解了这种秩序的绝对必然性。德里达进一步指出，尼采比当代的哲学家更彻底地决裂于希腊和基督教友爱经典，决裂于一种肯定的政治学，一种确定类型的民主制度。德里达赞扬尼采以也许作为一种许诺，“这一‘危险的也许’将开启未来哲学家的话语”②。未来哲学家，“愿意接受互不相容、互相矛盾、对立而且共存的价值。他们不求隐藏也不想忘却这种可能性，同时还不愿意战胜这种可能性”③。德里达主张，应该以开放的态度对待也许，接受也许的任何可能性。

将到来者的可能化主宰着不可能性。尼采让德性概念在也许的恐惧中战栗，并且发生蜕变。也许，就在将要到来之物中。在德里达看来，即将到来的，就是他者、革命或混乱；是不稳定性的风险。尼采力图救赎孤独离群者的友爱，救赎一种新型哲学家的未来可能。他谴责自由思想家，并不是像他们

① 参见 Jacques Derrida, *Politics of Friendship*, trans., G.Collins, New York/Lodon, 1997, pp.29-30。

② Jacques Derrida, *Politics of Friendship*, trans., G.Collins, New York/Lodon, 1997, p.29.

③ Jacques Derrida, *Politics of Friendship*, trans., G.Collins, New York/Lodon, 1997, p.34.

所宣称的那样服务于民主，而是服务于对民主的嗜好，服务于带引号的现代观念。[①] 尼采说的那些正在来临的未来哲学家们也表征了一种自由精神，他们是最伟大的人，也是最异类的存在，即他者。不是因为他们将来到达，果真到达，而是因为这些未来哲学家已经有能力思考未来，有能力引导和支撑形而上学的未来，有能力忍受不可忍受的东西、不可决断的东西和令人恐惧的东西。这些哲学家已经存在，就像弥赛亚一样。我们先行地成为他们的朋友，并且在这个呼唤的姿态当中，我们把自己指定为传令官和先行者。尼采强调的是责任，呼唤朋友以及回应朋友呼唤的责任。尼采对敌人的呼唤，也是哀悼。在友爱的经典中，没有对自我的超越，而是以兄弟的死亡来进行哀悼。也许预示了唯一可能的思想，对即将到来的友爱和未来的友爱的思想。对友爱的爱，知道如何在哀痛中承纳他人是不够的；我们还必须热爱未来者。

查拉图斯特拉的歌也是哀悼之歌。他向他的兄弟们许诺说他们仍然要做兄弟，仍然要做朋友，但是他离开他们，却又作出回归的许诺。在分离之后，在拒绝之后，在做出许诺的延宕之后，这种友爱才能开始哀悼，另一次爱恋即友爱本身才将是可能的。查拉图斯特拉发誓、邀请、祈求、要求立下誓言："现在，我祈求你忘记我，找到你自己，只有在你全面否定了

---

① 参见 Jacques Derrida, *Politics of Friendship*, trans., G.Collins, New York/ Lodon, 1997, p.36。

我之后，我才回到你身边。真的，睁开另一双眼睛吧．我的朋友！我在寻求我失落了的眼睛；我将要以另一种爱来爱你。你会再次成为一种我的朋友和希望的骄子：我要第三次和你在一起，我可以和你共庆午夜……'诸神已死：我们的愿望是超人活着'——让这成为我们的遗嘱。"[①] 查拉图斯特拉祈祷一种未来兄弟的友爱，一种既与他者对立又和他者同行的友爱。尼采借用查拉图斯特拉的哀歌赋予友爱一种也许和未来的希望哲学的元素。德里达哀叹："我们不知道灯塔守望者会不会引领我们通往另一个目的地，甚至不也知道，这个目的地是否仍然是一个许诺或者是一种命运。"[②]

德里达指出，尼采复活了"朋友之幻影"，超人朋友不仅是过去的朋友，而且是未来的朋友。他是鬼魂的迷离侧影，不仅出现在我们面前（梦中幻影，现象，幻象，目击之物，尊重之物，死而复活、终为幽灵的敬重对象），而且是一种无形的过去。这个正在到来的超人就是幽灵，一切与友爱相关的现象，一切得到了爱的事物和存在，都属于幽灵。[③] 他必须得到真正的爱，必须得到尊重。"一种幽灵的距离给予真正记忆和真正未来的条件。……幽灵距离的错乱事实给过去和未来打

① Jacques Derrida, *Politics of Friendship*, trans., G.Collins, New York/Lodon, 1997, pp.289、381-382.

② Jacques Derrida, *Politics of Friendship*, trans., G.Collins, New York/Lodon, 1997, p.81.

③ 参见 Jacques Derrida, *Politics of Friendship*, trans., G.Collins, New York/Lodon, 1997, p.288。

上了一种不可再度占有的相异性之烙印。”[①] 尼采给友爱添加了“幽灵性”。我们必须面对敌人、尊重敌人、畏惧敌人以及赞美敌人。德里达指出，在尼采看来，不仅必须爱他的朋友，而且还必须能够恨他的敌人。查拉图斯特拉在拉开距离之时，又许诺回归：“现在，我要求你们，丢开我，寻求你们自己吧，等你们全都不认我，我才愿意再回到你们身边来。真的，我的弟兄们，到那时我要用另一种眼光寻找我所失去的人；那时我要用另一种爱来爱你们。”[②]

这样一种思想联结了友爱、未来和也许，从而向来者的到来敞开。即是说，在一种可能性的形式下，将到来者的可能性必须战胜不可能性。未来是无限可能的，而且是不可能的无限可能。那种新的友爱就发生在未来，但是它是优先于现在的未来。正是，因为有未来的存在，我们才能反身思考过去和现在的友爱。“当我们在他者引导的迷宫之中再次遭遇同一和完全他者的彼此交织，有一种发生在未来时间的自我友爱。未来领先于现在，领先于现在的自我呈现；因此它比现在更古远，比过去更古老。它本身环环相扣又同时在自我拆解；它自我分裂，以及分裂那个将在这种断裂之中自我焊接的自我。”[③] 在一

① Jacques Derrida, *Politics of Friendship*, trans., G.Collins, New York/Lodon, 1997, p.288.

② [德] 尼采：《查拉图斯特拉如是说》，钱春绮译，生活 · 读书 · 新知三联书店 2007 年版，第 85—86 页。

③ Jacques Derrida, *Politics of Friendship*, trans., G.Collins, New York/Lodon, 1997, p.37.

种也许和可能性的思维方式之下，友爱的解构不仅关涉过去和现在，更指向未来，不仅涉及自爱和爱邻人，也爱一切遥远者、陌生人、敌人以及超人。这是一种对过去、现在和未来不可推卸的责任。

总之，德里达解构友爱观念谱系的目的不是要不加选择地恢复希腊——罗马的友爱模式或犹太——基督教普遍的爱的观念，也不是对整个友爱传统全盘否定或完全颠覆，进而提出一种全新的友爱观。实际上，德里达从对柏拉图和亚里士多德的分析开始，就把友爱引向了相反的方向。在他看来，从希腊到现代，兄弟情谊的友爱典范一直延续下来，在今天仍然内蕴在人与人之间的交往模式之中，具有深层的潜在影响。但是，整个友爱谱系的发展并非由此就是一成不变地简单继承。德里达在友爱谱系发展的内部解构出不同于兄弟情谊的友爱典范的另一种友爱，一种相互平等和尊重、彼此接纳和信任的普遍的友爱，它超越了一切自然的或假象的亲缘关系的限制、超越了在场和利益计算、超越了男性中心主义逻辑。在希腊的兄弟情谊的友爱典范本身中就内在地蕴含着诸多矛盾，也蕴含着另一种友爱的独特特质。之后，在友爱观念历史谱系发展的两次断裂之处滋生出新的友爱观念。第一次断裂是希腊罗马时期的古典友爱模式的衰落，取而代之的是基督教所宣扬的以异源性、不对称性、无限性为特征的友爱模式；第二次断裂是尼采对传统友爱观念的颠覆，他提出以一种保持沉默、距离的隐匿友爱，其中包含着敌友之间转化的可能性和未来朋友到来的可能性。

第五章

即将到来的民主

解构主义向来是以尖锐的笔锋指出传统哲学中的自相矛盾，无情地拆解其结构和意义，却从未正面建构任何理论观点或体系。也正因如此，德里达长期以来一直背负着“一味解构而不建构”的谴责。20 世纪 90 年代以后，德里达却一反常态，接连提出一系列建构性的概念和价值观念，正义、他者、宽恕、款待、新国际、新友爱、未来民主等。在《友爱的政治学》中，德里达出于对政治现实的责任心和使命感，在解构以兄弟情谊为基础的传统政治理论的基础上，建构了一种超越敌友划分的新政治和超越兄弟情谊的博爱观念的未来民主。而这种未来民主，不是将来实现的一种完美的政治体制，而是一个既在场又不在场的幽灵，一种具有不可能的可能性，仅仅是一个没有弥赛亚的弥赛亚主义的承诺和期待。但是，未来民主又不仅仅是一种乌托邦的理想，它强调人与人的友爱关系不对称性，无条件地爱他人，从他者优先的伦理学和对人类共同体责任出发，对异己给予尊重、宽容、好客的接纳。

第一节　未来民主的许诺和期待

现代思想家对现代社会发展中的民主政治问题进行了深入反思，他们试图通过制度建设维护社会的公平和正义，依靠制度安排来实现分配正义，保证社会弱势的权益和社会的稳定和谐。保守主义则限制市场，依靠政府福利政策、宗教和传统伦理精神来协调社会矛盾。西方马克思主义对启蒙精神、传统思想和现代社会作了深入的反思和批判，并在此基础上提出合理的社会构想。但即使是哈贝马斯的交往行动理论及公共领域理论也都是在话语交往的基础上进行的协商民主模式，没有超出语言、民族、国家主权等障碍，这样的协商只是一种利益的均衡，无法跨越话语霸权的干预和殖民的可能性。这些现代思想家都没有对作为民主政治深层基础的友爱观念和实践进行深入反思。在现代民主政治研究中，他们大多主张民主政治建设依靠制度的设计和规范，而不是深层的人际关系构建，忽视了人与人之间深层关系对于现代民主政治建设的重要意义。面对以上种种现实的危机和理论困境，德里达开始重新反思资本主义自由民主观念，强调要继承马克思主义遗产，建构未来的民主，重构作为民主深层基础的人们之间的友爱关系。

解构主义的未来民主不是意味着一个将来的民主，一个新的政体或新的民族国家的体制，以匡正或完善岌岌可危的民主现状，而是对一种在我们称之为民主之物中从未包含的真正民主的承诺，它首先意味着我们梦想的这一民主在概念上是与承诺联系在一起的。平等、自由、言论自由、新闻自由——所有这些都作为承诺铭刻在民主之中。这种作为承诺的未来民主是一种没有弥赛亚的弥赛亚主义，它针对福山等人的终结论，纠正了传统在场的本体论以现在为核心的时间观念所导致的单线发展的历史观和盲目的乐观主义，同时，又不同于宗教（以犹太教为典型）中的末世拯救和弥赛亚主义。德里达在本雅明所谓的微弱的弥赛亚力量的基础上，提出确立未来民主的弥赛亚维度。这种具有弥赛亚性的未来民主，是一种不可能的可能性和也许。它是一个历史化的政治概念，它是一种承诺并且将一直是一种承诺，但“将要到来的”还不意味着将来，而是意味着它把将来作为承诺，作为责任，是马上“将要到来的”。

一、民主的悖论：理想与现实之间

“民主”（democracy）是当代人们使用最频繁的政治学术

语，甚至被戏称为泛滥于政治市场的"贬值的通货"①。民主作为一种政治价值在当代已经得到普遍的接受和认同。作为一种相对理想的政府形式，民主被广泛地采纳，并在世界主要地区得到巩固。用萨托利的话说，民主在今天博得了世界性的话语霸权，其至尊地位一如政治神话，除了供人赞誉和膜拜之外，似乎已找不到可以与之匹敌的对手了。② 但是，民主究其本质而言应该是普遍的，不是针对某个国家而言，但现实中往往相反。像妮科尔·洛罗指出的那样，民主的现实和民主的名称之间严重地脱节。③ 尽管现代社会公认民主政治是最有效的政治组织方式，但是在现实发展中，在民族国家体制框架内的民主政治体制与民主实践面临着困境，仍有很多问题没有真正地解决，尤其是在全球化的背景下的诸多现实问题，亟待重新反思：什么是真正的民主，民主的本质、内涵和价值是什么，以及怎样真正实现人的自由、平等和民主？

从词源上讲，民主来自古希腊语 demos（人民）和 kratia（统治），合在一起即"人民的统治"。④ 在古希腊，民主作为

① 施米特：《民主是什么，不是什么?》，载刘军宁编：《民主与民主化》，商务印书馆 1999 年版，第 20 页。

② 参见萨托利：《民主新论》，冯克利、阎克文译，上海东方出版社 1993 年版，第 4 页。

③ 参见 Jacques Derrida, *Politics of Friendship*, trans., G.Collins, New York/Lodon, 1997, p.75。

④ 参见戴维·米勒等编：《布莱克维尔政治学百科全书》，中国政法大学出版社 1992 年版，第 188 页。

一种政治组织形式，区别于君主制、贵族制，在民主制之下，政府由人民构成或由人民选举代表构成，人民实行统治。一个民主的政治共同体中，人民享有一定的政治平等。但是从希腊城邦民主政治形成伊始，关于民主的理论和实践就存在着激烈的争论。任何一种民主政治制度都不能实现人民真正的统治。

民主在现实政治中，更多的是人类在组织集体的生产和生活中的一种决策方式。在原始社会中就已经存在氏族部落成员的集体议决，被称为“大树底下的民主”。因而，摩尔根说：“一种强有力的民主精神弥漫于整个有机体中。”① 所以，民主也就意味着公共事务由集体成员直接参与决策，每个成员都平等地享有意见表达的权利，大家在协商中寻求共识，达成一致后进行决策。民主成立的条件有以下几个：

首先，辨识民主的一个重要因素是社会成员能够参与公共事务的决策。这就是所谓的参与民主。科恩就这样界定民主。在他看来，民主就是“社会成员大体上能直接或间接地参与或可以参与影响全体成员的决策”② 的社会管理体制。古希腊雅典城邦的公民大会，城邦公民亲自决断和管理城邦事务。城邦属于人民，人民当家作主，自己管理自己。排除其狭隘性和封

① 摩尔根：《古代社会》，杨东莼等译，商务印书馆 1981 年版，第 139 页。

② 科恩：《论民主》，聂崇信、朱秀贤译，商务印书馆 1988 年版，第 10 页。

闭性的奴隶主阶级政治统治性质，它就类似于马克思所设想的实现管理的主体与客体统一的自治。民主的理想类型，或者说纯粹的民主，都是直接民主，自治的民主。卢梭就直接说，纯正的民主是不需要代表的。这种直接民主观念在今天的民主理论和实践探索中都有重要的影响。萨托利则把这种诉求公民直接参与的民主称为“民主原教旨主义”。① 众所周知，这种直接民主只能在小国寡民的政治共同体中才能实现。

其次，民主过程的要义是通过争论、协商达成共识。所以，在民主选举和决策中，遵循的一个重要原则就是多数原则。这一原则是民主精神公认的最佳体现，是平等原则在政治生活中的正当运用，甚至有些学者因而把民主理解为一种确立多数的程序民主。托克维尔说：“在民主制度下，谁也对抗不了多数。”② 但是，如何来确定多数的意见和偏好，能够代表所有社会成员的利益，就成为问题。而且，多数一经确立，少数人权利的保护就成为必要。多数人的意志表达也会受到非理性因素的影响，最终达成的一致认同也不一定是正当，苏格拉底的死是最好的证明。多数人代表的“民意”“公意”，很容易形成淹没少数人权利的暴力。

最后，如达尔所说，民主需要公民群体的匀质性和政治共

---

① 萨托利：《民主新论》，冯克利、阎克文译，上海东方出版社 1993 年版，第 249 页。

② ［美］托克维尔：《论美国的民主》，上卷，董国良译，商务印书馆 1991 年版，第 282 页。

同体的内聚性。麦金泰尔就指出，古希腊的政治机器之所以能够良性运作，根本原因在于：城邦不是孤立个人的原子式集合，而是一个群体本位的生命归属系统。① 但是，民主总是涉及公共利益和私人利益之间的冲突，尤其是现代民族国家之下，个人和群体利益高度分化的格局下，更为严重。协商公共事务的政治活动的场所不再是团结友爱的公民聚集在一起寻求公共利益的聚集地，往往变成争夺私人利益、集团利益的角斗场。一旦公民在政治参与过程中出现利益冲突不能得以协调，激化后产生的纷争甚至会摧毁整个政治体系。

构成民主的条件本身都存在难以解决的问题，不能真正得以实现。所以，即使是今天，我们距离那种理想的或纯粹的民主仍然还有很远。卢梭就曾指出，严格的意义上来说："真正的民主制从来就不曾有过，而且永远也不会有"②。但是，是不是民主就只能是一种奢望，我们永远不要对其抱有希望呢？德里达对民主寄予了热诚的期待。

二、民主的未来：友爱和平等

《友爱的政治学》是对政治的系谱解构，也是对民主谱系的解构。德里达摒弃原有的政治观念，力图思考和建构新的

① 参见麦金泰尔：《德性之后》，龚群等译，中国社会科学出版社1995年版，第196页。

② 卢梭：《社会契约论》，何兆武译，商务印书馆1982年版，第88页。

政治概念和另一种民主，即“即将到来的民主”(coming-to-democracy)。德里达通过这种解构，纠正希腊友爱观念之中的互惠的对称性、同一性和亲缘性，改变我与他的对立、自律和他律的对立，“将这些不被容忍又难以抗拒的非对称性、分裂性以及无限的间距引入古希腊的友爱之中，因此‘政治’的转换现在就无非是说：到来的民主”①。

德里达认为，未来民主理想建立在对当代资本主义民主政治制度普遍不平等现象批判的基础上，因而也建立在对资本主义自由民主制度背后深层的友爱观念的批判的基础之上。德里达反对把民主理解为一种政治体制。在他看来，民主的核心内涵是人与他者之间的关系。他者不仅代表作为单个存在的其他个体，也代表作为整体存在的单元组织，其实质是意指一切异己的存在和力量。我与他者之间的民主的关系意味着最起码的平等，所以友爱是重要的一环，也可以说，民主意味着一种友爱的关系。因而，德里达指出，在友爱和民主之间有着密切的关系，尤其是对今天的民主政治体制来说，友爱更是至关重要。因为在友爱中，甚至在传统的友爱中，涉及的是相互关系、平等、均衡等。在人人平等之外没有民主可言。民主既是经济和政治权利的民主，机会和结果的平等，也是人和人之间友爱关系的建立。

---

① Jacques Derrida, *Politics of Friendship*, trans., G.Collins, New York/Lodon, 1997, p.232.

德里达的主题是重构作为民主深层基础的人与人之间的友爱关系。因而，“即将到来的民主”不可避免地论说了民主和友爱、平等和正义之间的关系。友爱必须以民主为它的命运。“在公民平等的地方有更多共同占有的东西，共同占有意味着更多的法律，更多的契约，更多的规范，所以，民主更偏向友爱而非暴政。”① 德里达以即将到来的民主的名义解构占统治地位的民主概念，指出其中蕴含的关于出生法、自然法、民族法、同胞之爱和地域之爱的法律、作为统计认可之条件以及基于出生平等的法律平等、贤人制度的德性与智慧。② 解构突破传统政治概念划定的界限，把民主置于地域之根和同胞关系之根以外，赋予民主以异质性、非计算性和无条件性。

但是，正如前面德里达的解构之途所展示的，如果按照从希腊友爱模式衍生而来的兄弟情谊的友爱典范来看的话，平等就是一种兄弟之间的平等。因而，传统民主就是一种趋同排异、以男性中心、充满计算和互惠的关系。也就是说，民主总是基于某种自然的或假想的亲缘关系组成的共同体，对内实行民主，对外则实行专制。在这个共同体内部，共同体成员彼此称兄道弟，以忠诚互惠的纽带来维系共同体的团结一致。在现代民族国家框架下，自由民主体制也依然是一种在兄弟基础之

① Jacques Derrida, *Politics of Friendship*, trans., G.Collins, New York/Lodon, 1997, p.197.

② 参见 Jacques Derrida, *Politics of Friendship*, trans., G.Collins, New York/Lodon, 1997, p.104。

上的博爱关系的建立。传统的民主的根源在于一种可靠的地域基础之中，在于血缘关系和种族关系之中。“兄弟形象并非自然、实在、本质和本源的礼物。这同样的活动在改变民主的博爱之时也侵犯了民主的博爱，侵犯了民主制度之中仍然作为自然兄弟关系之前提的一切。但是，这就是冒着全部风险，并且撞上了它所强行规划的界限。”①而未来的民主与一切同质性、稳靠性、必然性的传统决裂。

民主意味着最大多数。没有绝大多数的决定和公开的赞同，就没有民主。因而民主涉及数目和计算的问题。计算公民、统计选票、计算多数还有计算敌人等。传统民主制度与计算、数联系在一起，与体制、制度联系在一起的，但实质民主和这些无关，或者单纯这样理解还非常不够。民主建设不是单纯的制度设计和程序完善，也要考虑民主背后深层的友爱基础的建构，以友爱关系来协调人们的平等要求与独立要求的矛盾，以及实现人的平等、正义和公平，维持和尊重每一个人的差异的独立性。

而这种计算本身带有某种自然基础：出生，基于生而平等，以及基于出生平等的法律平等。这是一种同源共宗的希腊话语或者自我同一的民族话语。但是，对于一个共和国来说，公民主体要达到多大数目才可以称为民主制度？普遍的民主模

① Jacques Derrida, *Politics of Friendship*, trans., G.Collins, New York/Lodon, 1997, p.159.

式是否存在？民主的空间被数字加以限制，由此产生排外，并伴随着寡头政治的危险。民主的可枚举性和可计算性阻碍和挫败了民主的诉求。成为和其他政治伙伴平等的政治公民或政治主体，已经将暴力的可能性置入民主的中心。友爱的暴力不是开始于计算错误，而是计算的必要性和计算原则。民主本身就不仅与贤人制度相联系，同时又与之竞争。一方面，民主制度涉及大多数人的习惯认可。而大多数人认同的本身就是德性的。不可避免地与高贵的出生（土地与血缘）、和德性贤人制度相关联。因而，改变兄弟之间的平等是建立真正民主的重要环节。而平等的差异和断裂，在希腊罗马式的有限友爱向基督教的无限友爱过渡中就已经孕育滋生了。我与他者的真实关系或者说真正的民主，应该超越兄弟情谊的友爱框架，确立“一种超越博爱的博爱、一种没有博爱的博爱的关系”①。在无限他异性的非对称性和无界限性中，建构一种新的友爱的民主关系。“这么一种非对称性和无限的他异性同亚里士多德说的不平等或优越没有任何关系。而且它们和一切真正的社会等级关系完全不相容。重要的是，在民主之根源上想象一种没有等级差异的他异性。我们稍后就可以看到，不属于一般的法律和正义，超越法律和计算的某种规定之外，这种民主使平等远离博爱的菲勒斯——逻各斯中心论体系，从而解放一种平等的解

---

① Jacques Derrida, *Politics of Friendship*, trans., G.Collins, New York/Lodon, 1997, p.237.

释。”[1]在互相友爱的民主之中，平等就不再是问题。不是实证的或理论的问题使作为民主基础的平等遭遇问题，而是平等本身的结构和可能性存在问题。民主的限制不是在平等问题之后出现，也不是与平等问题相分离，二者是相伴而生的。

三、民主的即将到来：许诺和期待

“哦，朋友们，没有朋友”，这句呼语既转向过去又指向未来。德里达在对自由民主政治进行反思过程中，强调一种终极的价值关怀和民主的理想维度，提出未来民主的构想。在他看来，反对资本主义的全球化必须跨越民族国家和传统共同体的障碍，建立一种真正的民主。而真正的民主既不能简单地还原为公民权，也不能简单地还原为一种作为民族国家的给定的社会政治体制，其最重要的维度是许诺和期待。

德里达期盼的民主是即将到来的民主。民主意味着一种广博的平等和友爱。但是，它的实现却不在当下或不远的将来。在德里达看来，民主政治的建设既需要继承人类文化中的民主传统，又要重新理解民主的普遍的理想维度。德里达追问，如果继承“民主这一古老名称，同时又把将博爱规定为家庭和男性中心的种族团体的全部友爱特征（哲学特征或宗教特征）从

① Jacques Derrida, *Politics of Friendship*, trans., G.Collins, New York/Lodon, 1997, p.232.

中连根拔起，那么，还有可能思考和实施民主吗？假定有某种对民主理性和全面理性的忠实回忆——我应该说对一种照亮的启蒙的回忆，是否可以不创设某种民主的未来，而是敞开它的未来或者到来？"[①] 所以，在德里达看来，真正的民主不是未来的某一种民主，而是不断绵延、永恒不绝的未来民主。它不是一种既定在场的任何一种类型的民主制度，也不是在未来某一天即可实现的完美的民主体制，而是一种许诺和期待。

所以，德里达称之为"即将到来的民主"。将要到来的民主不意味着一个将来的民主，一个新的政体，一个新的民族国家的体制，以匡正或提高所谓的民主的实际状况，而是对一种在我们称之为民主之物内部从未包含的真正民主的承诺。民主是一种承诺。它是一个历史化的政治概念，它是一种承诺并且将一直是一种承诺，但"将要到来的"还不意味着将来，而是意味着它把将来作为承诺，作为责任，是马上"将要到来的"。

在《友爱的政治学》最后一章中，德里达写下了这样的结论："因为民主仍然在未来；就它仍然维持来说，未来是它的本质：它不仅无限地维持着，可望得到完善，因而永远不充分，永远在未来；而且，它属于许诺的时代，所以就是在真正存在一种民主的时候，在它的每一个未来的时间，它都永远维持着到来"，这种民主不是在场的民主，"甚至当民主存在时，它都

---

① Jacques Derrida, *Politics of Friendship*, trans., G.Collins, New York/Lodon, 1997, p.306.

决不存在，绝不在场，它依然是一个不可呈现的概念主题”①。我们不必等待民主在将来的发生、出现，我们必须在此时此刻为民主的到来做必要的准备。这是一种责戒，一种直接的责戒，无法推延。

四、民主的弥赛亚性②：不可能的可能性

美国学者理查德·沃林在《文化批判的观念》中所说的“哲学是栖居在世界中的渴望。”③这种渴望是指向未来的，而不是回首过去或停滞于已有与可能，而是对一种不可能的可能保有探索和好奇。而这种可能性不是那种终有一日会变成必然性的可能性，而是不可能的可能性，永远可能的可能性。“不可能的可能化必须既是不可决断的，又是决定性的，作为未来本身而存在。”④德里达的逻辑是，以即将到来之物所赋予的新的思想和不可能的情境，来分析当下在场之物的核心和本质，解除那些被遮蔽的、被压抑的和被排除的东西。

---

① Jacques Derrida, *Politics of Friendship*, trans., G.Collins, New York/Lodon, 1997, p.306.

② messiah 弥赛亚，messianicity 弥赛亚性，messianism 弥赛亚主义。德里达对这三个词进行了区分。

③ [美] 理查德·沃林:《文化批判的观念》，张国清译，商务印书馆2001年版，第10页。

④ Jacques Derrida, *Politics of Friendship*, trans., G.Collins, New York/Lodon, 1997, p.29.

"哦，朋友们，没有朋友"这句经典本身就具有弥赛亚的结构，包含一种弥赛亚式的远距离呼唤结构和时间性。无论是朋友还是敌人，我呼唤他们到来，又宣告他们的缺席。这个被许诺、被宣告和被渴望的朋友之在场和不在场瞬间转换。仿佛是信徒正在呼唤弥赛亚"你什么时候到来?"而弥赛亚却一直隐姓埋名，衣衫褴褛，生活在都市边沿的一个角落，流连忘返；信徒的呼唤却把他确信、呼唤、恭迎、也许还恐惧的正在到来的东西推向遥远，推延到未来。① 远距朋友、非对称性的无限友爱、未来哲学家、未来民主，都蕴含一种弥赛亚的结构。

这种延异敞开了一个也许的时间，一个不可能的可能性的空间，这个时空之中充满了未知的危险和创造的希望。即将到来的民主，与之而来的新思想、新思想家、新的正义，都依靠着革命和弥赛亚的突然闯入获得生命力。面对这些即将到来之物，我们总是战战兢兢，却又总是充满好奇和希望。我们召唤他们的到来，"但是他的到来却同时被延宕了：一种可能性被留给了他者降临所需要的未来，即一般事件所需要的未来"②。

作为一种许诺和期待，即将到来的未来民主正是因为这种不可能的可能性，而在现实性和可能性之间、在未来和当下之

---

① 参见 Jacques Derrida, *Politics of Friendship*, trans., G.Collins, New York/Lodon, 1997, p.173。

② Jacques Derrida, *Politics of Friendship*, trans., G.Collins, New York/Lodon, 1997, p.173.

中穿行，像幽灵一样弥漫于一切之中。为了澄清未来民主的这种幽灵性，德里达借用犹太教的弥赛亚救世主义、本雅明的弥赛亚概念和布朗肖的语言风格，阐明了未来民主中蕴含着一种深切的弥赛亚情结。但是，德里达没有把这种推向未来的弥赛亚等同于犹太教中救世主的弥赛亚主义，而是称之为“没有弥赛亚主义的弥赛亚”即弥赛亚性。未来民主的即将到来，不是犹太教弥赛亚终有一天会降临人间，完成救赎拯救世人，也不是基督教的千年王国终有一天会实现。一切宗教的弥赛亚主义都是一种终末论，敌人消失世界和平，各种类型的理想国度得以建立，一切友爱、正义、平等都成为可能。一切终结之后，这些是否还有意义？尼采通过世界历史终结的永恒轮回，探讨人和世界的关系、人的纽带。正是在这种轮回中，不断地终结又不断地重新开始，不断地实现又不断地突破，人类的各种关系才得以平衡，发展才成为可能。像《灾异书写》中布朗肖指出的，犹太弥赛亚主义暗示了事件及其非发生性的关系。他说：“与在这里的弥赛亚一起，呼唤经久不息，永远回荡：‘来，来。’他的在场却不是担保。未来与过去，他的到来与在场根本就不一致……虽然等待是一种义务，但没有等待。什么时候是现在？不仅不属于日常时间……不维持日常时间而是动摇日常时间的现在，它是什么时候呢？”① 不管是什么

① Maurice Blanchot, *The Writing of Disaster*, trans., Ann Smock, Bison Book Edition, University of Nebraska Press 1995, pp.141-142.

时候，未来民主永远不会在场，因为它永远不能实现，但它却总是在场，总是我们心中的期待和我们不断创造更新的动力和方向。

所以，尽管德里达也赞同弥赛亚性和上帝降临性，但这并以意味着德里达为解构主义自身或者是为哲学、友爱、民主以及其他一切被德里达注入弥赛亚性的事物设定了边界。在德里达看来，弥赛亚的到来和上帝的降临是宗教的概念，是人们等待一个具体的形象来拯救自己，与之相反，弥赛亚性和降临性是一种积极的等待，是对未来的敞开。前者是可以解构的，而后者就是解构主义本身的资源。

第二节 没有共同体的共同体

德里达所构想的未来民主框架下，不再是现代民族国家的体制，而是一个孤独朋友的共同体，其实质是一个“没有共同体的共同体”。这个概念德里达引自布朗肖，它本身带有一种非常规的逻辑和悖论的力量，因为它是矛盾的、不稳定的，但却在悖论中敞开了意义。从巴塔耶开始，布朗肖和南希都开始以一种不明确且带有警告含义的模糊语言来论述共同体的问题，“非功效的共同体”，“不言明的共同体”，“没有共同体的共同体”。“没有 X 的 X”，这种模糊的誓言般的句式，在原则上是无限的，不胜枚举。[1]“没有共同体的共同体”，和“哦，朋友们，没有朋友”一样，这种看起来自相矛盾、荒诞不经的表达包含内在冲突，包含模糊性，有许多脱节和断裂。德里达说，这是用狂人的语言去表达不可能、不确定的事情。如果以形而上学传统的哲学思维来思考的话，它们都是不可理解的，甚至疯疯癫癫的。

德里达指出，尼采、巴塔耶等思想家以承担风险和责任的探险态度，以一种沉默的警告的方式，像没有海岸线的航行，灯塔有规则的更换，间或地闪耀和熄灭，照耀着那些未知的黑暗。这些作家并不许诺引领我们通往另一个目的地，而是以特殊的阐述问题的方式，谈论着现在的共同体认同丧失的现象，表达了时代没有归属感的困惑，家园的失落和被认可的价值体系的缺失。但他们没有明确地许诺什么，也没提供目的地。像灯塔守望一样，目的地遥不可知，只是一个许诺或者是一个命运。从一个时刻到另一个时刻、从一束探照灯光到另一束探照灯光、从一座灯塔到另一座灯塔，探寻着家园和追求。

尼采、巴塔耶等人探讨的问题是政治的，实际上是讨论了关于政治哲学在现实中的作用以及社会关系约束的问题。政治哲学在现实性和真实性上最终还能不能有所作为？那些矛盾的话能起到什么作用？根据这些警告话语，我们应该怎么样做

---

① 参见 Jacques Derrida, *Politics of Friendship*, trans., G.Collins, New York/Lodon, 1997, p.81。

呢？最终能实现什么？巴塔耶等人没有给出答案。这些自相矛盾的句式不执着于确定的内容和意义，用呼唤的格言诗句招致了即将来临的东西。巴塔耶、布朗肖、南希等人的话语，宣告了或者说呼唤了尼采文本的来临。这种矛盾表达的政治含义在于，这些问题和共同体的崩溃、解体是有关的，涉及他者的关系的问题。所以依然是政治问题，是没有政治的政治，没有共同体的共同体，是共同体崩溃之后的共同体。“没有共同体的共同体”，看起来自相矛盾的警句却引向未来，我们也必须以这种方式来讨论友爱和敌对，以悖论、绝境和不可能的方式来讨论共同体、法律、平等、共和、民主、博爱。

一、共同体的失落和希望

共同体，自古以来一直被设想为成员之间亲密沟通，依固有本质而自然形成的有机融合体，其中蕴含着独特的认同。腾尼斯就把共同体（Community）定义为“一切亲密的、私人的和排他性的共同生活”[①]。共同体是以血缘、感情和共识为纽带，在共同生活的基础之上形成的。最典型的就是家庭共同体、宗教共同体和政治共同体，它们在人类共同生活中起到重要的意义和价值。齐格蒙特·鲍曼指出，共同体总是好的东

① ［德］斐迪南·腾尼斯：《共同体与社会》，林荣远译，商务印书馆1999年版，第53页。

西。一方面表现为共同体是一个温馨的地方，一个温暖而又舒适的场所。另一方面，在共同体中，人民总是互相依靠。[①]共同体总是基于某些共同的因素或者具有某种共同特征，血缘、种族、观念、地位、遭遇、身份、民族等，其中最主要的是共同理解和共识。共同的种族血统、宗教信仰、阶级成分、公民资格或者文化认同，是维护和巩固共同体的凝结剂。

一般以为，现代社会的出现导致了共同体的崩解。其实，自然家族、雅典城邦、罗马共和、早期基督教团体、自治城市、公社、兄弟会党等早期的共同体，都随着城邦民主共和体制的解体和统治多种民族的帝国的建立等政治变迁而瓦解。共同体瓦解的同时，就出现了追求失落共同体的乡愁意识，它几乎伴随着西方整个历史。每个时期，人们都怀旧地追寻那些充满亲密、友爱与欢乐却已经消逝的古老共同体。这种情怀在希腊史诗中就已经开始，它像尤里西斯的妻子手中永不可完成的编织，想念着漂泊的丈夫，每夜拆解每日重织。而真正渴望失落共同体的是基督教意识。在那与人性亲密共同的基督神的父亲般的关爱之下，所有信徒们犹如兄弟手足，组成信徒团契共同体。新教改革的信仰内在化和启蒙的理性弘扬，打碎了宗教共同体，也重新燃起追寻失落共同体的渴望。自由、平等、博爱的口号，最终就可以归结为一种兄弟情谊的以家庭与亲爱作

① 参见［英］齐格蒙特·鲍曼：《共同体》，欧阳景根译，江苏人民出版社 2003 年版，第 2—3 页。

为模板的共同体，不过它没有局限于狭小的家庭，而是一种假想的共同性，如民族、国家。在分化的现代社会，共同体的神圣本质难以捕捉并且不断遁迹。现代资本主义瓦解了一切传统的紧密关系的共同体。使个体从共同体的禁锢中脱离出来，成为独立的主体、自由的工人、现代的公民。个体的解放促进了主体性的膨胀，主体变成权利承担者，但是现代原子化的个人除了充分的自由带来的不安和焦虑，别无其他。在冷冰冰的工厂中，在封闭的高楼大厦中，在人头攒动、琳琅满目的街道上，人愈发孤独，没有依托。而正如鲍曼指出的，全球精英正越发地向世界主义进军，这些成功者脱离了或者是逃离了共同体。跨国公司的国际精英们迅速在全球范围流动，永远没有固定的地址，脱离于任何共同体之外。不确定性萦绕在这个流动变化的现代社会的每一个角落，任何人都无法摆脱它所带来的恐惧和不安。

共同体理想的基本特征就是其成员之间能够兄弟般地团结友爱，共同承担责任。对共同体的寻求变成了回归精神家园的梦想。不再对紧密结合的共同体的体验发生，因而说共同体衰落了，死亡了。斯坦恩早在1960年就看到了这一点：“共同体的纽带日益变得可有可无了……随着民族联系、地区联系、共同体联系、邻里联系、家庭联系以及最后与某人自我前后一致的理念的联系的持续弱化，个人忠诚的范围也缩小了。”[①] 卢

① 转引自［英］齐格蒙特·鲍曼：《共同体》，欧阳景根译，江苏人民出版社2003年版，第57页。

梭、施莱格尔、黑格尔、巴枯宁、华格纳、玛拉美等，都展开了对共同体的缅怀和渴望，也都力图去捍卫或建构某种共同体。马克思也在这一行列之中，尽管马克思最初也是从个人的基本活动进行解析的，但是马克思注重作为类、作为集体的重要作用。马克思始终强调个人和集体与类之间的平衡关系。他所构想的共产主义（communism）也捍卫着“共同体”的理想，认为只有通过彻头彻尾的社会革命去改造世界才能建立起全新的共同体，即共产主义。

对于共同体的维护在当代表现最为突出的，就是和自由主义进行了激烈争辩的社群主义（communitarianism），也可以称为共同体主义。与自由主义以自我和个人为出发点不同，社群主义的出发点是社群（Community）。社群主义者心目中的社群，即是亚里士多德所说的，为了达到最大和最高的善而组成的人类团体或人类关系，即政治社群。个人和共同体的对抗是整个政治哲学中一个贯穿始终的主题，长期以来一直是个人胜利的。而社群主义相信是社群而不是自我构成了当代政治的基本变量，他们接纳了亚里士多德的理念，认为正义根植于某一共同体之中，维系该共同体的是一种对人之善和共同体善的共享理解。在此基础上，社群主义以黑格尔哲学为背景主张和重新论证共同体（社群）相对于原子主义式的个人的重要意义。到当代，社群主义面临的是自由主义极端高扬的个人，因此，最好的办法是树立一个对立面，即社群。在他们看来，共同体从未真正消失，它一直存在于共同的社会习俗、文化传统以及社会共识中，因此我们不必重新建构共同体，而只需尊重和保护旧有的共同体，让人们安心接纳旧有的已知世界。

社群主义从根本上说是集体主义，它把社会历史事件和政治经济制度的原始动因最终归结为诸如家庭、社区、阶级、国家、民族、团体等社群。社群主义强调社群对于自我与个人的优先性和决定性，因此，当我们分析社会和政治时，不是从抽象的、自由的、理性的绝对的个人出发，而是一定要把个人放到其社会的、文化的和历史的背景中去考察，就是放在他所生活的社群之中。而社群所蕴含的能促进政治引导人类走向福祉的基本的东西就是社群中所蕴含的善。社群的作用，就表现为它蕴含着善的东西，并使之传承下去。社群主义主张善优先于权利，倡导从“权利政治 ”转向“公益政治”。社群主义强调普遍的善和公共的利益，认为个人的自由选择能力以及建立此基础上的各种个人权利都离不开个人所在的社群。个人权利既不能离开群体自发地实现，也不会自动导致公共利益的实现。但是，社群主义一味强调公益政治，过分强化国家的政治职能，也包括着极大的危险。国家等政治社群为了普遍的善可以牺牲个人利益。这里的危险性就在于，强调普遍的善对个人权利的绝对优先性，始终存在着极权主义的危险。因为，对善的理解是因人而异的，当大权在握的政治领袖所理解的善与绝大多数公民所理解的善不一致时，这种善就是一种伪善。在这种情况下奉行“强迫从善优先于强迫从恶”的原则，必然导致极权政治和专制独裁，这样的教训在人类历史上不胜枚举。

总之，共同体成为失去的天堂，我们热切希望重归其中。现代社会的身份认同取代了共同体的确定性寻求。鲍曼认为，身份认同是在共同体的坟墓上生根发芽的，可以从身份认同中看到共同体复活的希望。也有人指出，共同体只是内在性的幻念不曾出现或发生。若共同体不曾发生，也就没有失落，而是我们迷失在自己的虚构之中。想象力构造一个与残酷无情的现实世界不同的充满温情和关爱的自由领地。也有人认为，共同体总是过去的事情，或者说总是将来的事情，反正不在当下。鲍曼说："令人遗憾的是，'共同体'意味着的并不是一种我们可以获得和享受的世界，而是一种我们将热切希望栖息、希望重新拥有的世界。"① 现代社会，并非先是瓦解了共同体，然后建立在其废墟之上，反倒是被设想为失落的共同体乃是现代社会唤起的渴望、期待以及命令般的任务。失落的共同体所谓的失落，正是共同体的内在性构成。腾尼斯认为，一个真正的共同体中，没有任何反思、批判的动力。它完全是由同质性、共同性构成的。共同体要求成员无条件地忠诚，并把非共同体成员视为异己存在。只有在共同体内部，才能获得确定性，拥有安全感，得到信任和理解，感到亲密和谐。失去共同体，也就意味着失去安全感和确定性。同样，得到共同体也就意味着失去自由。因而，

---

① ［英］齐格蒙特·鲍曼：《共同体》，欧阳景根译，江苏人民出版社2003年版，第4页。

存在着共同体和个体之间的矛盾，确定性和自由之间的分歧，永远也不可能解决。

尽管我们不能构造共同体，但是我们同样不能失去共同体。我们依然要怀揣着乡愁寻求那遗失的美好，要向着精神家园的方向跋涉。鲍曼对此抱有信心："没有找到正确的解决办法，以及因这一已经尝试的解决办法所带来的挫折，并不会促使我们放弃探索——只会促使我们继续努力。作为人，我们既不能实现希望，也不能不再希望。"① 德里达也没有放弃对共同体的希望，而是在对传统的共同体批评反思的基础上，探寻一种"没有共同体的共同体"，与以往一切亲密关系共同体决裂的共同体。

二、友爱和共同体

"没有共同体的共同体"是一个没有共同体的人组成的共同体。共同体的问题涉及共同体成员和他者之间的关系，朋友计算以及公民作为可计算的个体的计算问题，同一性和差异性，平等、友爱、正义以及民主等问题。德里达要建构一个没有共同体的共同体，超出共同体原则和基础的共同体。在这样一个孤独的共同体中，"共同就是稀少，共同尺度就是稀少之

---

① ［英］齐格蒙特·鲍曼：《共同体》，欧阳景根译，江苏人民出版社2003年版，第7页。

稀少”[①]，这就不同于传统的共同体中的共同。尤其是不同于共同体中的主体的计算和主体间的平等。德里达说：“没有共同体的共同体，没有孤独之友共同体的友爱。没有随从者。没有类似之物也没有临近之物。这是亲近关系的终结吗？也许吧！”[②]

德里达的这种共同体观念很大程度上受到巴塔耶、布朗肖和南希的影响。其实，也很难说是几位思想家之间到底是谁影响谁，他们作为朋友，在相互交流中激发出无数智慧的火花，各自的思想都在火花的碰撞下变得更深邃、美丽。巴塔耶、布朗肖和南希是以解构理论为依据对爱、友爱和共同体问题进行了深入的探讨。在他们看来，共同体在古代社会中起到至关重要的作用，而在现代社会中，只余下失落的共同体。他们从不同的角度切入爱或友爱的问题，分析了基督教、民族和国家等传统共同体的同质性局限，同时努力建构一种以爱或友爱为纽带联结而成的新型的共同体：不能认同的共同体、不能明言的共同体以及非功效的共同体。尽管共同体的名称不尽相同，但其实质都是要超越一种同质性、一体化的共同体。在共同体内部，解构了同质性、互惠性、亲密关系的基础，保留差异、距离和他异性的因素。因而，从这种意义上来讲，三位提出的共

---

① Jacques Derrida, *Politics of Friendship*, trans., G.Collins, New York/Lodon, 1997, p.43.

② Jacques Derrida, *Politics of Friendship*, trans., G.Collins, New York/Lodon, 1997, p.42.

同体可以统称为“没有共同体的共同体”。没有的是那种传统意义上的以亲缘关系为基础的、追求同质化和一体化的共同体，但是仍然称之为共同体，因为它仍是自我与他者以一种广义的爱、破碎的爱为纽带联结起来的，能够达到融和共通的共同体。

（一）巴塔耶：广义的爱和“阿塞法尔”共同体[①]

巴塔耶从对一种广义的爱的思考入手，在对通常认同的共同体观念质疑的同时，思索新的共同性——阿塞法尔共同体。巴塔耶认为，爱是一种与他者的关系，而他者总是独特的。在巴塔耶看来，爱是向着我之外被打开的经验，而不是基于知性思考的共同性。[②] 爱是企图他者的欲望，在爱中消尽自己，不求得到对方承认，也不把他者作为我的对象来划界分类。在他者中潜藏着超越我的因素，使他者从我的主体能力中逃逸出去。对于我来说，他是一个隐秘的、尚未与我相遇的逃逸的存在。他者与我不是一种对称关系，在我们之间“偶对”的共同性中某种不可能性的层面，这种爱是不可能完成的经验。巴塔

① 巴塔耶赋予阿塞法尔共同体多重含义。主要有两个方面，一是“没有头部”，即一个绝不把至高的王、君主、首长等自上贯下的共同体，也就是没有等级差异的平等的一体化的共同体。二是“缺少头脑”，即不依赖于知性的共同体。参见［日］汤浅博维：《巴塔耶——消尽》，赵汉英译，河北教育出版社 2001 年版，第 18 页。

② 参见［日］汤浅博维：《巴塔耶——消尽》，赵汉英译，河北教育出版社 2001 年版，第 287 页。

耶宣告，你和他绝不可能一致，彼此之间的共同趋向不可能具有共同性。在他者中，隐藏着与我不能通约的绝对属他的因素。正因为不同、他性的存在，我与他才会建立关系。

巴塔耶认为爱的关系和国家共同体是相对立的。巴塔耶发现了基督教的信徒共同体和民族国家共同体之中基于同质性的局限性。在“偶对”的共同性中，我和他者紧密地联结在一起，不断地交流，但并不会达成一致或同质。他者，始终保持绝对他性的维度和不能通约的维度。相反，宗教和国家共同体是以对神的爱或对君主的爱作为前提，这种爱作为在所有人身上先验地共通而存在。神和君主构成了“看似至高的审级”，被视为所有人都必须服从的绝对真理，和先验地共通而存在的尺度。基督教爱主的诫命在信徒们心中唤醒了连续性的爱，使信徒们超越个人的私利、超越财富和权力欲望而体验一种自我牺牲式的爱，进而结成一个稳固的信徒团体。只有共同信仰神、爱慕神的信徒中才有真正的共同性，才能构成真正爱的共同体。在这种共同信仰中，信徒们被一体化的感情结合起来。爱神不仅成为作为信徒共同体一员的标志，也成为个体的个人统一性的保证。对神的共同信仰，成为形成大家共同认同的共通尺度的维度，也就是保证大家的通约可能性的维度。有了这样的共通维度，我和他者就能进入共同的关系之中，能够相互友爱。即便是不熟识的邻人、陌生人，在共同的祈念和信仰之下，我们先验地共享共通的理想，可以进入共同性之中，能够共同存在。民族、国家之中的共同性也是如此，子民对于君主的爱依然构成具备通约可能性维度的共同性，成为民族国家共同体的基础。总之，对神的爱和对君主的爱，实现了共同体中的一致和通约可能性。因为在传统的共同体中，这种爱先验地存在于我和他者之间，像一个中介或桥梁联结着我们，使我和他者们拥有通约可能性、同质性，可以进入共同的关系之中。宗教及国家以及与之相似的共同体，是以通约可能性为前提、以达成通约可能性为目标的共同体。维持共同体的共同就是一致的通约可能性。在这种一致的共同体中，他者不能维持他异性，而是作为同质性的他者，只是另一个自我。

在爱的独特体验中，巴塔耶质疑我和他者的那种对称性关系，试图打破主体——客体的秩序和框架。他也反对等价交换的理论，思考纯粹赠与的可能性。一个人对另一个人的爱，是在寻求另一种存在的运动。在爱的行动之前，我和他者就已经被联结在一起。爱是一种对未知领域的探求。他者的神秘之处在爱的情感深化中非显现地显现出来，也就是说并不是真正的显现，公开显露出来的东西仍然不失神秘性和他异性。即便是看起来爱的关系深入到主客体之间合一，仿佛朋友之间的共同性使二者形成一致或一体化，但那也只是表面上的。尽管在实际生活中朋友的确能够相互理解并且心灵相通，但是正如德里达追问的，谁能说真正地了解他的朋友呢？爱总是与他者相向的。朋友不是在爱的同一关系中实现一体化，也不是通过主体的能力与他者缔结关系并完全消融他者。他者之所以是他者就在于他“是”我，同时又“不是”我。“对双方来说，爱的对象分明是如此近在眼前的邻人，然而却又是无论如何不能作为邻人完全加以捕捉的他者，经常是‘逃逸而去的存在’。”①因而，在爱中永远包含着意欲接近他者、使他者显现的期待和渴望，也包含着对他者的不在场或异质的神秘性的焦虑和不安。这些情感体验统合在一起，友爱关系才能得以持续。在巴塔耶看来，如果主体的能力到达他者，驯服并获得对方的爱，那么，对爱之爱就不再是爱了，爱就不能延续下去。唯有感到与他者尚未真正相遇，爱才能继续。对他者的爱不断地深化，接近他者的欲望就更加强烈，这种对——面（巴塔耶引用勒维纳斯的范畴，即两个人面对面的遭遇）的结果不是二者完全融合，而是发现不断深化的未知和他者的无限隐秘存在，逐渐感到我和他者之间总是处于被阻隔状态。他者与我不是对称性的。他者比我更隐秘，呈现出尚未相遇、尚未到来之物的样态。这里巴塔耶吸收了勒维纳斯关于他者的观念，他者作为他者性的存在，总是包含着不可能向我显现的层面。否则，他者就被我同质化或一体化了。

巴塔耶也赋予他的爱以时空框架。在他看来，爱是爱着的人向世界的敞开，不是封闭在狭小的传统共同体之中，也并非在我们通常的日常生活的时间内所能体验。爱的体验冲出了以现在为特权中心的线性时间观念，“爱的激情所能活着的，即

① ［日］汤浅博维：《巴塔耶——消尽》，赵汉英译，河北教育出版社2001年版，第299页。

以现在为中心的直线型继起的时间中断、破裂了的外的时间、裂缝的时间。”[①] 所以，他者作为应该到来之物，只有在“我”的同一性的裂缝中才能活着。在偶在的共同性中，我与他者并不存在于同一时刻，而是被应该到来、尚未到来而阻隔开来。一方对另一方来说是未知的，隐藏着一个陌生的世界，也正是因此，爱和欲望得以产生和延续。

在打破对称性和同质性的爱的关系之后，巴塔耶构想了一种超越宗教、国家共同体的阿塞法尔共同体，即“没有共同体的共同体”。因为，维护阿塞法尔共同体的不是同质性的共同，而是外在于主体的共同性。巴塔耶说：正是“不具有共同性者们的共同性，才孕育了使国家这样的共同体无效的契机。”[②]

而向我之外敞开的体验，就是一种爱的关系。巴塔耶形容这是一种出离世外的感觉。巴塔耶强调，友爱是对没有朋友的未知者的友爱。所以，共同性不是成为伙伴，而是滞留在孤独中。巴塔耶尝试为孤独者创建一个共同体。巴塔耶承继了尼采的孤独共同体的观念，但又与之不同。德里达转引了在《不能认可的共同体》“否定的共同体”中的一段话：“巴塔耶说：‘我正在讨论的共同体，是从尼采存在这个事实虚拟而来的可能存在的共同体，而尼采的每一位读者，都可以通过回避它来消解

---

① ［日］汤浅博维：《巴塔耶——消尽》，赵汉英译，河北教育出版社2001年版，第3页。

② 转引自［日］汤浅博维：《巴塔耶——消尽》，赵汉英译，河北教育出版社2001年版，第319页。

它，而不是通过解决已经呈现的神秘性来取消它。'但是，在巴塔耶和尼采之间存在着一个巨大的差异。尼采不仅有一种强烈的被倾听的欲望，而且有时还十分傲慢，确实想成为一种真理的承担者，这一真理太危险和太高超，以致于根本就不能支持和拥抱这一真理。在巴塔耶看来，友爱是'主权活动'的构成部分；绝非偶然，《犯罪》的开端就以'友爱'为副标题；友爱真的是难以限定的：自我的友爱发展到了消解友爱的程度，友爱彼此转换，从一种必要的断裂开始，有一种连续的过渡和对连续的肯定。但是，阅读，即工作的非操作活动，恰恰就活动在其中……"①。

（二）布朗肖：灾异的友爱与不能明言的共同体

莫里斯·布朗肖赞美希腊友爱模式，他也引用了亚里士多德那句经典的名言"哦，我的朋友们，没有朋友！"他在纪念福柯的文章中写道"我们总是有些仓促地认为，福柯，像尼采一样，之所以倾心于希腊人，却不是为了去寻找一种公民道德，而是为了去寻找一种个体伦理，以便去把他自己的生活——生活对他而言总是一个问题——塑造成艺术品。所以，这就是希腊人对他的魅力之所在，所以他呼唤古代人，为的是重新肯定他们的友爱实践。虽说希腊人的友爱实践并没有完全

---

① 转引自 Jacques Derrida, *Politics of Friendship*, trans., G.Collins, New York/Lodon, 1997, p.45。

如云烟消散，但除了我们之中的少数者，却再也不能把握他们的高贵品德了。友爱，对希腊人和罗马人都一直是人类高尚关系的典范（它具有神秘的品格，并从对立的律令之中获得了这种品格，它既是纯粹的互惠关系，又是不求回报的慷慨）。所以，友爱可能作为一种永远都可能扩充和丰富的遗产为我们所接纳。友爱也许是一份死后的礼物，对福柯做出的许诺，它超越了激情，超越了思想的难题，超越了生命的危险——他所体验到的这种危险更多是是别人的，而非他自己的。赞美希腊友爱模式要求的那种德性，面对这么一部要求不带偏见地研究而非一味赞美的作品，我相信：无论何等的尴尬，我都仍然必须忠实于这种精神的友爱。他的逝世对我造成如此深刻的伤痛，今天却又是这种精神的友爱，似乎让我想起迪欧根尼斯·拉尔修斯归于亚里士多德名下的话语，向他诉说："哦，我的朋友们，没有朋友"①。但是，布朗肖又以无限的距离，远离了希腊友爱模式。德里达指出，希腊友爱模式与布朗肖的友爱思想一点都不相容。布朗肖的这段话中，暗示着友爱的遗产必须被丰富，而且永远能够被丰富。而能够丰富的必然是我们之外的东西、我们缺乏的东西，我们既不能居有也不能存有的东西。②

布朗肖以这段文字表达对福柯的怀念，不是赞美朋友，而

---

① 转引自 Jacques Derrida, *Politics of Friendship*, trans., G.Collins, New York/Lodon, 1997, p.300。

② 参见 Jacques Derrida, *Politics of Friendship*, trans., G.Collins, New York/Lodon, 1997, p.300。

是一种死后的友爱礼物。跨越回忆的时间距离，向朋友表白对朋友的“精神上的友爱”。只有在朋友死亡之后，才能表白。作为巴塔耶的朋友，布朗肖也一样为他哀悼，并对巴塔耶关于爱的超越性、异质性和未来的弥赛亚性等思想做了进一步的深入论述。布朗肖用巴塔耶的话作为自己书的题记：“朋友们在幽深之友爱的极端状态中，在生命之中遭遇到了一个被遗弃的人，一个被他所有的朋友遗弃的人。他伴随着这个被遗弃的人超越生命，超越无生命的他本身，自由地友爱，免于一切约束。”①

在布朗肖看来，友爱是一种没有依靠、没有故事情节的关系，然而所有生命的朴实都进入其中。这种友爱以通过对共同未知的承认的方式进行，我们可以与朋友们谈话，却不能把他们作为话题，言说中也始终维持一种无限的距离。所以，在布朗肖的友爱中，包含了对于不让我们谈及自己的朋友而只对他们说话之共同的陌生性的承认，朋友们甚至在最为亲近的时刻都保持着无限的距离。在布朗肖看来，朋友之间必须以一种陌生人的关系相处，相互形同路人，却彼此欢迎。我和那个称为朋友的人之间不是在亲近性中确立自己，而是始终存在距离，一种纯净的距离，衡量着我们之间的关系。这种距离阻隔让我永远不会有权力去利用他，把他作为手段但却不会阻止交

① 转引自 Jacques Derrida, *Politics of Friendship*, trans., G.Collins, New York/Lodon, 1997, p.295。

流。就是在这种分离的基础之上，友好的话语谨慎平静地维持着自身。距离也产生了一种沉默，在语言的沉默中我们走到了一起。把我们分开的东西：即是真正建立联系的东西，是一种关系的深壑，在这里以质朴的方式，存在着友好认可的一致将永远维持。而死亡不是这种距离的延展，而是它的抹除；不是停顿的扩大，而是消失，横亘于我们之间的黑洞也被夷平，因此，死亡有种伪饰的德行，看起来好像使那些因严重分歧疏离的人们恢复亲密。因为随着死亡的到来，一切的分离都会消散。人们总是力图用语言、文字，去挽留那些已经缺场的人和事物，去记忆那些快乐的时光，生命似乎因此而延长。但是，布朗肖也指出，思想知道人们不会记住：没有记忆，没有思想，它已经在黑暗里挣扎了，在那里，一切都湮没于漠然。这是思想深深的悲哀。它必须伴随友爱一起湮没。布朗肖以一种悲观的语气感叹，朋友的逝去，一切记忆不过是幻想的泡沫，思想以及一切都随之破裂、消散。

尼采通过远距离呼唤，召唤遥远者的到来，遥远者不断临近。布朗肖则打破在场的形而上学逻辑对呼唤做出回应，构想了一种不可共享的友爱，没有互惠性的友爱。尼采认为，友爱是无限的礼物，慷慨地赠与友爱的许诺是未来朋友的本质特征。而布朗肖反对这种礼物的比喻和慷慨的许诺。“友爱不是一份礼物，也不是一道许诺；它根本就不是类属的慷慨。相反，人们彼此之间的这种不可公度的关系，在其分离程度和不可接近程度上，是外在趋近的。欲望，纯粹的非纯粹的欲望，就是呼唤人们架设通往遥远的桥梁，呼唤人们通过别离来共同走向死亡。”① 德里达更赞同布朗肖，主张友爱必须从礼物和许诺中解放出来。如果把友爱和礼物、许诺联系起来，就有出现“类属的慷慨”的危险。也就是德里达所批评的那种文化、种族、基因、家庭和民族的类属关系和自然性复活的危险。这句话中的“共同”不是我们现在所谓的共同体中的共同，超越了共在和共享，超越了一切自然血亲关系、政治和语言等一切共同的连带存在物。基于这种另类的共同的友爱政治，不关涉任何共同体、附属物和自然性。许诺的友爱不是共同体的友爱，甚至许诺和友爱的本质无关。德里达指出，布朗肖的友爱不属于任何现存的共同体，既不是钟情于所有人，也不是钟情于某个男人，而是一个特定的主体“谁”。这个“谁”可以是你，也可以是他，可以是男人，也可以是女人。德里达指出，即便“谁”被共同存在和共同分享的格式所限定，因家族、种族、国家等身份而被中立化时，也依然要承担这种也许的风险。②

布朗肖的友爱因为有着纯粹的差异、时间的消逝、没有桥梁的间隔和被穿越的不可能性等特性，而成为无界限的。这种友爱是一种不在场的在场。布朗肖在《灾异的书写》中写道，

① 转引自 Jacques Derrida, *Politics of Friendship*, trans., G.Collins, New York/Lodon, 1997, p.297。

② 参见 Jacques Derrida, *Politics of Friendship*, trans., G.Collins, New York/Lodon, 1997, p.298。

犹太弥赛亚主义暗示了弥赛亚的到来。弥赛亚就在这里，不在未来，但我们却辨识不出。但是，他的到来却不是当下在场。因而，我们不能等待朋友的到来，而是必须要召唤他，并回应他。布朗肖说："但是，到现在为止，在友爱之中，我们可能回应的就是最遥远者的临近性，最没有重量的压力，根本就没有接触到我们的接触。这种友爱是不被分享的，没有互惠关系的，是那种如同过眼烟云，不留踪迹的友爱。这就是被动性对于不在场的未知者的回应。"① 出于一种伦理政治责任，我们必须对遥远者做出回应。而这种伦理政治责任出自勒维纳斯。

德里达指出，布朗肖的友爱话语也是以一种灾异② 的文字写出来的。真正的灾异不是友爱的灾异，而是根本就没有友爱。"灾异在友爱之核心，是友爱的灾异，或者灾异就是友爱。星群似的友爱。"③ 德里达指出，像布朗肖在《论友爱》或《灾异的书写》之中的友爱话语一样，"凭借着一份'礼物'，一道

① Maurice Blanchot，*The Writing of Disaster*，trans.Ann Smock，Bison Book Edition, University of Nebraska Press，1995, p.27.

② 灾异 disaster，字面上看是灾难和差异的景象，原意指星体的离散，隐喻为言辞的变乱和心灵或思想的迷乱。在《灾异的书写》中，布朗肖用灾异指称意义的缺席，同时把灾异当作一种礼物，也是一道命令，激发人们把缺席的意义带向表面，激发人们对无限的空间的巨大离散保持一种警惕。

③ Jacques Derrida, *Politics of Friendship*, trans., G.Collins, New York/Lodon, 1997, p.296.

诺言，一种爱无等差的慷慨，我们现身其中的友爱话语已经彻底地从一切确定的共同体、一切孝道关系、一切联合关系、一切（家庭或民族的）联盟以及一切既存的普遍性之掌控之中自我解救出来了”①。但是，德里达也指出，布朗肖很少提到博爱。在《不明言的共通体》中，布朗肖拒绝希腊的友爱模式，呼唤友爱，呼唤一种无条件的同志关系，朋友不是把存在作为一个人或者一个主体，而是把他当作一种兄弟的、无名的、非个人的运动的表现。② 通过对犹太人和犹太教的论说，布朗肖补充了《论友爱》之中的友爱话语。“纳粹的屠杀一开始就在执行当中，根本不像某些哲学教授希望说服我们相信的那样：他们希望我们相信，在1933年海德格尔加盟时，国家社会主义仍然是一个得体合适的原则，根本不值得谴责。但明显是纳粹的屠杀让我们觉得犹太人是我们的兄弟，犹太教也不仅是一种文化、一种宗教，而是我们同他者建立关系的基础。”③ 德里达提出很多质疑：兄弟意味什么？为什么他者是兄弟？为什么是我们的兄弟？我们是谁？德里达不支持这句话的观点，他认为其中依然蕴含着共同体的观念，也没有解释犹太人为何成为兄弟，犹太教为何成为我们同他者

① Jacques Derrida, *Politics of Friendship*, trans., G.Collins, New York/Lodon, 1997, p.304.

② 参见 Jacques Derrida, *Politics of Friendship*, trans., G.Collins, New York/Lodon, 1997, p.308。

③ Jacques Derrida, *Politics of Friendship*, trans., G.Collins, New York/Lodon, 1997, p.304.

建立关系的基础。

（三）南希：破碎的爱和非功效的共同体

一般认为，爱需要通过语言来表达和传送自身，南希则指出，对爱的思考要求我们保持静默。历史上充满了对爱的索求，而今天它已经“降格为廉价店的新商品”时，探讨爱及爱的可能性就显得更为紧迫。爱的本质在消逝和变异，很多复杂的情绪情感纠缠在一起：怜悯与色欲、情感与猥亵、邻人与婴儿、恋人之爱与神之爱、兄弟之爱与艺术之爱、吻、激情、友爱……。思之静默没有摧残爱，相反，对爱的思考要求我们在沉默中保持无限的慷慨：不在爱中挑三拣四，不特权化，不划分阶级，也不排斥异己。爱不是情感的实体或总体概念。爱是无限丰富的一切可能的爱，是一种放弃，听任这些可能的爱自行播散，听任这些爆裂的爱之碎片① 纷乱无序。爱并不要求爱之思，而是要求思之本质和思之总体。② 所以，静默不是无所作为，而是一种思考体验，思想从中产生。

在南希看来，“遗弃作为存在和神性的唯一条件、破碎作为爱和思想的本源状态，它们都蕴含着双重的生命原理和虚无

---

① 破碎（eclat）在法语中有多重含义：破碎、碎片、鲜明、爆发、闪现、光芒、光荣等。南希使用的主要是两层含义：破碎和闪现。破碎的爱，一方面指爱不完美，另一方面指爱并非永恒。

② 参见［法］让-吕克·南希：《解构的共通体》，夏可君编校，上海世纪出版集团 2007 年版，第 294—295 页。

主义的双重可能性。”[①] 因而，“爱的本质似乎是两面的和矛盾的”[②] 西方关于爱的体验和表述中都指出爱的两面性：既必要又不可能，既甜蜜又痛苦，既自由又受约束，既利己又利他等。在爱之中，这些对立既互相冲突又彼此和谐，既被保留又被超越，因而构成了爱的结构和生命。在爱之思中包含了辩证法。“爱是存在之心”[③]，存在本身就具有爱的能力，爱赋予存在以辩证性。

南希指出，在本体论哲学中，在存在之心，爱缺席不在，爱迷失了。爱不是固守于主体的爱，“我爱”只能陷于笛卡尔的“我思”，不过是一种自我的反思。爱是一种延展，“我爱你”，这不是黑格尔通过穿越他人而成为主体的逻辑，而是我呼唤爱、付出爱。“爱总是一颗跳动着被外展的心。”[④] 南希指出，尽管哲学从未停止过对爱的标记和设计，却总是将爱错过。南希召唤爱的出场，“去爱，去热爱爱，思已经失去了爱”[⑤]。在西方文化中，爱总是意味着和谐，但是，当爱被播散

---

① 汪民安主编：《生产》（第二辑），广西师范大学出版社 2004 年版，第 337—338 页。

② [法] 让-吕克 · 南希：《解构的共通体》，夏可君编校，上海世纪出版集团 2007 年版，第 299 页。

③ [法] 让-吕克 · 南希：《解构的共通体》，夏可君编校，上海世纪出版集团 2007 年版，第 301 页。

④ [法] 让-吕克 · 南希：《解构的共通体》，夏可君编校，上海世纪出版集团 2007 年版，第 303 页。

⑤ [法] 让-吕克 · 南希：《解构的共通体》，夏可君编校，上海世纪出版集团 2007 年版，第 304 页。

到全世界时，也证明了爱的专横、苛刻、固执和阴险。南希指出："爱是一种神圣的秩序，是一种社会纽带，是一种自然而然的吸引，它在最后的分析中扮演了爱的角色，并给予了独立的个体以关心、性的快感和兄弟情谊。这意味着，我们将这些东西想象为我们拥有并失去的现实，并在这些想象物的替代品和变形的伪装之下来思考爱，如宗教、共同体、对他人或神的直接的感动。"[①] 南希指出，爱总是承诺着极度的完满，但是爱的现实却时刻承受着被解构的危险。所以南希说："爱不在此处，也不在他处。你既不能获得爱，也不能从爱中解脱，这就是爱：完满的过和不及，正是爱的真谛。换言之，就像两百多年来人们所广泛演说、广泛描述的那样，爱是不可能。"[②] 在场的爱不是那种普遍的爱，也不是流变的多样的爱。南希以这种不可能来思考爱。让爱在思想中敞开道路，也让思想将爱纳入思考而不断外展。

南希从馈赠的逻辑出发，说明爱不是自爱或专有之爱。南希指出，基督之爱是一个命令，命令去爱每一个人，因而这种爱是一种不可能的爱。不可能之爱的命令也是以一定的方式解构自己，在它之上，西方的基督教思想得以建构、组织、派生。弗洛伊德在《文明及其不满》里写道，文明是如何衰弱

---

① [法] 让-吕克·南希：《解构的共通体》，夏可君编校，上海世纪出版集团2007年版，第306。

② [法] 让-吕克·南希：《解构的共通体》，夏可君编校，上海世纪出版集团2007年版，第307页。

的，但是精神分析不能用来治疗集体的，只有基督之爱可以诊治文明的疾病。弗洛伊德的话里有讽刺，其实他认为基督之爱也不太可行。拉康给出的爱的定义是：爱是给予你之所无。这是一个以不可能性来做的定义，你怎么能给予你所没有的东西呢？给予我们所没有的东西，就是不给予我们所有的东西，因此，它必然意味着不给予任何可给予的东西。爱意味着无所给予。爱在于将我可能拥有的却不属于我的东西给予出去，包括我自己。因此，去爱就是去给予隐藏在每个主体、每个自我背后，或超越每个主体、每个自我之上的东西。爱就是给予无，给予的真相就是我不拥有我自己。给予等于放弃。因而，破碎的爱一方面指给予拥有的自己，自我呈现的自己；另一方面，爱意味着给予别人、抛弃给别人他自己已有的东西，因为他也是一个自己。也就是说，爱是分享自身的不可能性。这是一种既在基督教的语境内又超越教会来理解基督之爱的全部不可能性、全部荒诞性、矛盾性和否定性的方法。

爱阻碍了经济与非经济之间的单纯对立，结束了礼物和财产的简单区分。爱破裂了，只有穿过爱的裂口才能使之敞开。这也意味着爱敞开了，抑或是侵犯了主体的内在性。爱作为一种超越行为，不是超出自己走向他性以便在他性中映照自己，而是从外部到来，从他性中到来。南希说："只要爱延续，爱便不断地从外部来，它不留在外部，它是外部本身，它是他者，每一次，它都是独一的，它是一把刀刃，刺入我；它撕裂了我，分离了我，于是，我不能合为一体。”① 爱分离了主体性，他者使爱超越爱本身。南希指出，正是爱的超越运动使自己在他者中成为他者，并且在身份上永远地成为非我。爱的超越无法实现，但却是真正的来临，爱到来，又不停地走向别处，爱的超越就是在来来去去之中。独一的存在不断地外展在到来和离开之间，被他者的他异性所穿越，没有停息。外展、穿越就是要超越界限，超越爱所揭示的存在的有限性。爱在碎裂中不断地穿行，跨越限制它的一切。但是，爱只能达到界限，来来回回地穿越界限，却依然是有限的，不可能的。爱本是一个承诺，虽然并不能预见和保证未来，但却必须信守。南希说：“爱不能实现自己，它总是在诺言中到来，并且作为诺言而到来。”② 因而，南希也把爱引到了承诺和预言之中，爱不停地到来，而到来的是不同的爱的形式和形象，也就是不同的爱的碎片。我在他的他异性中否定他，而他的爱却穿越我而来，这就是爱的界限。破碎的爱，分裂成无数个碎片，彼此不同的碎片。爱不在任何一个碎片之中，它总是在离开某一碎片的路途之中。也就是说，爱不是任何一种爱的形式或形象，而总是在超出自身的界限。众多的碎片并不是同一的，而是多样的。在南希看来，爱无法逃脱破碎，从来没有一个整体的爱。

① ［法］让-吕克·南希：《解构的共通体》，夏可君编校，上海世纪出版集团2007年版，第311页。

② ［法］让-吕克·南希：《解构的共通体》，夏可君编校，上海世纪出版集团2007年版，第316页。

每一块碎片都是有限的，也正是这个有限触及着、穿越着他者的无限。

基于这样一种爱的理论和他者观念，南希在巴塔耶关于共同体思想和实践的启发下，也对同质的、同一化的和实体化的传统共同体展开批判，进而提出“共通体”。和共同体不同，共通体意指一个通道的打开，彼此共在的间隔场域的保持。在共通体之中，南希一方面承认个体的独特性以及个体向其他个体的偏斜运动；另一方面也认为，个体的独特性也是超越自身而共在的，而且共在是先验的、现在的。这个世界不是此在的世界，而是一个我与他者共享的世界。南希深化和改造了海德格尔的此在和共在的思想，在他看来，“海德格尔将存在作为一种自我相关的尺度而迷失了共在的尺度。共在之爱，是破碎世界上存在相依、相共的无为纽带，比一切尺度更为根本。”① 存在一直是“与在”和“共在”。生存的本质是共在的生存，即共生存。单个的“我”不是先于“我们”而在的。生存的共在共通特性是自由的前提。共在不是作为一个封闭的生存群体，而是一个在相互离弃和不断外展中的共通状态。在南希看来，共在比爱更为本源，但是共在不是本源，而是通向本源的道路。共在的世界是一个破碎的世界，单一多元存在构成的世界。南希提出，作为绝对沉思的第一哲学必须彻底地思考“我

① 汪民安主编：《生产》（第二辑），广西师范大学出版社 2004 年版，第 352 页。

们”。南希说：“共在是真正世界本源的尺度，是真正意义本源的尺度。去—共—在，就是相互理解，仅仅是相互理解而已！意义就是不可通约的共在的完美尺度，共在是存在不可通约的意义的完美尺度。”① 南希的共与之存在隐含着接近和距离，亲近和分离的悬搁，这一隐含表现出其不确定性，在接近和分离之间的不确定性，即在接近的存在之中，不管是爱的接近、文化的接近、还是语言的接近等，保存着一种仍然坚持分化和距离的张力。因而，在共在的亲密性和同一性之中，也无限地解构自身，为他者存留了可能的距离和差异的空间。

针对以自我为核心的传统形而上学，南希建构了以共在为基础的伦理本体论。“南希断然认定，我们不是希腊人，不是罗马人，既远离了启蒙时代，又没有生活于浪漫时代。至爱，在这些时代里感染了过分的矫情，沦落为毫无节制的理想主义，浸润了绝对命令的伤感，还免不了宗教伪善的侵蚀。孤独幽闭者的自恋，权力意志的无限膨胀，以及现代景观社会的过分表演，还有整个传统所积累下来的本体—神学—逻辑，都遮蔽了共在这个维度，共在这个尺度。出于对海德格尔存在自为尺度的不满，南希将至爱消融在共在之中。”② 南希批判海德格尔没有思考爱作为本体论——生存论的特征。海德格尔将共在

① 转引自汪民安主编：《生产》（第二辑），广西师范大学出版社 2004 年版，第 353 页。

② 汪民安主编：《生产》（第二辑），广西师范大学出版社 2004 年版，第 352—253 页。

重新引入到主体性思考之中，没有把爱作为超越并解放他者的运动。他更支持勒维纳斯他者优先的伦理学，把对他者的关怀和责任之心作为存在的承诺。

正是基于这种共在的本体论，南希指出，世界、生存是我们根本的责任，而一切政治、法律和道德的责任心都来自于一种共在共通的体验。在南希那里，“所谓‘正义’，行使正义的决断，就不是作为实体的存在，而是作为责任的存在。责任，是清除了关于上帝创造的神话积淀之后，由存在本身敞开和凸显出来的‘意义’。”[1] 南希的共在伦理本体论回应了现代社会，尤其是全球化时代人际关系转型的需要。现代社会的原子化、破碎化，使亲密关系发生变革，人际关系变得壁垒森严，人被禁锢在单子世界之中。萨特在戏剧《禁闭》中就描绘了一幅“他人就是地狱”的可怕景象。这就要求一种共在尺度维系公共领域，否则人际关系会退回到私人领域，封闭感性存在的空间。共通体中，独一存在者们经历共显、打开通道和彼此分享。爱者的行动显示出共通体的非功效特性，从而展露出共通体的未完成性。共同体不是由爱者们构成的一个封闭的圈。非功效意味着共同的面孔和亲密性的失效。共在意味着通过交流，单一多元的存在者们实现一种相互共存和通融的境界。因而，这种共在的共通体既不是统一的、一体化的共同体，也不是在给予

---

① 汪民安主编：《生产》（第二辑），广西师范大学出版社 2004 年版，第 349 页。

和回报的经济交换中发挥作用的共同体，而是不能操作的、不起作用的、无功效的共同体，甚至可以说是不可能的共同体，也就是“没有共同体的共同体”。

综上所述，共同体，通常意味着私人之间的亲密关系。而这种亲密性总是基于某种自然的或假想的同宗共源获得的。一个天然的共同体就是一个有着共同的组织，共同的需要和目标，从属于某一共同的习俗或制度，遵从共同的价值和道德原则的共同体。而德里达在解构中打开共同体的通道，发现其中那些不能认同的、不能明言的以及不能操作的东西，摆脱传统封闭共同体中亲密性、互惠性、同质化和男权主义的浸染，力图超越共同体的种种界限，实现和他者之间的共通状态，或者说是共通的踪迹。

南希等人所思考的也是德里达所寻求的，是一种蕴含着不可能的经济或礼物馈赠的不可能性的共同体，是接纳差异性、保持距离的共同体，是打开通向他者通道的非功效的共同体。“没有共同体的共同体”使得共同体的问题优先于存在的问题，也扭转了视存在与共同体为实体的思考，强调应把共同体理解为分享/共担的动态运行。共同体不是营造的蓝图，不是营造的事业，也不是营造的成品。共同体在于沟通，却不在于沟通传递的任何固有讯息或本质定义，而在于沟通的主体自我意识的遮断，即一种非主体间性的沟通。共同体在于分享，却既不是共有的主体，也不是被分占的客体，既不是失落与寻回的辩证，也不是祭献与救赎的暴力，而是触发、吸引、拆解或消散共同体的运行力。共同体因此是不可能失落的，它先于我们的任何计划、欲望或作业。共同体与我们是彼此赋予的礼物，等待更新与沟通，而不是有待完成的铸造。共同体不在于血淬火炼的铸造，或祭献牺牲的死亡作业，而任何内在模铸的实现与终结或完成，无非就是共同体的自我压迫或自杀。德里达对兄弟情谊、亲密关系共同体、政治哲学、宗教神学等的解构是对自由民主和极权主义危机的回答。"没有共同体者的共同体"是以"消尽"，绝对礼物给予并且不求回报以及死亡献祭的经验作为共同体形成条件的，这也是在对资本主义经济交换和共同体交往方式的批判上形成的，为一个新的可能的共通体指示了迹象。

第三节　他者的伦理与政治

正如南希指出的，今天所有关于爱的哲学研究显然都受到了勒维纳斯的影响，德里达也不例外。德里达称勒维纳斯为"一位亡故的朋友、已逝的师长"①。德里达对友爱、政治、民主以及共同体和正义的思考正是在对勒维纳斯的他者伦理学的批判继承的基础之上展开的。他者是解构理论的出发点和归宿，正因为他者的存在，才有了思考友爱、责任和正义的必要

① ［法］雅克·德里达：《永别了，勒维纳斯》，载于《解构与思想的未来》，夏可君编校，吉林人民出版社 2006 年版，第 17 页。

性。解构的不可能的可能性都源自他者的伦理，正是基于他者的延异性，解构才具有伦理性。

一、他者的伦理：勒维纳斯

勒维纳斯力图摧毁存在论的本体论哲学，把伦理学确立为第一哲学，并以“他者”为基础，展开现象学的一系列还原活动，构建了为他人的形而上学伦理学。可以说，在某种程度上勒维纳斯的他者改变了当代哲学的进程。

勒维纳斯继承现象学传统，对西方传统本体论哲学的同一性和总体性进行了批判。勒维纳斯指出，传统哲学就是一种彻头彻尾的同一性哲学，总是试图保持存在者的自由和同一性。这种哲学就是一种自恋症，把他者看作是实现自由和同一性的障碍，必须在征服他者、同化和整合他者的基础之上才能获得真理、实现自由。“自由，自律，他者还原为同一，导致这样一个公式：在历史的长河中，存在被人所征服。”① 在同一性哲学中，他者无处容身，“只要哲学生活中……出现一个异己时，一个稍有不同的他者——承载我们和让我们的全部努力都幻灭的地球；使我们升腾又对我们漠视的天空；毁灭我们又和我们休戚与共的自然力量；妨碍我所用的物件；爱我们和奴役我们

① 转引自冯俊：《当代法国伦理思想》，同济大学出版社 2007 年版，第 147 页。

的人们——它就是一个障碍，人们必须超越这个障碍并融入到它的生命中去”①。自希腊起的本体论哲学就是追寻同一性和总体性的哲学，把一切他者都化归同一，吞噬了个体性和差异性，不承认真正的他异性及其内部生活的意义。“总体性的支配力量是无限的，人能说出的一切都不能逃脱这个体系。因此说总体性是暴力的第一行为，是‘极权主义’的权利领域。知识、概念和理论体系，哲学中的本体论都产生一种总体性。”②自从巴门尼德提出“存在是一”的命题以来，西方哲学就确立了认识存在的本体论哲学的基调。而在勒维纳斯看来，本体论是对他者的同一和暴政。在本体论哲学中，存在被剥离了一切的差异性和他者性，导致了一种消灭他者、同一化的暴力和非正义。

同时，勒维纳斯又超出了现象学，指出现象学也因袭了西方哲学中消融他者的同一哲学的传统。在胡塞尔那里，“意向性”就是一种指向他物的意识，指代一种认识关系，即自我对现象的意向，这和笛卡尔的“我思”没有区别，认识的自我随着智能的不断增长，逐渐地扩大同一。因而，自我意识把自己确立为绝对的存在。勒维纳斯把胡塞尔的“意向性”发展成与他者的关系，在这种伦理关系中发现他者的意义。因而，勒维

① 转引自布罗伊尔等:《法意哲学家圆桌》，叶隽等译，华夏出版社2003年版，161页。

② 冯俊:《当代法国伦理思想 》，同济大学出版社2007年版，第149页。

纳斯选择以逃离存在来超越存在。从存在逃离不在于我，而在于他者。勒维纳斯认为只有以“他性”打破“同一性”，否则无法逃避“总体性”的主宰，只有“他者”才能使我们逃离存在，逃离总体性和同一性的牢笼。勒维纳斯认为，通过放弃自我存在而达到面对他人的境地，就是面对他人，指向他人，关注他人。“他人”是不可认识、不可同一的，正是他人的出现使存在论的本体论哲学受到了质疑，也正是他人的出现，伦理学才得以建立起来。

勒维纳斯要以为他人的伦理学代替以追求总体性和同一性为目的的本体论哲学。逃离存在就意味着超越存在，意味着我处于与“他人”的社会关系之中，自我不再是孤独的存在，与他人的关系是一种伦理关系。他人始终是一个他者，他始终都保留着他自己的他性、差异性，他不会与我认同，不会被包纳在我自身之内。他人是弱者，是儿童，是孤寡之人，因此我们应该对他人负有完全的责任。我们不能因为自我生存而剥夺他人的生存，因而摧毁了孤独自我的生存关怀的基础。关于他人的伦理学要求走出存在，超越本质，担负责任。

勒维纳斯指出，哲学中包含着许多外在性的东西，也包含了超越性。哲学和绝对的他者发生关系，哲学就是一种他律。思想为真理敞开了理想的空间，指向了神圣的东西，这是形而上学的根本要求。存在者的实际存在不仅是其表象的那样，总是多于它的显现。他总是带着他异性的他者，包含无限的善的他者。他者不是另一个自我，而是一个绝对的相异者，总是蕴含着不可认识的东西，其意义就在于他的绝对他性和超越性。这种源始的超越性赋予他者一种伦理价值。勒维纳斯批判了那种带有同一性的他者观念，强调不可还原的绝对的他者。绝对无限的他者是彻底外在于存在的，不能被任何本体论、知识论整合到同一中。勒维纳斯冲破了自启蒙以来西方思想以个人和自我为中心的牢笼，论证了一个“他者”存在的绝对无限性的崭新价值观。勒维纳斯说：“伦理意味着对他者的关系”①。他不停地消解“自我”，而强调一种面对“他者”面容时的责任感。他人的脸就是一种命令，我们必须对他作出回应，这是对他者的责任，先于自我意识而存在。勒维纳斯要颠覆本体论在西方思想史中的地位，把保留他者独立性和他异性的伦理学确立为第一哲学。

勒维纳斯把他者的他异性比喻为“脸”或“面容”。他者的面容是勒维纳斯伦理学的起点，是打破自律哲学传统、建立他律的伦理学的出发点。勒维纳斯通过对面容的现象学分析，意在表明面容作为呈现他者的方式是在本体论的整体之外的。与超越存在的面容的关系就是伦理的，他者正是通过他的面容，实现了伦理投射。他者是以“面容”的形式呈现给我们的。面容是不可认识和把握的，也是不可占有的，超出了存在世界。面容隐喻一种他异性，既不能被包容和占有，也不能被消灭。我与他人的关系不是一种“融合”，而是一种面对

---

① Levinas, *Outside the Subject*, Standford University Press, 1993, p.92.

面（face to face）的关系。他者的脸包含着要求、命令、义务和一种道德价值。在勒维纳斯看来，脸是一种权威，尽管他有道德命令、提供道德价值，但却是不具备力量的权威。它既不是法律也不是暴力。面对面的关系是一种非暴力的关系，超越了传统本体论层面的同一性和整体性，指向无限的他者和差异。

我与他者的面对面的关系是一种不对称的关系。不是主体对客体的关系，也不是主体间关系，而是一种伦理责任关系。他者的面容虚弱的召唤，唤起我的仁慈和对他的责任。我和他者相比，他者比我更重要。勒维纳斯认为只有把他者置于高于我的地位，这样才能突破传统主体性原则的束缚，破除我的中心地位。人类在本质上不仅是为己，而且是为他的。只有从他者出发，才能获得好生活。与西方哲学中以自我为中心的伦理观念相对抗，尤其是与萨特把他人看作地狱的个人主义、利己主义的伦理学不同，勒维纳斯建立了一种对他人承担起无限义务和责任的利他主义伦理学。

他者和我直接面对，就是一种交流和回应关系。他者的面容的显现隐含着一些征求、召唤的信息。在勒维纳斯看来，我有责任对于他者面容的显现做出应答。对他者的面容的回应（response）本身就是一种责任（responsibility）。[①] 面向他者，

---

① 参见冯俊：《当代法国伦理思想》，同济大学出版社 2007 年版，第 153 页。

回答他的呼唤，承担起对他者的责任。回应内含着责任的向度，被赋予一定的伦理内涵。勒维纳斯强调我们要对他者负起责任，就伦理意义而言，责任意味着无限，超出我所能承担的无限责任，因为，他者代表的是无限。在他者之中，在与他者面对面的无限性之中，暴力被抵制了。勒维纳斯的伦理学从他者的无限性出发，把为他人的责任作为我无法推卸的使命。

在勒维纳斯看来，“我”与他者的关系意味着原本同一性与总体性的破裂，是一种与有限有关系却又超越有限之上的无限关系，是一种完全超越自身指向无限的他者的关系。伦理学是指向本体论的存在之外，超越本体之上，突破有限的存在而通向无限他者的关系。伦理学是一种与“他者”的关系，没有他人的存在，“我”就始终处于混乱、黑暗、可怕的宁静之中，只能感受虚无和恐惧；而只有当他人出现时，“我”才有了意义。他人面孔的出现，使我摆脱恐惧，免于陷入自我，把我引向外在，从而面向无限。

勒维纳斯的面容是正义的同义词。在《总体与无限》一书中，勒维纳斯运用“正义”一词来指伦理学和两个人之间的关系。和他者的直接关系就是正义。正义就是面对面的直接性。“伦理的”就意味着“正义的”。如果离开了与他者的关系，离开了伦理学，我们就找不到正义。正义是我们回答面容的方式。“伦理学是正义的基础，正义也就是伦理学，正义是与总体性决裂的必要条件。”① 勒维纳斯认为传统的正义观念就是使他者与我相似，将我与他者放置在同一个层次，以自身为出发点，无法承受他者，因而这种正义的自由是非公正的。正义的真正意义不在于认可平等，而在于承认无法逾越的差异。

从这种他者伦理学出发，勒维纳斯提出了“无限好客”学说，为康德哲学、近代启蒙理性乃至整个自古希腊以降的存在论传统寻找新的基础，并以此为人类的永久和平奠定坚实的根基。在勒维纳斯看来，和平的起点既不在公民社会之中也不在自然状态之中，而是来自他者，来自对他者呼唤的回应和对脸的无条件的欢迎。他者优先的“前源初状态”，是一个已经过去了的时间，从未在当下出现但却永远地丧失了，无论怎样努力，我们也无法凭历史和回忆返回到那种状态。但是，它依然是留下踪迹可循，它就保存在我们对他人的责任、对他人自由的承担、对他人的兄弟般的情谊以及“切勿杀人”的绝对命令之中。在这种状态之下，虽然找不到公民社会中的理性立法和社会正义，但正义、自由、责任、禁令等，早已作为痕迹存在于他人的脸上，并为人们所体验。勒维纳斯指出，理性不是和平的使者，相反，恰恰是暴力之所系。极端的个人主义，就会导致一切人反对一切人的战争。这种战争的根源就在于存在论，因为存在就是交互－存在。和平的实现是为了诸存在者的

① 冯俊：《当代法国伦理思想》，同济大学出版社 2007 年版，第 155 页。

利益而中止彼此之间的直接冲突，而存在者本身为了自身的利益也响应号召，放弃冲突和战争，彼此能够容忍对方对自身存在的坚持。这种和平的实质是交换和贸易。康德在《永久和平论》中就谈到商业对和平的促进作用："大自然通过相互的自利而把它们结合在一起。那就是与战争无法共处的商业精神，并且它迟早会支配每一个民族的"①。勒维纳斯批判的正是这种和平。在勒维纳斯看来，这种和平是脆弱的、不堪一击的，它随时有可能转化为新的战争。在勒维纳斯看来，和平的基础不是理性，而是他者和善。"异于存在"的他者抵抗着我的自我主义，可是这种斗争和抵抗并不是通过强制和暴力进行的，在勒维纳斯看来，他者之所以会引向和平是因为在他者中蕴含着善。勒维纳斯借助于苏格拉底对善的说法，把善排斥在存在论之外，排斥在在场和表象之外。

和平就是一种与他者的关系之中的接纳和好客。好客作为一种责任，作为主体对他人的无法回避的责任，这种责任是无条件的，也是无限的，因为它来自无限者通过脸而发出的指令。勒维纳斯把个人之间或民族之间在非公民社会中在地域上、身体上或情感上的相互邻近状态称为相邻性。他反对康德把相邻性理解为一种伤害和战争的可能性，并在此基础之上主张：要么与我们一起进入社会的－律法的状态，要么离开我们

① ［德］康德：《永久和平论》，何兆武译，上海世纪出版集团 2005 年版，第 38 页。

附近。勒维纳斯主张对他者的接纳与“好客”是无限的，不仅是相邻的他者，还包括遥远的他者。

二、他者的政治学：解构勒维纳斯

在德里达看来，“勒维纳斯，是在思想之友爱之中、但又不完全是友爱之思想之中的另一个伟大的朋友，另一个独特的朋友。”① 为了这个朋友，德里达曾两次专门著述来思考由他引发的问题。勒维纳斯对哲学的本体论中蕴含的同一性和总体性的摧毁，和解构主义的反逻各斯中心主义的主旨相同，因而，德里达写了长篇论文《暴力与形而上学——论伊曼纽尔·勒维纳斯的思想》，采取了一种尊敬却又不妥协的姿态②，对其思想进行了深入的评析。在勒维纳斯逝世之后，德里达又写了一篇《别了，勒维纳斯》纪念这位独特的朋友。

首先，德里达从反逻各斯中心主义的立场出发，肯定了勒维纳斯对本体论哲学的批评，剖析了把伦理学看作形而上学和第一哲学的意义。德里达指出，勒维纳斯的思想呼吁我们摆脱希腊的逻各斯场域，摆脱“大写的一”的存有论的和先验论的

① Jacques Derrida, *Politics of Friendship*, trans., G.Collins, New York/Lodon, 1997, p.296.

② 参见［英］柯林·戴维斯：《勒维纳斯》，李瑞华译，江苏人民出版社2006年版，第69页。勒维纳斯在晚期著作中接受了德里达提出的哲学实践基础的一些问题，因而该书作者认为，德里达在勒维纳斯思想的发展中扮演了关键的角色。

压制，摆脱“某种着迷于‘在战争中显现存在之面孔’并‘主宰西方哲学的整体性概念中固定之’的哲学”。[①] 德里达同样也对这种哲学传统进行了批判，他说：“由于现象学与存有论没有能力尊重他者的存在和意义，恐怕它们会变成一些暴力的哲学。而通过它们，整个哲学传统恐怕也会在意义深处与同一的压迫和集权主义沆瀣一气”[②]。在《马克思的幽灵》中，德里达把勒维纳斯对本体论的批判形象地比喻为：“哲学自身一直在宣告或实现它自己的终结，不论它把那终结理解为是绝对知识的完成，是与它的实际实现相联系的理论的压制以及所有的价值被卷入的虚无主义的运动，还是最终通过形而上学的终结以及还没有一个名称的另一种可能性的预兆来告示的。因此，这将是从今以后伴随着每一位思想家的日落，是一种奇妙的葬礼时刻，哲学精神将在一种提升中为此而欢呼，也就是说或进而说，哲学精神在此时常常是喜悦的，它引导着它的葬礼队伍缓慢前行，在这期间，它以这样那样的方式期待着获得它的复兴”[③]。在德里达看来，对哲学的克服，对本体论的克服，意味着哲学新的可能性。本体论哲学，包括现象学在内，是一种不尊重他者的暴力哲学。勒维纳斯要恢复形而上学的哲学，尤其

---

① [法] 雅克·德里达：《书写与差异》上册，张宁译，生活·读书·新知三联书店 2001 年版，第 135 页。

② [法] 雅克·德里达：《书写与差异》上册，张宁译，生活·读书·新知三联书店 2001 年版，第 154 页。

③ [法] 雅克·德里达：《马克思的幽灵》，中国人民大学出版社 1999 年版，第 51—52 页。

是在形而上学中呼唤一种伦理关系，只有与无限他者的非暴力的伦理关系才能打开超验的空间并解放形而上学。勒维纳斯对哲学的开端进行了置换，把他者、与他者的关系看作哲学中最根本的关系，先于自我、我思，这种伦理关系先于一切本体论和一般意义的存在论。德里达曾针对勒维纳斯的伦理学和存在论的关系明确地指出，“切勿杀人”的诫命比存在论更为源始。

但是，德里达指出，勒维纳斯的他者理论也并没有完全逃脱逻各斯中心主义。勒维纳斯认为思想是以一种类似于声音而不是光亮的方式来思想，声音优越于光亮，也就是说语言优越于书写的文字。在德里达看来，这仍然是一种语音中心主义、逻各斯中心主义。在德里达看来，语言和书写的文本是共同的，不能把语言和空间分开，不能使语言脱离光亮。语言完全是落于光照之中的，语言和太阳一起升起。德里达强调，书写的文字就是展现在空间和光亮之中的语言。所以，可以说，德里达对于勒维纳斯的评析是为论证其反逻各斯中心主义和书写语言学服务的。① 在德里达看来，勒维纳斯忽视了自己理论的真正意义。在语言和书写之间，在语言中言说者潜在的胁迫和专制可能出现，而对书写著作的阅读意味着言说者的缺席，更适合一种他性的哲学。

德里达考察了勒维纳斯的伦理学与胡塞尔现象学、海德格

① 参见冯俊：《当代法国伦理思想》，同济大学出版社 2007 年版，第 231 页。

尔的存在论之间的关系。德里达指出，勒维纳斯对现象学的批评仍然是以现象学为前提。勒维纳斯不仅把现象学作为理论分析的方法，并且继承了其核心概念“意向性”。“伦理学不仅不在现象学中烟消云散或屈从于现象学，而且伦理学在现象学中找到它自己的一样，它的自由和彻底性。”勒维纳斯的伦理学植根于现象学之中。勒维纳斯使用的概念：伦理学、超越性、无限性等概念及其本质的可能性都是以现象学为前提的。如果不凭借现象学的明确性，这些概念都不能有意义，不能被思维或理解。德里达指出，勒维纳斯和胡塞尔观点的最大分歧在于对他者的不同理解上。胡塞尔把他者看作另一个自我，而勒维纳斯认为这是一种寻求同一的暴力和集权行为，他者应该是完全不同于我的他者，保留了独立性、他异性的他者。德里达在此基础之上，分析了自我和他者之间的辩证关系。在德里达看来，如果他者不是另一个自我，而是一个事物，那么他者的他异性就不具有优先性，甚至会坍塌。如果没有自我和他者之间的对称性，他们之间的不对称性就将是不可能的。作为他者的他者不可能还原为自我，是因为他是另一个自我，他也可以像我一样自称为“自我”。他可以向我说话，能理解我甚至可以命令我。而反过来，我也是他者的他者。因而，自我和他者之间具有本质上的平等的对称性。正是因为这种对称性，我们才可能在伦理学的不对称性中尊重他者、关爱他者。德里达也为海德格尔做出了辩护。勒维纳斯指责海德格尔强调存在对于存在者的优先地位将会扼杀他者，使伦理学沦为本体论的奴隶。

在德里达看来，存在离开了存在者就是无，所以，勒维纳斯的指责是不合法的。存在总是这个存在者的存在，不能成为一种外在力量或作为一种中性的或敌对的非人格因素存在来扼杀他者。海德格尔关于存在的思想既不是本体论，不是第一哲学，也不是权利哲学，也并不与伦理学相对立。德里达说，它只是外在于伦理学，这并不等同于反伦理学，也不是对伦理学施加暴力，使伦理学沦为奴隶。相反，没有存在论就不能打开伦理学的大门。德里达指出，勒维纳斯的"他者"和海德格尔的"存在"一样是不确定的，难以用概念范畴驾驭的。海德格尔的共在也并不如勒维纳斯批判的那样保持了存在对于他者的优先性。德里达指出，勒维纳斯错误地把共在解释为同志关系、团结或团队合作。德里达指出，海德格尔的存在论在某种意义上说正是勒维纳斯所渴望的非暴力话语的一种形式，它接纳他人，允许他人自主，接受面对面的对话。所以，可以说："当勒维纳斯认为他在拒绝海德格尔的时候，恰恰是在赞同他。"①尽管德里达指出了勒维纳斯理论中存在的许多问题，但绝不是对他者理论持有一种全盘批评的态度。德里达指出了努力寻求与哲学传统进行决定性决裂的困难。按费龙的说法，"德里达论证的要旨在于承认哲学话语只能用同者的语言来说他者"。②

---

① ［英］柯林·戴维斯：《勒维纳斯》，李瑞华译，江苏人民出版社2006年版，第71页。

② 转引自［英］柯林·戴维斯：《勒维纳斯》，李瑞华译，江苏人民出版社2006年版，第72页。

不仅勒维纳斯如此，解构同样如此：“不能完全内在于或外在于它的主人话语，在其思想习惯中被它所拒绝的东西决定。”①

德里达肯定了勒维纳斯对自我或同一的质询，以及对于差异的肯定和尊重，并且把勒维纳斯的他者理论进行了进一步的发挥，把对他者的尊重和接纳更进一步引申到对他者的友爱，而且超出伦理学的学科界限，在哲学、伦理学和政治学中进行了思考。

勒维纳斯没有直接阐述对他者的友爱问题。但是正如南希指出的，勒维纳斯的他者理论为我们通向爱的形而上学扫清了道路。同时，南希也指出，在勒维纳斯那，爱仍然是模糊的，被视为一种唯我独尊的自我中心主义。南希认为，只有超越自我中心，把爱具体化为某种情感，如父子之情、养育之恩、兄弟情谊，才能使爱变得清晰。勒维纳斯也没有把他者的问题直接和民主、政治相关联。勒维纳斯对他者的思考仅局限在哲学和思想领域内，而这种悠久的本体论哲学对同一性和整体性的诉求已经深入到社会文化机理之中，也深入地影响到社会政治体系的建构。在勒维纳斯看来，伦理学不是哲学中处理人与人、人和其周围世界关系问题的次要分支。人并不是先于这些相互关系而存在的，恰恰相反，是由这些关系所构成的。西蒙·克里齐里在《解构主义伦理学》中指出，“德里达的解

① ［英］柯林·戴维斯：《勒维纳斯》，李瑞华译，江苏人民出版社2006年版，第73页。

构主义可以，而且确实应该，被作为一种伦理学要求来理解，只要伦理学从伊曼纽尔·勒维纳斯著作规定的特殊意义来理解”[①]。因而，在克里齐里看来，解构主义是伦理学的，但是伦理学不能源自解构主义，因而，不可能有一种解构主义的伦理学。对此，克里斯蒂娜则做出补充，伦理学也是解构的，自由质疑和提问的必要性和保护是作为伦理学基础的东西。[②] 理查德·比尔兹华斯在《德里达与政治》[③] 中，也批评了克里齐里把德里达的伦理学比作勒维纳斯的伦理学的做法，认为这种同化的类比最终导致对解构主义政治含义的低估。和勒维纳斯对政治的公开拒绝相反，德里达越来越直接地向政治发展。

在勒维纳斯看来，伦理学是通过他者的在场质疑自我，对他者的尊重是非暴力的化身。面对面的接近是正义，那么如果有第三者出现将会怎样呢？在勒维纳斯看来，第三者打断了我和他者面对面的相遇。德里达指出，第三者是另一个他者，他使从原始伦理学到正义问题或政治和法律责任的发展成为必要。第三者可以阻止两个主体面对面相遇中潜存的暴力，打破了单一伦理的纯粹性。第三者介入伦理学之中，暗含了伦理学和正义的可能性，“而恰恰是伪誓或歪曲是善、正义、爱等等

---

① Critchley Simon: *The Ethics of Deconstruction*, Oxford : Blackwell, 1992, p.xi.

② 参见［英］克里斯蒂娜·豪威尔斯：《德里达》，张颖、王天成译，黑龙江人民出版社 2002 年版，第 158 页。

③ 参见 Beardsworth Richard, *Derrida and Political*, London : Routledge, 1996。

的是非而是（悖论性的）条件。它最终不可能分开正义与非正义，不可能控制或确定他们之间准确的边界或局限，而歪曲和背叛的危险使伦理学上的质问成为可能”①。康德早就指出，“一个可以信赖的第三者将两个朋友黏合在一起”②。第三个朋友的出现打破了我与他者关系的单一性。德里达说：“关于普遍性的话语可能在道德领域、法律领域和政治领域自我规定，却又永远诉之于超越单一者面对面关系的第三者。这就是我如此在意康德文本之中第三个朋友之崛起、在意秘密问题的缘由。第三个朋友敞开了秘密，并永远防止秘密的封闭。”③

伦理学不是决定论或技术问题，而是责任和好客。德里达考察了康德的永久和平和勒维纳斯的好客。康德认为普遍的好客对于中断好战自然本能、实现永久和平是必要的；而勒维纳斯认为好客和和平本身都是伦理的和本原的。对康德来说，和平是一个政治和法律概念；而在勒维纳斯看来，它既先于又超越政治。④在勒维纳斯看来，伦理学是超越政治的。德里达指出，主体对他者的尊重、接纳、责任和好客，不仅是伦理的，

---

① 转引自［英］克里斯蒂娜·豪威尔斯：《德里达》，张颖、王天成译，黑龙江人民出版社2002年版，第181页。

② Jacques Derrida, *Politics of Friendship*, trans., G.Collins, New York/Lodon, 1997, p.293.

③ Jacques Derrida, *Politics of Friendship*, trans., G.Collins, New York/Lodon, 1997, p.276.

④ 参见［英］克里斯蒂娜·豪威尔斯：《德里达》，张颖、王天成译，黑龙江人民出版社2002年版，第158页。

更关乎政治。当前世界政治的形势，充满种族战争、难民和流亡，因而，必须恢复构成伦理学基础的对他者的好客和责任，超越西方传统二元对立的政治观念和实践，建构一种超越国家原则的友爱和未来民主。

总之，德里达晚期一反“一味解构而不建构”的风格，转而出于对政治现实的责任心和使命感，解构了以兄弟情谊的博爱观念为基础的传统政治理论，同时，建构了一种超越敌友划分的新政治和未来民主，其中也蕴含着一系列建构性的概念和价值观念，正义、他者、宽恕、款待、新国际、新友爱、未来民主等。德里达以即将到来的民主的名义解构占统治地位的民主概念，指出其中蕴含的基于自然血亲关系基础之上趋同排异的同一性诉求和计算性为民主划定了重重界限。解构突破传统政治概念划定的界限，把民主置于地域之根和同胞关系之根以外，赋予民主以异质性、非计算性和无条件性。德里达反对把民主理解为一种政治体制。在他看来，民主的核心内涵是人与他者之间的关系。友爱必须以民主为它的命运。以友爱关系来协调人们的平等要求与独立要求的矛盾，以及实现人的平等、正义和公平，维持和尊重每一个人的差异的独立性。德里达在对自由民主政治进行反思过程中，强调一种终极的价值关怀和民主的理想维度。在他看来，反对资本主义的全球化必须跨越民族国家和传统共同体的障碍，建立一种真正的民主。这种未来民主，不是将来实现的一种完美的政治体制，而是对一种真正民主的承诺。它是一个在场又不在场的幽灵，一种具有不可能的可能性，一个没有弥赛亚的弥赛亚主义的承诺和期待。但是，未来民主又不仅仅是一种乌托邦的理想，而是“没有弥赛亚主义的弥赛亚”。在解构性地继承巴塔耶、布朗肖和南希关于爱和共同体的思想的基础上，德里达把未来民主的框架构想为一个“没有共同体的共同体”，同时，强调在这一共同体中，人与人的友爱关系的不对称性，真正的民主是从他者优先的伦理学和对人类共同体责任出发，对异己给予尊重、宽容、好客的接纳。

第六章
友爱政治和未来民主的评析

德里达关于友爱政治的思想提出之后，就引起理论界广泛的反响，学者们对此的评价褒贬不一，概括起来有两个方面：肯定的观点认为友爱政治和未来民主思想视角独特，分析深入细腻，论证充分系统，是德里达解构理论在政治领域的应用，《友爱的政治学》甚至“可以说是德里达最杰出的著作，无疑也是这个时代最丰富和最渊博的著作。它是德里达思想的集大成，也是他面向现实和未来的思想的全面发挥”①。否定的观点认为德里达从自己的理论出发对友爱思想谱系进行取舍和主观理解，其中存在诸多偏颇之处，也有批判指责德里达陷入解构方法的陷阱，没有明确表明自己对启蒙精神和马克思主义的看

---

① 陈晓明：《德里达的底线》，北京大学出版社 2009 年版，第 446 页。

法，还有许多学者质疑德里达所构想的普遍友爱缺乏现实可能性，未来民主最终只能陷入无奈地等待。问题不在于德里达的理论本身是否完美并得到一致的认可，而是在于德里达所提出的问题是否切合我们的时代，是否具有探讨的价值和意义，同时他提出的见解能否为我们解决问题提供启示。所以，德里达的友爱政治思想无论受到怎样的评价，他对当今时代的关注和对边缘群体的深切关怀，都无愧于作为哲学家和公共知识分子的责任。他对友爱、政治和民主问题的深入的哲学反思，为我们重新思考传统的友爱观念和民主的本质、重新定位和界定政治和政治哲学提供了重要的理论资源。友爱政治学中，不仅深刻地体现出解构的伦理维度，也包含着批判精神、解放价值和超验维度，这些在某种意义上说都与马克思主义具有某种契合性，也引发我们重新理解马克思的遗产并重新界定“马克思主义者”。更为重要的是德里达对友爱政治的解构和未来民主的构想对于全球化背景下的新政治理念和政治实践产生了重要影响，推动我们努力探寻解决现代民主政治困境的出路，反抗不平等的和强权当道的当代世界政治体系，为建立新的平等对话的世界秩序、实现更大范围的民主而奋斗。

第一节　友爱政治学的启示

如果说有一种解构的政治学的话，那么德里达是从一个最习以为常的概念开始的，那就是“朋友”。德里达由一句“哦，我的朋友们，没有朋友”开始，给我们呈现了从柏拉图、亚里士多德到蒙田、尼采等整个友爱概念的历史。但是，德里达的目的不在于为我们梳理友爱概念谱系的发展史，而是要为我们指出友爱内在的矛盾和其意义的多样性。

思想家们对于友爱的讴歌和赞扬构成了一种蔚为壮观的文化观念体系。德里达没有集中分析某一位思想家对于友爱的论述，也没有完全肯定或否定谁的观点，而是以兄弟情谊为线索把整个传统的友爱概念串联起来，分析其中的继承性。在他看来，整个传统友爱观念中，一以贯之的友爱典范就是兄弟情谊的友爱模式，而这种模式总是不可避免地带有趋同排异和男性中心主义的特征。在对友爱模式典范的分析解构中，德里达继承了传统友爱观念中关于友爱的哲学意义、政治意蕴和伦理价值的思想，并做出进一步的阐释和发挥。同时，德里达超出传统友爱观念中把友爱理解为自然属性或德性品质的简单化倾向，以及在敌友二元对立的基础上理解友爱的偏颇。从某种意义上来讲，德里达的友爱是一种类似于“君子之交淡若水”的友爱。由此出发，他把哲学的爱智理解为一种追寻而非占有的友爱而非柏拉图的爱，他强调友爱的政治意蕴却反对兄弟情谊导致的父权制或施米特的敌友划分的政治，他强调友爱的伦理价值却不是把它作为个人德性的表现而是作为一种政治伦理责任。由此，德里达的友爱政治思想对友爱、政治和民主问题的深入的哲学反思，为我们提供了以下三方面启示：对于作为爱智哲学的重新理解，对于政治和民主的重新定位和界定，对于政治伦理责任的政治哲学反思。

一、友爱与爱智哲学

德里达关注的焦点不是友爱，而恰恰是哲学。友爱的非自然化是一场宏大的哲学解构。德里达强调友爱问题是哲学问题，友爱的问题会自我展开为哲学的问题，并且把友爱和作为爱智之哲学联系起来。在他看来，爱智之爱，不是爱，而是友爱。哲学即爱智慧，对智慧之爱，这是自柏拉图一直到今天都被普遍接受和认同的观念，而德里达的观点告诉我们，哲学对智的爱不是充满激情和占有欲的爱，而是非占有、非计算、保持尊重和期待的友爱，这种理解促使我们重新思考哲学的真谛。

柏拉图哲学把爱、友爱、爱欲（eros）结合起来，奠定了爱智哲学的基本模式。[①] 柏拉图对友爱的诠释始终是把爱和智慧联系在一起的，最高等级的爱就是爱智。而智慧，是对生命自身与宇宙自然界的存在关系的领悟，它代表着真理，与善、美就是一。哲学就是对关于存在之知的追求和热爱。苏格拉底自称自己是无知的，也只有无知的人才充满对知识的渴望和爱，才从事哲学或爱智之学。所以哲学家就是爱智者，他们在

---

① 参见陈晓明:《德里达的底线》，北京大学出版社 2009 年版，第 444 页。

彼此的交往和对话中，孕育出智慧的果实，同时收获友爱和幸福，生命因而得以不朽。在柏拉图看来，过一种爱智的生活，才能享受幸福与和谐，也才能使灵魂的羽翼丰满而飞回天国。而亚里士多德把哲学之思看作是最纯净的幸福。所以，从希腊开始，爱就和哲学同一,一直在场于整个哲学史。因而，哲学之爱指向的是永恒的真理或理念，从流变的意见世界向永恒的真理世界的涌动。人作为不能自足的存在，永远达不到像神一样自足，所以总是对真、善和美的事物有几近迷狂的欲望之爱。柏拉图在《斐德罗篇》中把这种爱欲称之为爱的迷狂。爱欲的力量在古希腊生活中之所以占有至高的地位，它沉浸在一种对一切真、善、美和生命本身的迷狂式超越的境界。因为爱不再是与智慧的本源和谐，而是一种特殊的指向智慧的冲动，所以，智慧之爱就成为哲学，规定这种冲动的就是爱欲。① 所以爱被划分为“爱者”和“被爱者”，被爱者往往代表较高贵、较完美的人或事物，而爱本身表现为一种爱者对被爱者的主动行动，是一种并非完美的存在趋向高贵、完美目标的一种追求。但是，这种理解之中，不仅包含着等级优劣划分的不平等性，同时也隐藏着一种占有的欲望，像爱情中表现出来的那样充满自私、欲望、占有、嫉妒和背叛。这种爱在本性上是永远缺乏，永远追寻和占有，占有再追寻。

---

① 参见 Jacques Derrida, *Politics of Friendship*, trans., G.Collins, New York/Lodon, 1997, p.269。

由此出发，哲学之爱就是一种超越自身而追求完美的极限运动。哲学，永远是一种有缺陷却又趋向完美的智慧。通过爱，哲学可以无限接近最终确定完美的真理。① 对此德里达展开了一种探索，一种质问。可以说，在德里达看来，哲学之爱的真正名称是友爱，而不是爱，是重存在的爱之欲望，而不是重占有的欲望之爱。“作为哲学的友爱，作为友爱的哲学，哲学——友爱，友爱——哲学，这些在西方已经永远是其自身内部一个不可分割的概念：没有某种对智慧的爱（哲学），就没有友爱，没有爱(对朋友的爱)，就没有对智慧的爱(哲学)。”②友爱的真理是疯狂的真理，一种与智慧无关的真理。而智慧，贯穿整个作为理性历史的哲学历史，通过努力让我们相信，爱的激情就是疯狂，而友爱是智慧和知识的之路，同样友爱也是政治正义之路，从而给这种真理定下了基调。③

值得肯定的是，德里达以生存论意义上的友爱来指称哲学之思，凸显了哲学自身的开放性。一旦把爱智慧之爱理解为带有占有性的爱欲，哲学就会失去其开放性和谦虚的本质，导致

---

① 参见胡继华的评论文章《复活与灾异的基督肉身：论南希“解构基督教”计划》，其中有对南希对这一命题七种意义的解析。载于汪民安主编：《生产》（第二辑），广西师范大学出版社 2004 年版，第 335—336 页。

② Jacques Derrida, *Politics of Friendship*, trans., G.Collins, New York/Lodon, 1997, p.146.

③ 参见 Jacques Derrida, *Politics of Friendship*, trans., G.Collins, New York/Lodon, 1997, p.52。

极端的行为。一种哲学一旦自认掌握了真善美，也就意味着哲学思考的终结，同时也意味着相对于其他学科而言哲学的优越性，它将成为其他学科的基础和最终的依据标准。爱是一种欲的过度和迷狂，而友爱是对至善、美和智慧的追求。如果爱智之爱是友爱，哲学就表现出对真善美的寻求，但却不标榜自己占有真理，也不会以真理代言人或持有者的身份去统辖其他学科。哲学本身以一种开放的姿态接纳一切也许和不确定的发生，而不是固守某种真理的确定性。因而，在柏拉图把哲学作为一种爱欲这一最源初的时刻开始，哲学的本质就开始消逝。用思的快乐和欲望的动力划分爱的等级，哲学知识就成为爱之真理。但是，我们可以发现，哲学之爱欲恰恰标示了思之有限。任何爱都不能穷尽智慧和知识。爱只是为了寻求完美而不断地自我压抑，自我超越，力图实现和他者、他异性的东西的同一。在现实生活中，与其说它带来幸福，不如说带来痛苦，因为所爱的对象在彼岸，与现实的人拉开了无限的距离。所以，有限的体验限制之下的思，在爱的面前，将自身涂抹下去，以爱来完成其使命。本源意义上作为“爱智”的哲学本身，只有使爱转向智慧或使智慧顺从于爱的指引，才可能实现哲学自身。南希曾经说过“哲学关注的不是收集和阐释爱的经验，相反，在最后的分析中，是爱接纳并调动思的经验。”① 当思触

① ［法］让-吕克·南希：《解构的共通体》，夏可君编校，上海世纪出版集团 2007 年版，第 297 页。

及自己的界限时，爱在此岸和彼岸之间形成一种张力，并且成为其超越自身界限的动力。

由于德里达认为哲学和政治之间存在着密切的关系，所以他没有更进一步明确指出，爱智之友爱指涉的不仅是哲学，而且是政治哲学。其实，在亚里士多德的哲学中就认为，友爱就是一种使人爱智和追求幸福的德性，使伦理学和政治学联结在一起。友爱所爱的智慧，在亚里士多德看来是明智，也就是实践智慧，是具有实行能力的。实践智慧作为一种政治智慧开始于对于他者存在的关注。政治智慧也在于对智慧的“爱”，在于寻找到爱智的伙伴并形成共同体，这正是政治哲学的本质。在亚里士多德那里，友爱是从德性过渡到幸福的桥梁。友爱作为中介的桥梁正是实践智慧、政治智慧的展现。友爱的哲学不仅是哲学家的个人之思，同时，也转向共同体生活（政治生活），在现实的城邦中展开对话和哲学活动，进而廓清了现实城邦共同体的正义局限。对于这一点毋庸置疑，但是需要指出的是，德里达所谈论的友爱政治不是像希腊哲学家一样将我思的幸福居于正义和责任之先，而是将幸福置于正义和责任之后。

如果哲学是爱智，那么按照亚里士多德的观点，智可以理解为和解人类联合体的各种矛盾、实现城邦秩序的实践智慧。哲学作为智慧之学，不应只研究人类的思辨智慧，而是要研究人类的实践智慧；不仅要研究世界的本来面目，更要研究如何使人类走出目前的生存困境，使世界更美好，使人类更美好。

哲学的根本目的就是要从根本上和总体上认识和把握人生、社会、世界和宇宙及其相互关系，确立和论证对待它们和处理它们之间关系应有的根本理念、一般原则和基本准则，从而为人类更好地生存提供指导。哲学既是人类生存智慧的结晶，又是人类生存智慧的升华，它通过反思总结过去，又通过批判警示现在，还通过构建指导未来。哲学的根本使命就是要以所有这些理念、原则、准则为标准去审视、批判和重构人类生活现实，使之趋向理想价值体系模式，使之趋向完美。哲学作为一种世界观、人生观、价值观，同时也是一种方法论，应揭示人类政治生活的精神原质，并进行理性反思，提供终极关怀。

二、友爱与民主

爱智就是去不断解决冲突以达到人与不同关系的和解。这正是民主和政治努力的方向。真挚的友爱不仅是伦理的，也具有政治意蕴，它联结着人与他者之间、与共同体之间的关系，因而成为民主政治的伦理纽带。

在现代社会中，民主政治被公认为是最有效的政治组织方式，它是凭借公共权力和平地管理冲突，建立秩序并实现平等、自由、人民主权等价值理念的方式和过程。民主政治的基本内涵是人民自治，即在政治共同体内公民的政治权利得到平等地实现。在现代民族国家范围下，很难实现普遍的直接民主。所以，自由民主制更多地采取多数原则、选举制度、代议制度、权力制衡制度以及议会代表制度等具体的制度来实现。但是，为什么资本主义自由民主政治下的民主体制的实践会遭遇这么多困境，在民族国家体制框架内的民主还存在着这么多不尽人意的地方呢?

德里达指出，民主之所以问题重重，是因为在对民主的理解中，缺失了对友爱的反思。民主作为现代政治社会的制度，需要友爱作为基础。现代民主制度若想担当为人民提供幸福的职能，就必须不断推动和促进人与人之间的友爱和谐关系的建构。从民主起源开始，友爱与民主的联系就已经出现，表现为以血亲关系为纽带建构民主。这样的民主只是相对于有血亲关系的同胞或朋友才存在，相对于奴隶、女人、敌人和外族是不存在的。民主是在以自然血亲关系为基础建立的共同体中展开的。友爱的平等以及相关发展起来的社会的法律、公平、正义等观念依然是建立在同胞兄弟的基础之上。德里达启示我们，对于资本主义民主政治理论在实践中困境的反思，必须深入到资本主义自由民主制度背后深层的友爱观念，重构作为民主深层基础的人与人之间的友爱关系。民主被德里达放置在解构的思路之下进行思考。在德里达看来，友爱与民主构成了一种内在的关联，民主的精髓就是一种他者的伦理，因而友爱就至关重要。从这种友爱政治出发，民主就不仅仅是一种政治制度或政治体制，而是一种带有未来指向的承诺。友爱不可还原于民主的工具，不可还原于技术手段。否则的话，那种政治的友爱就必然只是一种为实现协调一致和默契的实用友爱。德里达把民主放置在解构的思路之下进行思考，肯定了友爱与民主之间的一种内在的关联，而友爱就是其最好的表现。由此出发，我们可以重新理解民主的本质。

从古希腊起每个时代都有其自己的民主社会的理想，因而，民主含义具有多样性，而且其形式也不固定，它具有一种历史性，离不开特定的历史条件。在民主的传统概念中，民主是确立一种人与人之间共同平等关系的政治组织方式，也是迄今为止公认最合理的方式。这种人与人之间的关系背后有哲学上的本体论及认识论的支撑。传统哲学以作为存在的 Being 为基础进行是非判断，在它的不同时态变化中，使政治、哲学、伦理和语言关联起来。但是从民主的视域看来，存在不是孤独的个体，而是与他者（勒维纳斯）的共在（海德格尔），超越了自我（胡塞尔）。民主选票本身就是一种是非判断，而最终的多数意见就变成真理。但是，又不是绝对的他者、不是现时的共在、也不是自我的单线循环。德里达超出三者之上，把民主的基础看作是人与人之间的友爱。而这种友爱是针对他者的，不是身边的他者，而是遥远的陌生的他者，在对他者的友爱中认识自我、实现自我甚至是延续生命。

民主政治建设不能单纯依靠制度建立和程序设计，应该深入民主深层人与人之间和谐关系的建构。民主政治作为一种调节人与人之间冲突、矛盾的政治组织方式，是以人与人之间的友爱为基础的。正是在这种意义上，友爱作为民主政治的伦理纽带的价值体现出来。现代社会的矛盾在主体哲学中被归结为自我与对象、主体与客体、个人与社会的矛盾。主体—客体二元对立的划分构成了自我意识主体的前提，正是在这一二元性的基础上，自我意识实现了自我同一。主体性在实现其同一性的同时，使自我已经逐步和其他的自我疏远化，总是压制、排斥他不可同一化的绝对他者。社会关系不可能建立在自我同一的主体之上，自我中心主义的孤立自由主体难以协调与他者的矛盾，它更多的是对他者的吞噬和排斥。所以如果停留于以自我意识主体为支撑的个体之上来认识现代社会的纽带关系，就不可能真正认识现代社会的矛盾并且找到解决矛盾的出路。所以我你关系应该是不对称的，并不是以我为中心，而应该是以他人的预先存在为前提。他者拥有绝对的差异性，是在生命的体验中被发现的。友爱涉及人的存在。与他者之间的友爱关系，是对生命、对存在的肯定和热爱，避免我们陷入绝对的自我中心。所以，德里达逐渐走出主体的阴影，开始转向了人的真正实际存在和活动，转向了伦理和政治，转向了人与人之间的关系纽带问题和共同体问题，即他者、交往、信任、理解、友爱、宽恕、责任、正义、共同生活的纽带。

在自由民主制下，具有平等权利的公民是自我中心的主体。有效地把彼此孤立的个体联合在一起，是防止民主社会陷入冲突和瓦解的途径。民主不能简单地还原于公民权，也不仅仅是一种作为民族国家的给定社会的政治制度或政体体制，而是人与人之间自由平等、诚信友爱关系的真正建立。民主的内在矛盾，即平等和自由的冲突，要依靠共同体成员之间友爱关系的建构来解决。友爱不仅仅是伦理学的，也是存在论的，更是政治学的。民主意味着最起码的平等。在友爱中，甚至在传统的友爱中，涉及到的是相互关系、平等、均衡。在人人平等之外没有民主可言。民主包括平等、正义、公平等价值同时，也意味着主体的独立自主，对他者的独立性的尊重。民主要以友爱关系来协调人们的平等要求与独立要求的矛盾，实现人的平等、正义和公平，维持和尊重每一个人的差异的独立性。

自由民主社会依赖于社会团结，因为民主意味着普遍参与共同事务的管理和建立在普遍同意基础上的统治。它的实现需要保持联合、容忍少数和不同意见，在利益冲突时能够保持宽容、妥协并共同参与政治活动。正如在友爱关系中，我们接受并尊重朋友的差异性和独立性，关爱朋友，欣赏和学习他的优点，同时也帮助他纠正不足。哲学家科恩就把许多个人相互团结并组成社会的理想情况称为兄弟关系或博爱，在他看来，这种博爱是社会的理想表现，因而也是民主的前提。割断民主社会中人与人之间关系的纽带，放弃团结、友爱、信任和责任的共同生活，必然会陷入冷漠、敌意甚至对抗，失去共同的情感和认同。由此，个人的创造性、安全感的需要就无从获得，人的社会性无法实现，社会冲突也将无法协调。团结、友爱、信任、互助的关系不仅仅是达到物质目的的合伙关系和互惠关系，也不单纯是减少矛盾、协调冲突并且有效合作的必要条件，而是人存在的更根本的关系，它们使人有更多的自由，更大地发挥创造性的空间，获得安全感和满足感。而普遍友爱关系的真正确立也正是马克思所构想的共产主义理想中的自由人联合体的实现。

德里达不是在制度层面上寻找现代民主的替代方案，而是反思什么是真正的政治和民主。在德里达看来，政治和民主根本上都是以人的纽带关系为基础的，探讨人们如何在一起生活。他没有对现代资本主义自由民主制度下意义的丧失和幸福的终结抱一种一切随他的犬儒态度，而是从他者出发，维系一种人与人之间的友爱关系，实现公平和正义，建构一种以未来民主为指向不断超出自身界限的民主和政治。德里达用将到来的未来友爱和未来民主来纠正友爱和民主。不是主张回到希腊或回到现代之前的某个友爱的摹本，不是针对过去，而是指向未来。形而上学的理念总是预先设定一个自由、平等的观念，然后通过理性设计来实现这个观念，并坚信一定会实现。而种种残酷的事实已经打碎了这种乐观的梦想。德里达是以未来的东西为指向，但不是在某一天实现它，而是它像幽灵一样，是不在场的在场。

尽管德里达对资本主义自由民主制度提出了质疑和批评，但是解构不是简单地否定民主，而是给予民主更复杂、更真实的语境和更丰富的内涵。“解构应当是一种反本索源，忠实而又内在地思考哲学概念之谱系的方式。解构之最后境界，不是空无一物，而是涵容万有。”[①]解构之所以正义，因为解构不是

---

① 汪民安主编：《生产》（第二辑），广西师范大学出版社 2004 年版，第 344 页。

一种外在的否定和摧毁，而是一种内在的自我解构的动力。解构不是投靠那些反民主主义者们无计可施、无牌可打的机会主义和犬儒主义，而是保留了这种质问、批评和解构的无限权利[①]。解构并没有瓦解民主的理想，解构和民主之间有着内在的一致性和相互性。用德里达的话说："因为没有民主就没有解构，没有解构就没有民主"[②]。德里达辩解道，对于传统民主的解构，不意味着解构主义没有民主，否定民主。在解构之中，爱智追求有限性的发现，民主也力图跨越界限。"正是对一种未来民主的要求，使解构成为可能。这种要求就是实践中的解构。与兄弟的关系，从开始的时候就牵涉到了誓言的秩序、信誉的秩序、信仰和信念的秩序。兄弟，绝非是一个事实。"[③]只有在民主之下，才能营造出一种开放、宽容的环境，接纳异己和他者，接纳一切可能和不可能。只有在这种环境中，解构才能真正地贯彻和发挥作用。没有解构就没有民主。通过解构的质疑和批评，德里达发现了民主之中内在的解构性。没有这种内在的解构力量，就没有真正的民主。正是因为民主能够不断地进行自我解构，才使民主拥有未来，可以不断地趋向完善。这种解构力量使民主能够不断地超越界限走向

---

① 参见 Jacques Derrida, *Politics of Friendship*, trans., G.Collins, New York/Lodon, 1997, p.105。

② Jacques Derrida, *Politics of Friendship*, trans., G.Collins, New York/Lodon, 1997, p.105.

③ Jacques Derrida, *Politics of Friendship*, trans., G.Collins, New York/Lodon, 1997, p.159.

无条件性。德里达指出民主“有条件性和无条件性之间的界限：所谓条件性，就是语境和概念的边缘，它们规定了民主效用实践的范围，在土地和血液之中养育了这种现实可能性；所谓无条件性，就是说它从一开始就一定把自我解构的力量铭刻在民主这一主题之中，表明民主本身有自我解除界限的可能性和义务性。民主是解构的自我规定之中的自动（autos）”①。以往的政治概念都是有条件的、有界限的，规定了民主一词的使用范围，或民主本身的实践范围，范围即依赖于土地和血液这样的概念来界定民主。以往的民主概念都是用土地和血液概念来划界，博爱，兄弟之爱，上帝之爱，同宗之爱都是基于自然的血液的爱。无条件性，就是德里达所说的民主的主题，以往依赖自然、血缘等划界的民主本身就包含解构的东西，自己解构自己。因此必然会发现，这种民主总是试图去扩大自己，总会找更多朋友扩大自己，总会扩大民主的集体。所以，民主概念中，想象的亲属关系大于实际亲属关系，政治必然会构造血缘关系并投射出去，拉拢关系寻找盟友。民主自己解构自己，民主不断给自己划界，又不断地试图突破自己。正是因为内在的解构力量，民主具备可调节性和无限可完善性，因而，“它也许还保留了普遍化的权力：超越国家和民族，把个体的绝对差异性的考虑提升到普遍性高度，但这种个体绝对差异性是无限

① Jacques Derrida, *Politics of Friendship*, trans., G.Collins, New York/Lodon, 1997, p.105.

差异的，因此也是对特殊差异深表冷漠，对同一性的狂热追求保持超然的姿态：因为这种同一性败坏了这个词语最不可败坏的希望”①。基于一定友爱观念基础之上的民主，总是不断地为自己设定界限又不断超出界限，因而在某种意义上来说，民主和解构之间有共通之处。民主内在地具有一种解构的力量，而解构也只有在民主的氛围之下才能更充分地实现。

解构是民主自身摆脱自身的行动，依此民主显现出一种无限异质性：总令人不满足于现状并着眼于将来，因为解构始终没有达到其目标。不过，民主总处于应许的时间中。解构与民主并非手段与目的的对立，它们本质上是一回事，解构的无限权利即由整个民主来保障。民主不断地被解构又永远引导着我们。在民主之中，我们要抵抗的就是民主为自己确定的界线，以来临的民主的名义解构当下的民主，来临的民主使我们既解构民主，又保留“民主”这个古老的名称。所以，解构的民主既是传统的，也是现实的和未来的。德里达在探寻一种能够把民主排斥在地域之根和同胞关系之根以外的民主，一种不需要数目和算计的民主，一种把握个别差异之普遍性的民主，一种不会使政治变成不可算计之物却仍然能赋予古老的民主概念以正当性的民主。这种民主问题再也不是一个国家、一个民族，甚至政府或公民问题，甚至不是一个政治问

① Jacques Derrida, *Politics of Friendship*, trans., G.Collins, New York/Lodon, 1997, p.106.

题，而是一个友爱政治的问题。

三、友爱与伦理学

和友爱谱系中众多思想家相比，德里达不是单纯地把友爱作为一种伦理价值或德性品质加以赞扬，而是从友爱和政治的密切关系出发，论述传统友爱模式对于今天的交往模式和政治体制的影响。德里达把友爱的伦理价值和勒维纳斯为他人的伦理规范引申到政治领域，倡导人们承担政治伦理责任。友爱的政治意蕴决定了友爱不仅仅局限于伦理领域，不仅仅是私人德性的践行，而是一种政治伦理责任。这引领我们重新思考政治和伦理关系，思考政治伦理学的重要意义。

一方面，伦理学不能脱离政治共同体生活单纯强调个人道德。亚里士多德就已经指出，人的德性只有在城邦中才能实现。德性的高低对于孤立的个人毫无价值，诚实、勇敢、乐于助人等美德只有在共同体生活之中才具有意义。因而，友爱、公正、正义等伦理价值不能停留在私人领域之中，而是要深入到社会共同体之中。

另一方面，政治绝对不能脱离伦理而成为一种单纯的统治技术或工具。人类以群居的形式生活于共同体之中，不可避免地要与他人打交道，也就不可避免地要发生分歧和冲突。人类共同体要维持下去，就必须建构规则和秩序来维系共同体的和谐关系并实现幸福生活，这也是政治产生的原因和意义所在。

正是在共同体生活的意义上，亚里士多德才说人天生就是政治动物。政治不是建立在二元对立的否定性关系上，也不是解决分歧、均衡利益的暴力运用或技术性的决策活动。所以，不能把政治简单地还原为国家和社会的秩序设计和程序问题，更不能放弃伦理交往关系把政治单纯地理解为权力运用的统治术。政治学只有价值化、伦理化才能化解人在政治体系中的心灵恐慌与生存困惑，也只有理性化、科学化才能维持当今庞大政治体系的精确、高效运转。政治学不能把理性、道德和价值弃之一边。它不仅需要关注现实，讲求功用，要把个体和国家的政治行为以及政治利益和政治权力的分配纳入自己的视野。同时，它还需要理性和价值的力量，需要道德和情感作依托，否则政治学就丧失了灵魂，变成了人的机器，或使人成为机器化的人。政治学需要理性化、技术化的加工，更需要哲学化、价值化的提升。

因而，在友爱和共同体的紧密关联之中蕴含着正义。对他者的责任即正义。正义不是可计算、可固定、有规则的权利，而是无限、不可计算、反叛规则、背离对称。解构自身即伴随着无限的出于对他者的责任的正义诉求。无法兑现的正义承诺和对正义的不懈追求，有其深刻的历史根源，包括弥赛亚主义、终末论等。德里达以“解构”延续了这一传统，把正义、友爱、民主等观念置于历史行动之中，赋予它们一种弥赛亚性，但却不是真正救世主的到来。历史行动促成某种历史的进步，一种无限的、归于他者的正义意识的进步，朝向预先规定的友爱的非自然化、无限化和普遍化迈进。“解构之所以成为‘正义’，并不在于它是一种批判手法或者是一种弃绝行为。相反，它是一种意义实践，一种直接逼近和着力显示隐藏在西方的特殊形式——基督教精神——之中作为动力的东西。”[①] 在共同体之中，正义是在人的活动中被确证与规定的。在实践哲学意义上，作为区别于动物的人，活动（实践）规定人的本质；而在政治哲学意义上，作为联合体的一员，他者规定“我”。

总之，友爱不只是一个实证范畴和经验概念，更是人类普遍的相互信任和相互承担责任。它是建立在对他者、对人类的责任之上的，人与人之间彼此关爱、好客、相互接纳、相互尊重。友爱的问题不仅是私人领域的伦理问题，而且是与民主密切相关的政治问题，它涉及个人与他者、诸多他者之间的关系。人与人之间的友爱关系是民主政治的基础，只有真正的友爱关系的确立才能纠正现代民主政治的弊端。人际间的诚信友爱是民主政治建设的价值基础和伦理纽带，所以应该复兴希腊传统中友爱的政治意蕴，建构普遍开放的友爱理念和实践，并且在此基础上形成新的普遍平等的民主政治观念，推动民主政治实践。

德里达把一句“哦，我的朋友们，根本就没有什么朋友”纳入到西方形而上学的思想史和政治哲学史中加以分析，从词

---

① 汪民安主编:《生产》（第二辑），广西师范大学出版社 2004 年版，第 350 页。

源学和文学修辞入手，引向深层的哲学、政治学和伦理学。在德里达看来，三门学科本身并没有清晰可见的界限，伦理态度、政治关注始终深刻地渗透在解构理论之中。“德里达的伦理学实际上与他的政治学混合在一起，他的伦理学也是一种政治学，而政治学则也打上浓厚的伦理学色彩。”① 无论是伦理还是政治，在德里达看来，都是要被当作解构的一种本性来理解，解构本身就是一项正义的事业。

友爱政治的解构之中，不仅是德里达第一次把潜在的政治学意图明朗化，也是哲学、政治学和伦理学最充分地结合。某种意义上来说，友爱政治解构是一种政治伦理学，或伦理政治学。从德里达对友爱政治的分析解构中，可以看到解构如何关涉伦理、如何贯彻到哲学和政治学之中。解构的出发点和归宿就是这样一种政治伦理学或伦理政治学。

但是，我们为什么要承担对他者的责任？历史行动的命令来自何处？每个他者都不同，如何承担对他者整体的责任？在勒维纳斯看来，对他人的责任来源于他人的神圣性，最终即人的神圣性。历史行动的无条件的约束力源于爱他人甚至是陌生人的上帝，类似于宗教启示。而德里达则反对宗教启示，更注重可启示性。可启示性意味着探知启示得以可能的条件。而探问可启示性恰恰潜在地规定了对某种友爱政治的可能性的反思，可启示性甚或就规定了某种友爱政治的可能性。正是在这

① 陈晓明：《德里达的底线》，北京大学出版社 2009 年版，第 447 页。

个地方，神学和哲学的友爱政治的区别渐渐凸显。友爱政治的可能性得以保留下来。但是我们不禁会追问这种可能性是否具有现实性呢？德里达并没有给出回答。

四、友爱与生存论

从德里达对友爱概念谱系的解构中我们可以发现，友爱问题关涉的不仅是伦理学的问题，也是哲学的，更是政治学的。所以友爱政治的解构也是多方面的。在我看来，友爱之所以能联结伦理学、哲学和政治学，根源在于友爱和存在之间的密切关系。无论是伦理学、哲学还是政治学都是对存在的思考和关怀。所以，从存在论出发，可以更深切地体验友爱的多重价值和意义。

思是爱，思等同于爱，但是爱比思更本源，更关乎生存。友爱是人的生存方式，是生命本身的需要，是对生命的责任和尊重。友爱和人的存在、和哲学思考息息相关。而人与人之间的友爱与政治民主也密切相关，是民主政治的纽带。民主的深层基础和真谛是与他者之间的友爱关系，是对生命、对存在的肯定和热爱。

在传统哲学中，对友爱的思考涉及本体论和现象学的还原。在追问谁是朋友时已经预先就设定了友爱的存在，这一逻辑与本体论的形式一致。对在场、生命和意识的思考本身就是爱。而从本质上来说，友爱与生命、存在相关。“‘爱’在完美和不完美之间，在自我实现和自我压抑之间，在超越和内在之间，以及在同一和他者之间。”[①] 理解这种友爱，进而向它敞开我们的生命和存在。就像海德格尔一样，把哲学看作是对存在问题的爱恋（philia）。友爱并不是存在的偶然遭遇，而是不可避免的命运。爱不是规定存在，而是命名它，爱迫使我们去思考存在。共同的爱恋构成共同的对也许的危险的洞察，由此使人产生好奇和惊异，由此开创出哲学，从某种意义上说，开创的是政治哲学。

从生存论来讲，“我们”是一个基于血亲关系假设的概念。我与你遭遇到一起的结果不是“我们”，不是基于某种同源性或同一性之上的友爱关系。我召唤你来，我希望和你成为朋友，不是因为你和我相同，而恰恰因为你是陌生的，不同于我的。他者的这种差异性是真正意义上的礼物，是生命的馈赠。德里达通过召唤和企盼实现一种哲学推论，一种“非法”的跨越和统合。

友爱总是涉及死亡、遗嘱、悼念，这与生存论密切相关。德里达构想的那种不在场、非对称、主动的爱似乎只有在朋友逝世之后才更纯粹。人们总是在接近终点、在生命的边缘即在死亡的边缘而发出对友爱的感叹，展开友爱赞颂的活动。朋友之间的友爱并不由于一方的离去而消失，而是从幸存者那里获

---

① 汪民安主编：《生产》（第二辑），广西师范大学出版社 2004 年版，第 335—336 页。

得气息，从主动的爱中获得灵魂，它可以主动地爱无生命者。德里达说："无论如何，友爱开始于幸存的可能性。幸存的别名是哀悼。"① 也可以说，幸存是友爱的起点，只有幸存者才能延续生命的意义。"在哀悼之前，这种眷恋像幽灵一样地萦绕着朋友，将它活生生地抛在哀悼之中。眷恋在悲情之前悲伤地流泪，在死亡面前哭泣死亡，这就是爱的灵息，这就是友爱的极限。因此幸存马上就成为友爱的本质、友爱的起源和友爱的可能性，尤其成为友爱的可能性条件。这就是悲伤的爱的行动。幸存的时间因此也就是给予了友爱的时间。"② 与友爱相反，敌意是对生命的最大威胁，意味着幸存的不可能性。敌意总是伴随着怨恨、战争、死亡、终结、毁灭、屠杀等，因而朋友的幸存意味着希望，而在敌意中永远看不到希望和未来。因而，可以说德里达的友爱政治学建立在生存伦理学基础之上，并且是一种积极的生存伦理。友爱的哲学中浸透着深深的生命伦理意味。幸存和名字相联系，也涉及生命的有限性，又总是与记忆和遗嘱相关。"缘于名字，友爱在友爱之前开始；缘于名字，友爱比友爱活得更长；友爱永远从幸存开始。"③ 通过幸存，架起了生命、死亡、时间、友爱、

---

① Jacques Derrida, *Politics of Friendship*, trans., G.Collins, New York/Lodon, 1997, p.13.

② Jacques Derrida, *Politics of Friendship*, trans., G.Collins, New York/Lodon, 1997, p.14.

③ Jacques Derrida, *Politics of Friendship*, trans., G.Collins, New York/Lodon, 1997, p.291.

哲学之间彼此畅通的桥梁。幸存使朋友的名字、对朋友的记忆、友爱和责任甚至生命本身更具意义。哀悼是以朋友的名义主动地示爱。哀悼不仅是对逝者，也是对生者，"是与朋友的互相注视"①。

友爱的存在论思考涉及自我问题。自我在几个世纪以来的西方社会中，已经逐步和其他的自我疏远了。在亚里士多德的友爱哲学之中，朋友是另一个自我，因而喜爱朋友也就意味着喜欢自己独特的存在。友爱在这种意义下成为自爱，包含一种自恋情结和自为典范。这种充满自爱的友爱典范"既与他者的正义无关，又与他者的政治无关"②。从希腊化罗马的个人主义出现开始，到笛卡儿的"我思故我在"，自我逐渐成为人们认识存在、实践存在的出发点。尤其是之后的自由主义、功利主义都把自我看作政治和经济中发挥作用的中心，更注重个体的自由，只在狭义上承认人类之间的平等。所以人类之间的关系逐渐被孤立的自我所取代。因而，在今天的程序化民主政治之中，这种偏重仍然在继续。在这种程序上的民主中，人与人之间表面上由一种抽象的和中性的实施程序而连接起来。因而，必须只有在自我中发现他人，或者面对死亡而幸存，才具有不对称和不和谐的张力，才能通过另一种友爱的可能性来揭示正义和政治的可能性。敌对不仅意味着不自由，而且是生命单调

① 陈晓明：《德里达的底线》，北京大学出版社 2009 年版，第 451 页。
② Jacques Derrida, *Politics of Friendship*, trans., G.Collins, New York/Lodon, 1997, p.24.

的表现。如果朋友关系是一个灵魂两个身体，那么友爱的灵魂依附于身体。这种超越存在的友爱，是没有原则的，也是没有回报的。爱，不管是否被爱，在这种悖谬的心情体验下，爱是不被释放的秘密。也正是由于不对称和不被释放的秘密，使友爱得以保持、延续，甚至超越生命。友爱、民主、政治都得到增补，不再是原来的含义。没有到来的、正在召唤的友爱是生命力旺盛的友爱，不寄托于任何躯体。

在互联网时代的今天，人与人之间的距离不再遥远，可谓是天涯咫尺。但人与人之间又不断在陌生化。政治也成为陌生人之间的政治。以血缘关系为基础的家族、同乡、同胞、同党等亲密熟悉的关系由于利益争夺逐渐被边缘化。当代人不会再对着朋友吐露心声，却会在互联网上对着一个陌生人历数人生的沧桑与幸福。互联网加剧了人与人之间的陌生和孤独，却使不在场的友爱成为可能。这是一种幽灵效应，使一切成为不在场的在场。远距离不再是友爱的障碍。遥远而陌生的他者和你的邻人相比，会带给你不同的体验和感受。所以，我们声声召唤。召唤到来的朋友不再是从前的朋友，那些亲人、同事、邻居等等，而是遥远的陌生的他者。不再因为遥远而漠不关心，不再因为陌生而排斥和敌视，而是要保有一种友爱。以友爱之心，摒弃暴力。因为，暴力就是放弃希望和未来。超越法律的暴力，是极度的对抗和排斥。暴力没有未来，只有毁灭。因为暴力本身就是恶，实施暴力的惩罚也指向自身，反身惩罚自己。任何人都不能也不应该以血腥的暴力手段建立秩序或维护人们之间相互联系的纽带。冷漠的现代人需要友爱。德里达的友爱政治学就是要修复人与人之间的纽带，改善人的生存方式和交往模式，追求着人与人之间关系的“血缘化”。只有这种无限的友爱才是没有界限原则的和正义的。人与人之间的关系中，核心是伦理关系。友爱政治中，人与人是平等的，尽管有许多差异，从差异到平等的途径就是正义。要达成这种正义秩序，在于对存在本身的信奉和关爱。这里的正义就是保持人与人的友爱关系。

友爱不是一种形式结构，而是一种生存的敞开状态。友爱使人们能在经验层次上来确认自己的类存在。尽管，德里达力图构思自我的另一种不同方式的可能性，即一个没有中心、没有限定因素的自我，也就是一个无中心的自我。他希望异己的力量闯入我和我思构成的封闭空间之中，打破了我和自我之间的绝对同一性，克服了理性主体的自我封闭和自我膨胀，否定了绝对主体的自我中心主义。不再是我和我思来确定存在，而是异己的他者来确认存在。他人是异己的“敌人”，而相对于他人来说，我也是异己的“敌人”。爱我、爱他人和爱敌人，在某种意义上是一致的，爱是确认自我存在的方式，在尊重作为存在之自我的同时，也爱异己的他者。正是由于他的存在，才有自我。敌人作为他者，作为兄弟，作为自我的辩护人，最后作为自我自身。但是，如果友爱总是设定一个敌人，如果敌人的存在不仅确定了朋友的身份认同，也确定了自我，这种自我以朋友和敌人的敌对为基础，那么否认这种敌对可能吗？否认自我和以自我为基础的西方哲学传统可能吗？这是德里达留给我们的问题。

第二节　德里达与马克思主义

早在解构理论广泛传播之际，就德里达和马克思的关系问题就引起了很多争议。在两大阵营对峙的冷战背景下，有人指责德里达政治态度模糊，没有明确地表明对马克思主义的态度和相应的政治立场。也有人对德里达和马克思的思想做出深入的比较分析，指出二者的相似性，尤其是那些相对应的概念：批评和解构、货币和文字、唯心主义和逻各斯中心主义、历史和踪迹。在1971年胡德拜恩和施加佩特对德里达的访问记上，两位采访者谈到解构主义和马克思主义的关系问题。胡德拜恩认为解构主义和马克思主义具有多方面的共同点：第一，辩证唯物主义的逻辑是建立在物质、矛盾、冲突这一类概念之上，这一概念系列与解构理论的一些专门术语可以互为沟通，或许还可以择优交换使用。第二，德里达的文字理论与唯物主义的文本，即被唯心主义、形而上学和宗教这类统治意识形态的话语所压抑的历史文本，具有共同的基础。第三，马克思的意识形态概念质疑了意识的自明性和德里达的中心概念延异相似，而辩证法的原动力‘矛盾’作为一种强大的异质力量运行，也预示了延异的策略。①

《论文字学》的英译者斯皮沃克在《关于阅读马克思的思考：读毕德里达之后》一文中指出，德里达对马克思主义进行了一种解构主义阅读模式，一种对哲学文本的文学式的或修辞式的阅读。德里达对“文字”的热情一如马克思对“货币”的关注。货币原本是产品交换的一种补充，但它反过来异化为商品世界中的至尊，语言在德里达看来也是如此。斯皮沃克指出，解构主义对马克思主义的阅读质疑了“文学”和“哲学”的一些学科术语之间甚至学科之间明确的界限，但却对政治避而不谈。“此种阅读之所以是‘文学的’，纯粹是因为它认识到马克思是在语言中写成。”② 因而，尽管斯皮沃克肯定了德里达没有将马克思的著作视为文学的极端形式或与外界无涉的文本，而是揭示出马克思赋予了纯粹哲学以实践性，但是同时斯皮沃克又指出德里达的解读归根结底是一种文字游戏，能在多大程度上把握马克思主义的精神实质是值得怀疑的。

迈克尔·瑞安在其著作《马克思主义与解构》中考察了解构与马克思主义、后马克思主义以及与欧洲左翼社会激进民主运动的关系，论证出德里达和马克思主义之间的现实关系。在瑞安看来，德里达的“踪迹”“延异”虽说和马克思的“历史”“关系”不能完全相等，但是二者都具有批判性和反意识形态性。

---

① 参见陆扬：《德里达和马克思》，《哲学研究》1996 年第 5 期。

② D. Attridge et al., *Post Structuralism and the Question of History*, Cambridge Univ., 1987, p.30.

陆扬就瑞安的这种比较曾指出，“离开马克思主义哲学强烈的实践性和阶级性，这类比较都是牵强的，无异于隔靴搔痒。”[①] 瑞安也曾在《马克思主义与解构》开篇中说过：“马克思主义和解构理论可以沟通，但是在一个基本点上它们无法发生联系。解构理论是对一些主要的哲学概念和实践的哲学质疑。马克思主义恰恰相反，它不是一种哲学，它为革命运动命名，同其他一些思想相仿，是建立在马克思对资本主义的批判分析之上，这一分析的理论与实践旨在推翻一个以私有财富积累为基础而建立的社会，取而代之的是一个自由合作的劳动者共享社会财富的社会。千百万人因为他们是马克思主义者而遭杀身之祸；却没有人因为他或她是解构主义者而非得去死。”[②] 在瑞安看来，解构是哲学的，而马克思主义不是一种哲学，在某种程度上来说马克思主义更具实践性和战斗性。马克思在阶级斗争的学说中扬弃了传统的形而上学概念，在政治批判中运用了和解构相类似的批判武器，所以成为之后列宁主义革命实践的理论基石。同时，马克思主义作为理论和实践的一种历史模式，本身就具有不确定性，它将在历史之中发展自身，敞开大门接纳新的内容。这种不确定性就源于历史本身。瑞安解释道：“历史是不确定性的另一个名称，永远向发展新理论体系的可能性敞开着。马克思主义假如它是一门科学，便是一门历史的

① 陆扬：《德里达和马克思》，《哲学研究》1996 年第 5 期。

② Michael Ryan, *Marxism and Deconstruction*, Baltimore and London, 1982, p.1.

科学。从它公理确立的那一刻起，便开放自身，在历史运动中以求发展，它的公理总是即时的，因为历史是一个变化、修正和发展的领域，它的目的是开放的。"①

面对种种批评和争议，德里达采取不置可否的态度，并没有做出正面的解释和申辩。直到东欧解体，马克思主义和共产主义理想遭到贬损，德里达才在《马克思的幽灵——债务国家、哀悼活动和新国际》明确表明自己的政治立场和政治主张，阐述了他对马克思主义的理解和对当代资本主义民主政治的批判。

《友爱的政治学》与《马克思的幽灵》就其构思写作时间来看基本相当，许多内容也相互呼应和补充。在《友爱的政治学》中，也有一种马克思主义精神在游荡，蕴涵了德里达对于马克思主义精神的继承和发展。具体体现在三个方面：德里达继承了马克思对资本主义经济和制度以及现实异化、不平等的批判，并把这种批评深入到制度背后的思想文化观念领域，对资本主义自由民主制度下被大家普遍接受的观念如友爱、博爱、民主、政治、好客、正义等进行了深刻的文化批判；继承和扬弃了马克思的历史思想和对未来的解放维度，提出民主的弥赛亚性和未来性；德里达继承了马克思价值理想和对人类生存境遇的伦理关怀，并把他者伦理思想纳入到友爱政治之中，发展了马克思主义的伦理学和政治学。所以，德里达的友爱政

---

① Michael Ryan, *Marxism and Deconstruction*, Baltimore and London, 1982, p.1.

治和未来民主思想是一种新的弥赛亚主义和别样的马克思主义。

一、德里达与马克思的遗产

在《马克思的幽灵》中，我们可以看到，德里达在解构传统政治观念、批判资本主义自由民主制度、重新反思政治哲学基本范畴和民主过程之中明确表达了自己的政治理论，并且可以了解他对“马克思主义向何处去”这一问题的回答。德里达既激烈地批判当代资本主义，又小心地与马克思主义保持一定的距离；既对马克思主义一些思想表示不赞成，但却自认为承袭了马克思的某种批判性遗产，甚至更加激进化地高扬马克思[①]。对此，伊姆雷·塞曼等马克思主义者指责德里达把马克思主义幽灵化，诋毁了马克思主义历史和实践、阶级斗争和革命的维度，因此是非马克思主义或反马克思主义的。阿赫玛德（Ahmad）等人则认为解构和马克思主义和解了，或把德里达定义为不同于左翼和右翼的“第三条道路”。德里达回答，是不是马克思主义者，要看在何种意义上规定马克思主义。[②] 在笔者看来，这个问题并不重要，重要的是他对马克思主义的公

---

① 张一兵、胡大平：《西方马克思主义哲学的历史逻辑》，南京南京大学出版社 2003 年版，第 416 页。

② 关于这些批评和德里达本人的回应参见［法］雅克·德里达：《马克思和儿子们》，载于友爱的政治学及其他》，胡继华译，吉林人民出版社 2006 年版，第 518—556 页。

正评价，可以还马克思主义的本真面目，可以真正继承马克思的遗产，可以指明“马克思向何处去”。其实，德里达既不是马克思主义者所谓的敌人或可以被同化的敌人，也不是一个忠诚的马克思主义者。正如德里达自己所说的“我从未打算与马克思主义或马克思主义者开战”①。德里达不是将马克思主义作为批评的对象或通过反对马克思为自己论证，而是在肯定马克思精神的基础之上对马克思的遗产进行新的阐释。

首先，德里达宣布马克思主义在当代并没有终结。德里达把马克思主义“幽灵”化，既在场又不在场。所以，马克思在当代就是一种幽灵化的在场，尽管其一些具体的观点和分析已经过时，不适应全球化背景下新的社会状况和生产、生活方式，但是马克思的某些精神在当代却依然是必要的。在德里达看来，马克思留给我们的遗产最主要的就是马克思主义的批评精神以及共产主义理想和解放维度，而这两点在当代仍然具有重要的理论价值和现实意义。他从友爱入手批判了整个西方友爱政治谱系发展的历史并提出新的友爱和未来民主的理想，就是对马克思的批判精神和超越精神的继承和发扬。在他看来，马克思主义精神尤其是批判精神“在今天比在任何时候都必不可少”，“我们毫无疑问都是马克思主义的继承人”，必须接受马克思的遗产，要阅读且反复阅读和讨论马克思，否则将是一

① ［法］雅克·德里达:《马克思和儿子们》，载于《友爱政治学及其他》，胡继华译，吉林人民出版社 2005 年版，第 506 页。

个错误，一个理论的、哲学的和政治的责任方面的错误。解构就是对马克思主义精神的一种体现。解构活动在前马克思主义的空间中是根本不可能的，也是不可想象的。”① 而自由民主制度仍然是不尽人意的，在其体制下的人们仍然没有获得预计的自由、平等和民主。当代人仍是需要自我解放，所以共产主义的理想维度和实践仍具有现实性和紧迫性。因而，我们都不可避免地要成为马克思的继承人，接受马克思的精神遗产是任何人义不容辞的责任。

其次，德里达指出了马克思遗产的多样性。在德里达看来，马克思的“幽灵”不是一个，而是多个。莫里·布朗肖在《马克思的三种声音》中，把对马克思的理解分成三种：一是把马克思作为哲学家；二是认为马克思是个政治革命家；三是认为马克思思想具有知识性和科学性。布朗肖说：“在马克思那里，而且常常是来自马克思，我们可以看到三种声音结合在一起形成了一种力量和形式，这三种声音全都是必要的，但又是相互分离甚至相互对立的，仿佛它们是被强行并置在一起的。这种使它们结合在一起的分离物指明了一种需要的多样性，这种需要，自马克思以来，每个能说会写的人都不可逃避地感到自己不得不服从，除非他甘愿于自己一事无成”。② 德

① ［法］雅克·德里达：《马克思的幽灵》，何一译，中国人民大学出版社1999年版，第129页。

② ［法］雅克·德里达：《马克思的幽灵》，何一译，中国人民大学出版社1999年版，第26页。

里达反对布朗肖《马克思的三种声音》要求哲学话语、政治话语和科学技术话语统一，实现一种总体性和同一性，以及总是在场的需要。德里达指出，马克思的遗产具有开放性，三种声音不是一致的或同一的，而是彼此差异的。德里达指出，“只有通过拆解自身，分离自身，分延/延宕自身，同时又通过多次——而且是用多种声音——言说自身，才能成其为自身。”①这就抵制了马克思主义的教条化。马克思主义并不是封闭的科学和真理体系，也不是僵死的理论教条，而是一个开放的系统，自我批判、自我更新的精神是马克思主义的生命力和活力的源泉。因而，马克思是多样的，马克思的继承人也不仅是那些所谓正统的马克思主义者。真正的马克思主义继承人不是教条化地宣讲马克思某些理论和方法，不是固守马克思阵营的纯洁和不受攻击，而是敞开视野丰富和拓展马克思主义，赋予马克思遗产以时代性和新的生命力。因而，马克思主义的遗产从来不是一种给予，它向来是一项使命。这种继承不是简单地宣告自己是马克思的继承人，不是宣告自己是真正的继承人，把马克思主义当成私人专有的财产，而是忠实于马克思的精神，对遗产加以批判和继承、保持和发扬、选择和解释。这种精神不只是对新世界秩序下的奴役采取激进批判或怀疑的姿态，更主要的是某种解放的允诺。马克思主义是开放的，是人类共同

① ［法］雅克·德里达：《马克思的幽灵》，何一译，中国人民大学出版社1999年版，第25—26页。

的遗产，不是私人财产或个人储藏，没有任何人对马克思拥有专有权。德里达反对自诩为“真正的马克思主义者”甚至是马克思命名的家族式的共同体，德里达说：“我的姿态不仅仅是一种血统或从属关系的姿态。不，我不会简单地宣称自己是马克思的继承人，更不会宣称自己对［他的］遗产有一种专有权。在尽可能多地断定有不止一个马克思的幽灵和精神的同时，我承认有像事实上那般多的继承人，而且他们有时必须是秘密的、不合法的（如到处所是的那样）。”① 所以，不管是“幽灵”还是“儿子”都是复数的，不止一个，为数众多，且彼此之间保持异质性。

作为马克思众多“儿子”中的一员，德里达是作为马克思遗产的一个既忠实又不忠实的继承人而存在的。正因为是忠实于马克思主义的精神，所以才不忠实马克思的某些具体观点。德里达对马克思遗产的继承不是停留于对于马克思的观点、理论和方法的教条性地照搬，而是把马克思所关注的问题引向当代，结合对全球化背景下的新的社会问题的深入分析阐述马克思遗产的当代意义，同时，也对马克思主义思想中与当代社会发展不符合的观念加以解构。

在德里达看来，马克思主义今天最有活力的部分是批判精神和解放的共产主义理想，以及在其中表现出的对于人的自由

---

① ［法］雅克·德里达：《马克思和儿子们》，载于《友爱的政治学及其他》，胡继华译，吉林人民出版社2006年版，第515页。

和全面发展、人与人平等和民主的伦理关切。德里达从对友爱、政治和民主等文化观念的分析深入到社会民主政治现实，指出以兄弟情谊的友爱模式的现代民主政治存在的诸多弊病，强调在全球化背景下重建人与人之间的友爱关系，确立一种未来民主的维度，不断扩大民主的范围进而实现世界民主。德里达不再把历史进程理解为按客观必然规律单线演进的自然历史过程，不再把革命内涵单纯地归结为夺取政权和经济变革，而是以哲学、民主甚至人自身生存的批判性和超越性为动力、以未来民主和正义解放的弥赛亚性为指向的历史活动，号召人们彼此友爱，承担责任。德里达以欧洲为基点依据西方发达工业社会的特点，提出超越现存的民族国家框架实现人类解放和世界范围的民主化、博爱化的前景。德里达继承了马克思对人类责任感和使命感，并强调理论的实践性。德里达把勒维纳斯的责任伦理思想应用于民主政治的分析中，强调在民主政治中的伦理维度，无疑弘扬了人对他者、对共同体、对于人类以及对未来的责任。德里达在《友爱的政治学》中对政治、民主问题的探讨，拓展并超越了马克思的政治学。民主不只是具体的实践操作，不只是争取权利的政治斗争，它还与传统、与现实和与未来的理想之间有着密不可分的联系。民主问题绝不仅仅是技术程序安排，失去伦理价值和理想维度的民主就失去灵魂。普遍的友爱关系就是民主的理想和价值维度的具体内涵，这一理想和价值维度是解决当代超民族国家问题、跨文化交流问题和人类共同发展问题的重要价值基础。也回应了马克思所说的“必须推翻使人成为被侮辱、被奴役、被遗弃和被蔑视的东西的一切关系”①。而民主的理想和价值并不是抽象的，而是现实的，它本身就能指导人的现实实践活动，甚至可以说其本身就是实践的。

从德里达对马克思主义精神实质的继承中可以看到，德里达在《友爱的政治学》中所阐述的思想仍然是马克思主义的。可以说，解构就是对马克思主义精神的一种体现。“解构活动在前马克思主义的空间中是根本不可能的，也是不可想象的。”②德里达既没有与马克思敌对，也没有把马克思奉为绝对的真理，而是一种没有马克思主义的马克思主义，即没有某种特定马克思主义模式的马克思主义。德里达强调“每一个‘好的马克思主义者’都知道，没有任何事情能比‘无马克思主义的马克思主义’更接近和忠实于马克思，更加‘马克思’的了。……‘无马克思主义的马克思主义’首先就是马克思本人的马克思主义”。③

二、民主博爱的解构与资本逻辑批判

在致力于思考友爱、赠与、礼物、法律、宽恕、正义等现

---

① 《马克思恩格斯选集》第1卷，人民出版社2012年版，第10页。

② [法] 雅克·德里达：《马克思的幽灵》，何一译，中国人民大学出版社1999年版，第129页。

③ [法] 雅克·德里达：《法律的力量》，载于《友爱的政治学及其他》，胡继华译，吉林人民出版社2006年版，第463—464页。

实问题时，德里达也窥见了冷战走向结束、世界格局即将变换的端倪。当福山等人传播“自由民主作为人类历史的理想已经最终实现”的时候，德里达却发表了《马克思的幽灵》，直接指出，在福山等人所谓的新世界秩序之下仍然有无数人生活在暴力、不平等、排外、歧视、饥饿和压迫之中。德里达说：“不是在历史终结的狂欢中欢呼自由民主制和资本主义市场的来临，不是庆祝‘意识形态的终结’和宏大的解放话语的终结，而是让我们永远也不要无视这一明显的、肉眼可见的事实的存在，它已经构成了不可胜数的特殊的苦难现场：任何一点儿的进步都不允许我们无视在地球上有如此之多的男人、女人和孩子在受奴役、挨饿和被灭绝，在绝对数字上，这是以前从未有过的。”① 在德里达看来，在民族国家体制框架内，民主政治体制与民主实践面临诸多困境，在解决当今的民族、宗教和国家冲突时表现出无能，尤其是在全球化过程中，在作为历史终结的自由民主制度之中，流行着十大瘟疫：失业、无家可归者、移民、贫富分化、军火工业和贸易、核扩散、恐怖主义、种族冲突等问题不能得到真正解决，民主的理想与现实之间仍然存在着巨大的断裂。这些问题在自由民主体制和民族国家的政治框架内无法解决，使人民不得不对现存制度和秩序提出质疑。德里达相信，当今世界的普遍饥饿与贫困在很大程度上是

① ［法］雅克·德里达：《马克思的幽灵》，何一译，中国人民大学出版社1999年版，第120—121页。

国际资本主义统治世界市场的结果。因此，尽管时代境遇已经发生变化，马克思所批评的原始积累的资本主义时代已经成为过去，但是，自由民主制度依然是需要被反思和解构的。

马克思从资本主义生产的运作方式入手对资本主义制度展开深入批评，通过分析资本主义的产生、历史发展和内在矛盾，指出资本主义社会中存在的不平等和异化，分析社会发展变革的规律和途径，进而指明新社会的来临和人类之解放。许多人指责德里达，和马克思相比，尽管诊断出当代资本主义世界体系下的十宗罪状，却没有详细分析它们产生的历史根源和其中蕴含的现实内在矛盾，因而不可能找到真正消除这些罪状、走出历史困境的现实途径。或者在《马克思的幽灵》中，德里达与马克思建立在对资本主义生产方式科学分析基础之上的批判方法是根本违背的。甚至有批判说，德里达的理论缺乏具有事实说服力的科学分析，抛开社会主义道路去寻找梦一般虚幻的"新国际"，其批判理论逻辑实质上仍然是青年马克思人本主义批判逻辑，即从价值悬设出发批判资本主义异化现实，单纯地追求解放的承诺。

《友爱的政治学》正是对这些指责的最好的答复。其实，德里达在1968年法国革命后介入了新哲学思潮就一直试图以颠覆语言既定结构来实现对政治权力系统的颠覆。如果把对政治传统和政治现实的解构称为应用解构学的话，"其分析领域十分广泛，包括对大学建制和学科划分的批判，对核威慑骗术的揭露，对法律条文的签署的合法性的质疑，对资本主义的所谓民主、博爱或友爱、法律或公正的政治学除幻”[①]。《友爱的政治学》是一个最典型的解构文本。德里达说，“友爱问题就是‘解构’之两个主要问题的典范或者导引：一个问题是概念历史和文本霸权问题，总之即历史问题；另一个问题是菲勒斯中心论，因此也是兄弟中心论。”[②] 在《友爱的政治学》中，德里达已经对资本主义社会困境做出了分析，并且深入到文化观念和心理机制，从观念谱系的发展演变中去挖掘其深层的历史根源，并且提出了新的友爱关系的建构和未来民主的到来。德里达并没有对马克思的具体观点或问题进行详细地回顾和反思，并没有单纯地固守在马克思的原著中，没有固守马克思思想的真理性，而是就当代重要问题进行思考并做出回应。在许多马克思主义者都开始怀疑甚至否认马克思主义时，德里达却强调要继承马克思主义的遗产，深入批判反思资本主义的自由民主政治。在他看来，在现代民族国家体制下，自由民主理论过分偏重于理念的设计及其合理性的论证，过分强调制度设计和程序完善，忽视了民主政治所需要的友爱基础。所以，德里达对自由民主政治的批评，没有从对法律、制度、程序的批评切入，而是着眼于民主制度的背后的友爱关系。在他看来，正是由于西方自古希腊以来所传承的友爱观念和友爱典范本身的

① ［法］雅克·德里达：《马克思的幽灵》，何一译，中国人民大学出版社 1999 年版，第 5 页。

② Jacques Derrida, *Politics of Friendship*, trans., G.Collins, New York/Lodon, 1997, p.278.

同一性、稳靠性、对称性和男性中心等特征，使人和人之间的关系带有等级性、互惠性和同化性，因而在此基础之上建立起来的民主也对外构筑起森严壁垒，对内形成界限分明的等级。民主总是为自身划定界限，设定了血缘、出身、性别、财产、能力等种种资格限制，团结内部同胞，同化、排斥甚至消灭异己的存在，以实现民族或国家共同体的团结统一和繁荣强大。因而，造成现代民族国家框架和全球化趋势之间的种种不可化解的矛盾。德里达指出，资本的利益在今天的世界秩序中、在全球市场中，将大多数人置于它的桎梏之下，以一种新的奴役形式制约着他们，并且是以一种组织的国家或国家间的管理形式发生和产生作用。目前的世界格局，是霸权国家利用人权、民主等观念作为借口，通过全球化的管理形式，将世界上大多数人置于资本的利益控制之下。“若是没有至少一种马克思主义的批判精神，没有对市场、对资本的多样性逻辑和对连接国家、国际法和这种市场东西的批判，就不可能得到解决”。[①] 德里达指出，马克思主义的批判精神“已经揭露了人权话语的局限性”，借助于马克思主义的批判精神，我们就会发现：“只要市场规律、‘外债’、科技、军事和经济的发展的不平衡还在维护着一种实际的不平等，只要这种不平等和在人类历史上今天比以往流行范围更广的不平等同样的可怕，那种人权话语就

① [法] 雅克·德里达：《马克思的幽灵》，何一译，中国人民大学出版社 1999 年版，第 98 页。

仍将是不合适的，有时甚至是虚伪的，并且无论如何都将是形式主义的和自相矛盾的”①。德里达认为，现代世界处于正义缺失的状态，因而要建立“新国际”。“这个正义使生命超越了当下的生命或它在那里的实际存在，它的经验的或本体论的实在性：不是朝向死亡，而是朝向一种生命的延续。”②正义，对德里达来说，是一种对生命的超越和责任。正是出于正义，出于对生命的承诺和责任，德里达要消除资本逻辑导致的现代社会困境，重构人与人之间的平等和民主关系。

所以，在德里达看来，尽管马克思所生活的时代已然过去，马克思所批判的境遇也已经发生变化，但是，随着现代世界的危机，特别是精神危机的加深，人们有必要恢复马克思的彻底批判精神，以便严肃地对待国际资本主义势力的日益扩张给全人类提出的问题。“即便说毫无必要认同整个马克思主义的话语（而且这些话语还是复杂的、不断发展的和异质的），即关于国家和它的统治阶级的非法占有的话语，关于国家权力与国家机器之间的区别的话语，关于政治事务的终结，‘政治的终结’以及国家消亡的话语等等；还有另一方面，即便说根本不必质疑法律观念本身，人们还是可以从马克思主义的‘精神’中汲取灵感，以批判法律假想的自律性，不停地驳斥国际

① ［法］雅克·德里达：《马克思的幽灵》，何一译，中国人民大学出版社1999年版，第121页。

② ［法］雅克·德里达：《马克思的幽灵》，何一译，中国人民大学出版社1999年版，第5页。

当局借助强大的民族国家，借助技术—科学的资本、符号资本和金融资本以及国家资本和私人资本的高度集中进行的事实上的接管。”① 在我们的时代仍然需要马克思的精神。“求助于某种马克思主义的批判精神仍然是当务之急，而且将必定是无限期地必要的”，并且“如果人们知道如何使这种马克思主义的批判适应新的条件，不论是新的生产方式、经济和科学技术的力量与知识的占有，还是国内法或国际法的话语与实践的司法程序，或公民资格和国籍的种种新问题等等，那么这种马克思主义的批判就仍然能够结出硕果”②。在这种意义上，凡是认真对待和反思现实的人，都不可避免地会成为马克思的继承人。

因而，德里达在《马克思的幽灵》开篇就明确表明“现在该维护马克思的幽灵们了”，并对攻击马克思主义的言论和行为进行严厉的批判。通过对马克思、恩格斯著作的阅读，德里达看到马克思主义的重要性，他指出：传统中的文本没有讲清政治正在全球化的存在方式，也没有讲清楚最有创见的思想潮流中技术和传媒的必不可少的重要性，但马克思和恩格斯在《共产党宣言》中已经以一种无以伦比的方式作过分析，……清楚明白地说明过法律、国际法和民族主义。他强调，马克思

---

① [法] 雅克·德里达：《马克思的幽灵》，何一译，中国人民大学出版社 1999 年版，第 122—123 页。

② [法] 雅克·德里达：《马克思的幽灵》，何一译，中国人民大学出版社 1999 年版，第 122 页。

主义是不可能被否定的，反马克思主义意识形态对马克思主义一次又一次的围剿和“哀悼”，只是一次又一次的“招魂”，只能使马克思主义复活或显形。① 因此，“不能没有马克思，没有马克思，没有对马克思的记忆，没有马克思的遗产，也就没有将来：无论如何得有某个马克思，得有他的才华，至少有他的某种精神。”②

德里达继承了马克思的批判精神，对当代资本主义自由民主政治进行了批判，他没有从法律、国家、政体等政治概念来分析，而且选择了一个最为独特的切入点——朋友，从政治边缘概念友爱入手来解构现代政治。《马克思的幽灵》本身也是友爱的见证。德里达说：“实际上，《马克思的幽灵》可以被看作是为悼念路易·阿尔都塞而写的，虽然是间接的致意，但充满了友情、怀念以及略微的伤感。”③ 德里达对友爱政治的哲学追问，既具有现实的紧迫性，又具有历史深刻的依据。美国哲学家罗蒂说，在当代哲学家中，德里达是最有想象力的。而德里达对“朋友”一词的想象力，可以说是最丰富、最自由的想象力。德里达以这个独特切入点展开对资本主义自由民主制度的反思无疑是对马克思主义国家批判理论的补充。德里达从友

① 参见［法］雅克·德里达：《马克思的幽灵》，何一译，中国人民大学出版社 1999 年版，第 4 页。

② ［法］雅克·德里达：《马克思的幽灵》，何一译，中国人民大学出版社 1999 年版，第 21 页。

③ ［法］雅克·德里达：《明天会怎样》，苏旭译，中信出版社 2002 年版，第 132 页。

爱观念出发对资本主义自由民主政治进行批判的方法与马克思的批评方法是异曲同工的，而且可以说是一种补充，像卢卡奇、葛兰西、弗洛姆等西方马克思主义者从意识形态、市民社会以及文化心理机制等方面的社会批判一样，都是对马克思批判精神的继承和发展。

三、未来民主政治与自由人的联合体

德里达对马克思的继承，不仅表现在把批判精神激进化，演化成无情的解构，更为重要的是，他肯定了马克思理论中的共产主义的理想和解放的维度。马克思明确地反对资本主义的压迫、不自由以及非正义，其批判的目的不是批判本身，而是提出更高的伦理取向：自由、自我发展、人类福利和幸福以及正义社会的理想。在马克思设想的无阶级社会中，“社会上的一部分人靠牺牲另一部分人来强制和垄断社会发展（包括这种发展的物质方面和精神方面的利益）的现象将会消灭”[①]，生产资源、自由和自我实现机会的分配都优于它们在资本主义和其他阶级社会中的分配。马克思所关注的每个人的自由、全面发展或自我实现，最终得以实现。所以，马克思在《共产党宣言》中说：“代替那存在着阶级和阶级对立的资产阶级旧社会的，将是这样一个联合体，在那里，每个人的自由发展是一切

① 《马克思恩格斯文集》第7卷，人民出版社2009年版，第928页。

人的自由发展的条件。”①

面对全球化背景下资本主义的危机和现代性带来的苦难，德里达也并没有选择犬儒主义的态度和虚无主义的等待，而是提出自己的建构性意见。在《马克思的幽灵》中，德里达主张建立“新国际”，并申明不仅仅是“因为这些罪恶才寻求一种新国际法的组织”，而是建立“亲和性、苦难和希望的一种结合，甚至还是一种谨慎的、几乎秘密的结合，……没有盟约，完全‘脱节’，没有协作，没有政党，没有国家，没有国家共同体，没有共享的公民资格，没有共同归属的阶级。……以一种新的、具体的和真实的方式联合起来，即使这种联合将不再采取政党或者工人国际的形式，而是在对国际法的状态、国家和民族的概念等等的（理论的和实践的）批判中，采取一种反密谋的形式：为的是更新这种批判，尤其为的是使这种批判激进化。”② 在《友爱的政治学》中，德里达以一种开放的态度，对共产主义的解放承诺加以肯定，并提出重构作为民主深层基础的人与人之间的友爱关系，在一种尊重差异、相互信任的新友爱基础之上建构未来民主。而未来民主不是一种新的政治体制或制度，而是确立一种真正民主的理想维度，一种未来民主的弥赛亚性。在德里达所构想的友爱共同体之中，人和人之间是一种没有同化和排斥，没有计算和压制，彼此间相互尊重、

① 《马克思恩格斯选集》第 1 卷，人民出版社 2012 年版，第 422 页。

② ［法］雅克·德里达：《马克思的幽灵》，何一译，中国人民大学出版社 1999 年版，第 121 页。

保持独立和自由的关系，也即一种自由人联合体。

无论是新国际还是未来民主，都和自由人联合体在某种意义上来说存在着共通之处，是对马克思共产主义理想和解放维度的继承。在德里达看来，关于人类解放的承诺，当然构成了马克思的最具价值的精神遗产。“共产主义的理想是为人类的正义而奋斗，至今这种理想仍在鼓舞和引导着无数信仰共产主义的男人和女人，这种奋斗目标与纳粹的‘理想’根本没有任何相似、相近、相同或可比之处。我们必须坚决地将‘共产主义理想’与纳粹的暴行相区别。如果将这两者简单地归为一类，把它们的‘理想’视为同一，那么就会使问题复杂化，就会怀疑人类的历史、共产主义的历史和人类的‘理想’，会对许多其他相关的基本问题提出疑问。这是另一种绝对化地看问题的方法。”① 德里达呼吁一种解放精神，反对资本主义自由民主制下的新的不平等、压迫、战争和狭隘的民族主义，赞同革命和共产主义理想，主张超越阶级和国家的未来民主和正义精神，把即将到来的民主看成是尊重差异的他者关系而没有绝对同一的共同体。他试图以真正的人的关系批判资本主义现实的人的关系，这无疑是他所力主的继承马克思的精神的一面。另一面则是他的解构试图放弃的东西，即经济决定论，历史的理性必然性。他认为在现实的反资本主义斗争中所需要建立的新

---

① ［法］雅克·德里达：《明天会怎样》，苏旭译，中信出版社 2002 年版，第 105 页。

国际不再是未来某时刻才有的，而是生存结构，是正义精神，即与现实资本主义不同并且直接与它对抗的另一种可能性。这就是德里达在批判西方新世界秩序中对马克思主义向何处去的回答。

正是这种指向未来的维度赋予马克思哲学以一种幽灵性和弥赛亚性，使马克思哲学超越在场的形而上学和本体论哲学。德里达强调，马克思的哲学是一种带有幽灵性的存在论。在他看来，马克思的思想中蕴含着众多的幽灵，在他关于意识形态、拜物主义、价值（交换价值与使用价值）、语言等论述和分析中都带有某种幽灵性的特征，只不过这些幽灵的幽灵性掩藏在马克思哲学的背后。甚至，马克思哲学本身作为一种遗产，在今天仍然是带有幽灵性的。德里达所谓的幽灵，并不是没有任何躯体、不具备任何质料性的无，也不是一种纯粹的幻象。德里达说："如果幽灵只是幽灵而不是别的，并不多于无，是来自于无的无，那么我的书就不值得看第二眼了"①。幽灵，既在场又不在场，也就"离开了作为存在论（本体论）的哲学的领域，离开了作为关于某种在场——存在之效用的言谈的存在论领域"②。"幽灵"的寓意在于它具有一种幽灵性，即在场的不确定性和随时可能性，以及在场与不在场之间的变动

① ［法］雅克·德里达：《马克思和儿子们》，载于《友爱政治学及其他》，胡继华译，吉林人民出版社2005年版，第543页。

② ［法］雅克·德里达：《马克思和儿子们》，载于《友爱政治学及其他》，胡继华译，吉林人民出版社2005年版，第450页。

性。因此这种幽灵性不可被还原为存在论或神学，其逻辑不是形而上学的，而是解构的。德里达力图探求一种“幽灵学”的可能性，超越以当下确定在场为基石的形而上学本体论。他以这种幽灵学对待马克思的遗产，使马克思哲学成为具有幽灵性的众多幽灵，因此，就摆脱了把在场作为存在之效用的存在论束缚，成为不在场的在场。

德里达反复强调，我们应该继承马克思的批判精神和人类解放的信念。批判总是基于对人类存在的更切真、更合理的状态和价值，并据此形成改变现实的内在运动。马克思哲学中最终的诉求是共产主义理想。更为重要的是，在马克思那里，共产主义不是一种伦理性的乌托邦想象，而是具备现实道路可通达的可能性要求。因此，在《德意志意识形态》中马克思写道：“共产主义对我们来说不是应当确立的状况，不是现实应当与之相适应的理想。我们所称为共产主义的是那种消灭现存状况的现实的运动。”①

马克思继承黑格尔的历史神学思想，认为人类历史会达到一种理想的状态，实现永恒，这与基督教的末世拯救的弥赛亚主义一致。而德里达强调一种弥赛亚性，他借用本雅明的弥赛亚概念和布朗肖的语言风格，把马克思哲学解释为一种“没有弥赛亚的弥赛亚”，也就是说正义不是像基督教的末世审判一样在未来某一天会到来，而是就在和不正义相伴而在的。共产

① 《马克思恩格斯选集》第1卷，人民出版社2012版，第166页。

主义也不是在将来的某一时间点上一定会实现。正是在和不正义作斗争的努力中发现正义。在德里达看来，这一理想带有正义和解放的弥赛亚维度，是马克思哲学幽灵性的最集中体现。德里达的这种弥赛亚性既不是对本雅明弥赛亚理论的照搬，也不等同于某种宗教的救赎，更不是一种乌托邦，而是“没有弥赛亚的弥赛亚”。

首先，在本雅明那里，弥赛亚性是微弱的，尽管有批判性、有希望但更多的是被动地失望。与本雅明不同，德里达把弥赛亚性理解为某种不可预知之物的不可战胜性和即将到来的可能性，是一种对不在场者（幽灵性事物）的经验。“没有弥赛亚的弥赛亚”，不是本雅明指出的弥赛亚期待力量的减弱，而是一种包含着承诺和期待的生存结构。在德里达看来，弥赛亚性涉及的是对不可能者的经验和未来的正义，而正义就是与他者的关系。它要求我们以一种积极准备的心态等待到来者，要求我们必须革命性地对待当下的日常生活和现实，要求我们认识到他者即正义。马克思哲学中的正义和解放作为幽灵总是不在场的在场，体现一种关照生活世界的弥赛亚性。这种弥赛亚性使正义和解放具有旺盛的生命力，不断地超越现实和当下而朝向一种更完善的自身奋进。

其次，这种弥赛亚性并不等同于某种宗教的弥赛亚主义。德里达向我们阐明，宗教的和宗教性的、弥赛亚主义与弥赛亚性之间存在着差异性。一方面是宗教，种种具体的宗教；而另一方面是某种不可化约的宗教性。这种宗教性要求一种关于允诺与正义的话语，要求一种关于革命性担当的话语，马克思主义在阐述共产主义时使用的话语正是这种带有弥赛亚性的话语。弥塞亚性的事物与犹太主义、弥塞亚主义没有关系，它不是对确定的历史性拯救的记忆和某个相对明确的弥塞亚形象。对于马克思主义者来说，不应该把宗教性问题视为已经澄清和解决的问题，不应该把宗教性和具体宗教混淆在一起。马克思根源于一种欧洲的和犹太—基督教的文化，在这种文化里，弥赛亚意味着某种具体事物。因此要将马克思主义从所有弥赛亚主义传统中清除出去将是很困难的。马克思主义所诉求的不仅仅是弥赛亚主义，“更是某种解放性的、弥赛亚性的主张，是对允诺的某种特殊的经验，人们可以尝试将它从任何教条、甚至从任何形而上学——宗教性的规定性、从任何弥赛亚主义中解放出来。而且，一种允诺必须保证要被信守，就是说，不要保持为精神的或抽象的，而要产生事件、行动、实践、组织等等新的形式。”① 在德里达看来，没有任何对确定宗教的批判能够驳倒一般的信仰，相反，对宗教的批判本身，作为一种科学的或政治的担当，也求助于这种信仰。没有弥赛亚的弥赛亚表达了信仰和宗教之间的差异，并且将对确定的历史性拯救和相对明确的弥赛亚形象排除自身结构之外。

---

① ［法］雅克·德里达：《马克思和儿子们》，载于《友爱政治学及其他》，胡继华译，吉林人民出版社 2005 年版，第 559 页。

最后，指向未来的弥赛亚性也并不等同于乌托邦主义。德里达指出："没有什么看起来能比位于《马克思的幽灵》核心处的弥赛亚性和幽灵性离乌托邦或乌托邦主义更远的了。"①弥赛亚性绝不是乌托邦性，它总是在每一个此时此地指向异质的他者的到来。所以，这种弥赛亚性伴随着期待到来之事的紧张和忧虑，是非常现实或直接的。这种紧张期待的经验里有一种等待，并预先设定了一种明显被动的边界，因而我不能预料与规划将要到来者。但是，这个过程同时也是一种"没有等待的等待"，一种积极的准备与毫不迟疑的担当。

马克思说过："哲学家们只是用不同的方式解释世界，而问题在于改变世界。"②德里达说："只要对马克思的指令保持沉默，不要去译解，而是去行动，使那译解（阐释）变成一场'改变世界'的变革，人民就会乐意接受马克思的返回或返回到马克思。"③就像杰拉斯提倡的那样，马克思主义者必须公开地对其伦理立场负起责任，恢复道德哲学，赋予社会以公正、美德、正义等价值。他指出，马克思主义者的正义观是必需的，这种需要也是极为迫切的。同时，马克思主义者不应该停留于探究什么是正义，而应该像马克思一样，对建立正义社会表现

① ［法］雅克·德里达：《马克思和儿子们》，载于《友爱政治学及其他》，胡继华译，吉林人民出版社2005年版，第538页。

② 《马克思恩格斯选集》第1卷，人民出版社2012年版，第140页。

③ ［法］雅克·德里达：《马克思的幽灵》，何一译，中国人民大学出版社1999年版，第45—46页。

出更大的热衷。[①] 弥赛亚性给我们指明一种先于或独立于所有存在论而思考事件的方式，即在与那个即将到来的他者相联系的普遍结构中，在那种独一的、实践性的环境下，在分析和估计责任的基础之上，才能行事。这些在每一事件的前夕和进程中都被重新加以考察。也就是说，我们必须要有对某种事件发生或到达的等待，它必须超越一种明确的预期才能行事。否则便没有未来，没有要来的时间，没有他者；没有值得其名称的事件，没有革命：也没有正义。[②] 在解构的视域中，这种无弥赛亚主义的弥赛亚性事物不是悲观忧郁的否定性的活动，而是通过肯定性地活动，超越解释世界的观念思考，去积极改变世界。正如马克思所言："社会生活在本质上是实践的。凡是把理论诱入神秘主义的神秘东西，都能在人的实践中以及对这种实践的理解中得到合理的解决。"[③]

德里达在马克思那里继承的主要遗产不是批评，而是批判背后的标准和尺度——正义和解放。马克思主义和共产主义是与资本主义和自由民主制度相反的存在，在德里达看来，如果没有反对的声音，没有正义的呼唤，世界范围内的危机迟早会爆发出来。马克思的许多论断和观点或许会过时，但马克思的

① 参见 Norman Geras, *The Controversy About Marx and Justice*, NLR 150，March–April 1985，pp. 47–85。

② 参见［法］雅克・德里达：《马克思和儿子们》，载于《友爱政治学及其他》，胡继华译，吉林人民出版社 2005 年版，第 539—541 页。

③ 《马克思恩格斯选集》第 1 卷》，人民出版社 2012 年版，第 139—140 页。

批判精神和正义、解放的追求是不会过时的。在德里达看来，幽灵性逻辑不可或缺，弥赛亚性也不依赖任何形式的弥赛亚主义。没有弥赛亚的弥赛亚本身是不可解构的，就像正义和解放一样。这样，德里达否弃了作为形而上学和在场本体论的马克思主义，以幽灵性和弥赛亚性重新阐释了马克思主义，确立了超出存在论本体论的解构主义马克思主义的幽灵学基础。没有弥塞亚主义的弥塞亚性，不参照打破保守和改良的革命，就不能理解他对革命注入的积极的和肯定性的价值。在与他者的关系中，存在许诺的普遍性，只要与他者交谈，只要言说，就有许诺、要求相信和向未来开放。“这种许诺的普遍性，这种对未来的期待的普遍性，还有这种期待与正义的关系，就是我说的弥塞亚性。”①

正如卢迪内斯库所说的，“《马克思的幽灵》这本书令人震撼的地方是，在所有的革命愿望和所有的革命幻想都似乎转入低潮，甚至有些人对此产生反感的时代，您（德里达）对革命重新赋予了希望。”②德里达的友爱政治学思想更是一反其以往的风格，在解构传统友爱观念、民主制度和政治概念之中，提出一种终极价值关怀和神圣期许。通过德里达关于弥塞亚性和他者的论述可见，他不再把人的解放的到来看成是建立在确定

① ［法］雅克·德里达：《解构与思想的未来》，夏可军编校，吉林人民出版社 2006 年版，第 58 页。
② ［法］雅克·德里达：《明天会怎样》，苏旭译，中信出版社 2002 年版，第 120 页。

的知识基础上的，而是强调同现存资本主义自由民主绝对不同的另一种民主，与资本主义自由民主和现存世界秩序直接对立的绝对他者。正如马克思所阐述的，现代社会的政治解放还不是人的解放，资产阶级的自由平等并不是人的真正自由平等，相反，这种政治解放和自由平等正是以人的现实奴役和现实的不平等为前提的。只有在阶级和国家消亡之后的共产主义“自由个人的联合体”才为人的全面发展和人的全面关系提供了可能。德里达也强调有差别的个人与他者之间的民主关系，这种关系应该打破血缘、地域、国籍、民族的差别和界限，使人类加强团结、和平，与当今世界存在的弊病进行斗争。他把非奴役的、非强迫他人同一化的共同生活和共存关系视为是伦理学的和政治学的，其中伦理学的层面就是政治批判的前提。

德里达从对将来的责任和对人类的责任出发，反对资本主义的历史终结论调，指出资本主义批判依靠反对全球化是不够的，必须跨越民族国家、传统共同体等障碍，建立一种真正的民主。而真正的民主永远总在途中，即将到来，作为一种许诺和期待指引人们无限地接近，未来民主就像共产主义一样，处于理想和不断的实践过程中。德里达继承了马克思主义的传统，提出没有弥赛亚的弥赛亚主义的未来民主理想，构想了人与人之间的本真关系，即民主、平等关系，与马克思的共产主义理想具有一致的伦理价值取向。按德里达的说法，梦想着历史唯物主义的共产主义的乌托邦在历史的某一瞬间得以实现，而真正的人总是时刻心怀着共产主义。所以，德里达的友爱政治绝不仅仅是一个解构策略的简单应用，而是对人类文化传统和现实生存境遇的深刻反思，对人类未来的美好期许和坚定信念，体现了作为大思想家的深邃和责任感。

四、友爱政治学与马克思主义政治学

在德里达看来，马克思遗产并不是一种唾手可得的现成财富，而是一笔债务。德里达说："一笔遗产总是对一项债务的再确认，但却是一种批判的、有选择的和过滤的再确认。……这笔债务仍然在发挥着作用，尤其是能在暗地里构造所有哲学或所有有关哲学问题的思考的政治哲学中。"① 通过友爱分析，德里达致力于政治和民主概念的解构与重构，探讨不同于传统及今日之政治的别一种政治、别一种民主的可能性。在《马克思的幽灵》中德里达明确地说："我们不仅不能放弃解放的希望，而且有必要比以往任何时候都更加保持这一希望，而且作为'有必要'的坚如磐石地保持而坚持到底。这就是重新政治化的基本条件，或许也是关于政治的另一个概念。"② 在《友爱的政治学》的序言中，德里达也明确表明本书的写作目的，即解构一种兄弟情谊的友爱观，以及在此基础上确立的政治学和

① [法] 雅克·德里达：《马克思的幽灵》，何一译，中国人民大学出版社1999年版，第129页。

② [法] 雅克·德里达：《马克思的幽灵》，何一译，中国人民大学出版社1999年版，第106页。

民主政治体制，主张以一种新的友爱关系来取代博爱的兄弟关系，“这种友爱超越了同宗的两个人之间的亲近感，超越了血缘关系，超越了最自然和最不自然的亲子关系”①，并基于此建立一种超越博爱(兄弟关系）原则的政治学。德里达对于政治、国家和民主传统的解构和重新阐释是对马克思主义政治哲学的继承和超越，使马克思主义国家观和民主观念在全球化的新的趋势和背景下得以补充和发展。

首先，德里达肯定了马克思政治哲学中的去政治化，并主张重新政治化。德里达指出，马克思的政治哲学宣示了政治的终结，但终结的只是民族国家体制内的传统政治。在当代自由主义去政治化的背景下必须使马克思遗产实现一种不同种类的重新政治化，即建立一种新的幽灵政治学和新国际。德里达说：“提出关于一种明确的政治学或一种关于政治事务的规定性的问题，表达对它们的关切，而又不马上被指责为一般的去政治化，这是不可能的。但是，当然，一种重新政治化总包含一种相关的去政治化，包含对一种古老观念的明确意识：政治事务在其本身已经被去政治化了，或正在进行去政治化。”②

德里达政治学的主题就是去政治化和重新政治化。马克思被福山归结为终结论的典型代表，并由于东欧社会主义的解体

① Jacques Derrida, *Politics of Friendship*, trans., G.Collins, New York/Lodon, 1997, p.viii.

② [法] 雅克·德里达：《马克思和儿子们》，载于《友爱政治学及其他》，胡继华译，吉林人民出版社 2005 年版，第 507 页。

而宣告失范。但是，在电信技术设备发展推动的全球化趋势下，出现了媒体帝国全球一体化的政治话语，而传媒工具和电信技术设备导致的公共空间的混乱、传统政治家表现无能、民主制度陷入失序和困境等社会现实，却告诉我们世界新秩序的语言、普遍价值的胜利、传统同一性的普遍化都没有实现，福山等人新世界秩序的诉求只是全球一体化语境下霸权式的政治言说，实质上是一种没有弥赛亚主义的末世论。① 资本主义的人权话语是抽象的，仍然有许多人处于暴力、不平等、排斥和经济压迫之下。西方资本主义世界的自由民主制在冷战结束和共产主义的敌人消失之后，并没有消灭政治，仍然从敌对出发重新构造自己的敌人，支持种族冲突，发动小规模战争。血缘、种族、性别、出生、民族、领土、国家、暴力的法律、战争仍然构成自由民主政治概念的谱系并发挥现实作用。因此，政治还没有终结，《共产党宣言》中所说的“共产主义的幽灵”是正在到来的威胁，至少对现存的资本主义秩序进行了质疑。德里达强调，马克思的质疑和批判传统在很长时间内仍然是必需的，同时还必须有对政治的新的理解。“幽灵”不但是反抗资本主义现实政治的力量，还是反抗的精神、马克思主义和共产主义的精神遗产，是与资本主义自由民主制及其意识形态对峙的另一种正义、民主、解放精神。正是针对自由主义意识形

---

① 参见［法］雅克·德里达：《马克思的幽灵》，何一译，中国人民大学出版社 1999 年版，第 4 页。

态对现实和理想的判断，德里达呼唤马克思的精神，要求人们去认识不同于资本主义自由民主制的理想、正义、民主、新国际，并且走向“重新政治化”。

面对电信技术所导致的去政治化的新政治形势，“马克思主义立刻就变得既不可缺少同时在结构上又是不够充分的了”①。德里达指出，以往我们没有真正继承马克思的遗产，而是将幽灵过度本体化，而且由此出发造成了极权主义的威胁。② 在思考火车和报纸对政治的影响时，马克思就提出，政治世界确实正在被幽灵化、被虚无化。只有通过以超越在场本体论的幽灵为核心的政治学，认识和处理由电信技术科学所导致的政治的幽灵化和虚无化，通过对政治幽灵虚无化的超越性思考，才能理解当代政治。“在对马克思的‘存在论’的这种解构之后到来的，正是一种去政治化或政治效应之幻灭的反面。”③ 当政治被幽灵化、被虚无化时，马克思主义的幽灵才能够发挥作用，而且新国际才可以被创立。德里达认为，把社会危险部分归因于媒体对社会生活和政治生活的统治是错误的，政治的非本体化和虚无化是不可避免的，它并不是摧毁未来，而是孕育着未来。我们时代的弥赛亚精神蕴含在电信技术科学

---

① ［法］雅克·德里达：《马克思的幽灵》，何一译，中国人民大学出版社 1999 年版，第 84 页。

② 参见罗跃军：《德里达的解构主义与马克思主义》，《国外理论动态》2001 年第 3 期。

③ ［法］雅克·德里达：《马克思和儿子们》，载于《友爱政治学及其他》，胡继华译，吉林人民出版社 2005 年版，第 501 页。

的空间中，而只有在这种电信技术科学的基础上，建立新国际才有可能性。德里达试图基于马克思主义的开放精神来改变马克思的政治哲学，批判传统的政治国家观和自由民主制度，实现真正的去政治化并把马克思的遗产重新政治化，建构一种新的幽灵政治学和新国际。

其次，德里达对未来民主和友爱政治的思考补充并超越了马克思主义的国家观和民主观。马克思的哲学也是一种政治哲学，马克思对国家、民主、政治问题也做出了深入的思考和分析。马克思对国家问题表示强烈关注，青年时期就在批评黑格尔国家崇拜基础上，把国家问题与人的真正经济生活平等和人的生活自由全面地发展联系在一起。马克思指出，国家起源于氏族社会内部的阶级分化，是阶级统治的根据，因而，国家具有双重功能，它一方面维持统治阶级内部秩序；另一方面针对被统治阶级，以暴力统治维持社会整体秩序。马克思所处的时代是资本主义早期，资本主义国家代表了资产阶级的利益，国家的核心职能是巩固资产阶级的统治地位和资本主义的生产方式。现代的国家政权不过是管理整个资产阶级的共同事务的委员会罢了，具有阶级统治机器的性质。① 在马克思看来，资本主义国家不过是市民社会、资本主义社会和私有制的政治表现，脱离了社会的真正普遍解放和人的全面自由的发展，是凌

① 参见尹树广：《国家批判理论》，黑龙江人民出版社 2002 年版，第 20—21 页。

驾于社会和人民主权之上的寄生物。国家和国家机关由社会的公仆变成为社会的主人，实行虚假的民主，表面上替国民服务，实际上却是统治和掠夺国民，并成为统治阶级的工具。工人阶级应当打碎资本主义国家并夺取政权，以“公社形式奠定真正民主制度和作为使劳动获得经济上的解放的政治形式，取缔凌驾于社会之上的国家寄生虫。”[①]无产阶级专政国家是走向消除专政的新型普遍民主的国家形式。国家批判所遵从的基本价值理想是反对国家政治统治权力凌驾于社会之上、国家成为社会的主人，因而打碎资产阶级国家机器，代之以民主的无产阶级专政来实现向人民自由和全面的发展，并在阶级消亡和社会生产的彻底变革的基础上实现国家消亡，根本上是从社会高于国家政治统治的前提出发的。马克思在总结巴黎公社的经验时，高度评价了巴黎公社建立无产阶级民主制的尝试，直接民主广泛对权力的直接监督，防止了作为人民公仆的国家变成社会的主人，在革命时期有效地把国家权力的统一与发展广泛的民主结合起来。《共产党宣言》中，马克思就指出工人革命首先就是要使无产阶级上升为统治阶级，争得民主。在马克思那里和平改造与使用有组织的社会暴力消灭资本主义国家是革命的两手准备，必须根据历史条件决定采取革命的方式。[②]但是无疑，马克思更倾向于革命。暴力是无产阶级革命的杠杆，只

① 尹树广：《国家批判理论》，黑龙江人民出版社 2002 年版，第 22 页。

② 参见尹树广：《国家批判理论》，黑龙江人民出版社 2002 年版，第 25 页。

有通过暴力手段才能最终地彻底地建立劳动的统治。以无产阶级专政下的真正的民主发展和经济发展，才能为建立自由人的联合体的社会打下基础。

但是随着资本主义的发展，资本主义国家统治的性质和职能发生了重要的变化，马克思所预言的资本主义伴随着经济危机的加深而走向灭亡的论断忽略了资本主义国家的自我调控和国家干预能力。“资本主义危机就是资本主义即将灭亡的象征、危机日趋尖锐并且导致阶级斗争走向无产阶级暴力革命的论断已经过时，使资本主义制度灾难性崩溃的预言已经站不住脚了。国家干预是国家职能的完善和国家的社会主义化。”① 这就需要根据现实进行新的分析和批判。西方马克思主义者们纷纷认识到这一问题，开始结合资本主义社会现实发展马克思的资本主义国家批判理论。

卢卡奇没有放弃马克思主义国家观的基本立场，仍然认为国家的性质是维护阶级利益的暴力工具，其权力的实质是有组织的暴力工具，因而必须动员有组织的力量来加以推翻。但是，卢卡奇在对资产阶级国家及其统治秩序进行深入分析中看到，反对资本主义国家进行的斗争充满着复杂性和艰巨性。卢卡奇指出，国家秩序不是随着经济自动同步变化的，还要依赖意识形态的认同。国家统治的合法性源于人们的思想感情中获得了意识形态上的同意，国家的经济和社会职能是在意识形态

① 尹树广:《国家批判理论》，黑龙江人民出版社 2002 年版，第 29 页。

的广泛顺从基础上实施统治。因而，革命必须考虑国家与意识形态之间的关系，必须要建立作为推翻资本主义政治经济的阶级意识作为中介。革命发生的条件不但首先要形成激化的社会经济矛盾，还必须形成统一的阶级意识。打碎资产阶级国家机器的哲学前提是摆脱给定性意识和建立的历史分析为基础的阶级总体意识。

葛兰西也并没有放弃无产阶级夺取政权的必要性，没有放弃社会主义革命打碎资产阶级国家机器、取消资产阶级议会民主制度并代之以民主的自由选举的工人委员会为基础的社会主义民主的政治信念。葛兰西对马克思主义国家学说的贡献在于，他指出了阶级统治中思想领导权和行政强迫是互相补充的。[①] 在对东西方革命的比较中，葛兰西指出，市民社会作为社会形式，不是经济基础，不等于生产关系或经济关系，而是上层建筑。在葛兰西看来，国家 = 政治社会 = 市民社会。政党的作用就是在市民社会中行使国家的职能，它的主要责任培养政党成员成为起政治作用的知识分子——即整个社会的领导者和组织者。葛兰西把知识分子看作是连接结构和上层建筑的因素，是统治阶级的代理人和管家，行使统治职能。葛兰西反对经济决定论，批判资产阶级的文化领导权在意识形态上的欺骗性，把资本主义社会危机看成是领导权的危机或整个国家统

---

① 参见尹树广:《国家批判理论》，黑龙江人民出版社 2002 年版，第 81 页。

治的危机，主张在文化领域开展斗争，打碎国家机器就意味着首先掌握了文化的领导权。因此，葛兰西倡导创立一种政治哲学，发展一个新型的大众文化与实践哲学统一的伦理——道德——知识形式，培养大量的有机知识分子，以群众普遍能动的哲学来建立新的自由和民主，反抗和抵制官僚统治，实现政治革命。①

马尔库塞等西方马克思主义者们继续着马克思主义的国家批判，依然探寻无产阶级的全面解放的可能性，依然寄希望于无产阶级革命的爆发。20世纪70年代以来的西方马克思主义，如波朗查斯、资本逻辑学派等，依然强调借助国家可以过渡到社会主义，但是不再把国家看成单纯的资产阶级手中的工具，而是主张国家具有双重功能，国家具有普遍性，是社会力量之间相互冲突的特定形式、阶级斗争的场所。他们的理论特征是“把国家问题的研究引向了生产方式、市场机制、劳动力再生产、社会权力、生活世界领域，其目的是要超出简单的‘阶级’还原论观点，揭示国家与国家制度、权力问题与人的再生产、社会关系、社会力量冲突、话语和观念形式之间的深层联系，说明国家与经济、社会生活之间的平行关系和相互作用。他们把国家看成是就包含在经济之中并且发挥着构造经济的作用，而不是简单的某个阶级力量直接构造的外在工具。国家必

① 参见尹树广：《国家批判理论》，黑龙江人民出版社2002年版，第88—93页。

须维持社会的平衡、参与构造劳动力，国家是社会关系的特定形式，社会冲突的场所。”[①] 在他们看来，国家不仅是阶级统治的工具，也具有社会普遍性，产生于社会联系之中，深入到生活世界来考察人的活动和关系。

德里达延续了葛兰西、波朗查斯等西方马克思主义的思想传统，从解构国家、社会、阶级概念出发，但是却没有转向分析宏观政治权力和意识形态话语实践的领导权在当代社会民主斗争发展中具有重要性。在德里达看来，全球化背景下的现代社会中，建立在经济利益基础上的阶级统治理论已经开始遇到了现实的挑战，社会分层和社会斗争表现出了多元性质，难以再充分说明现实的社会冲突及其解决途径。德里达结合全球化背景下现实状况的变化展开对国家、政治和民主问题的新思考，集中了强调现代社会民主困境的历史文化根源。德里达避开了国家起源、阶级革命等话题，转向了话语、友爱观念以及人与人关系的分析，揭示了其中蕴含的权力、统治、对抗和排斥。在德里达看来，对于国家的职能的理解不能停留于作为阶级统治工具，随着社会的发展，国家的职能不断地扩展，从经济、政治、文化、卫生、教育以及环境保护等问题都迫在眉睫、亟待解决。而如前所述，全球化的不断深入引发的一系列新问题又是民族国家框架下难以解决的。

---

① 尹树广：《20 世纪 70 年代以来西方马克思主义的国家理论》，黑龙江人民出版社 2003 年版，第 2—3 页。

在西方发达国家中国家干预的扩张以及官僚行政化加剧了社会同质化，后马克思主义认为与此相反，社会并没有被同质化，而是多元化，出现了繁多的社会矛盾、复杂的社会关系和多种社会力量的要求。德里达却认为国家的同质化根源就在于社会关系结构的同质化倾向。而要真正避免全球化背景下的趋同排异，就必须打破人们在文化观念和社会实践之中的同质化诉求。以兄弟情谊为典范的友爱关系基础上建立起来的现代民族国家不可避免地要以敌友划分的政治作为前提，也依然无法摆脱马克思阶级统治工具的实质，所以，德里达主张打破民族国家框架，实现真正的去政治化和重新政治化。

德里达在西方思想史源远流长的语境中思考当代西方政治中敌友选择定位的思想，这种思想深入到生活世界内部的社会结构和社会关系。他对民族国家框架下资本主义自由民主制度深层危机的分析，有利于我们在当代全球化发展的背景下进一步了解发达社会自身内部的分歧和冲突，使我们更进一步理解在民族国家体制的同一性文化根基。德里达批评施米特那种基于自然血亲关系的同一性的政治概念，而马克思就是施米特重要的思想来源。在德里达看来，施米特的决断论形式是对马克思的继承。在关于国家和市民社会的关系问题的分析中，马克思强调国家依赖于家庭关系。在国家起源分析中，马克思也把国家看作是由于社会生产发展出现社会阶级分化基础之上形成的统治。因而，结成群体就是为了敌对和战争，在有限的政治领域当中结成群体就有战争的可能性。氏族社会是血缘组织，氏族内部的阶级划分，使氏族过渡到国家，其中必然包括剥削、垄断、压制和战争。恩格斯在分析国家起源时也指出，国家有内源的，即阶级分裂，也有外源的，即战争。施米特正是因此才对马克思主义推崇备至。德里达转引了施米特在《政治的概念》中的论述，“黑格尔的幽灵将柏林化作沙漠，却在别的地方出现——和马克思、列宁的幽灵一起现身于莫斯科。……具体的敌人变成国际阶级敌人；因此，辩证法自我转型；除此之外，还有其他的一切，合法性与非法性，国家，甚至同敌人的妥协，统统都被改造成战斗的武器。”① 在施米特看来，从黑格尔—马克思—列宁，政党的革命战争就是敌友区分的最佳典范，最具有政治性。但是阶级斗争就是针对阶级敌人的斗争。在列宁看来，只有革命的战争才是真正的战争，因为它来源于绝对的敌意。只有这种绝对的敌意，才能给予战争以意义和正义。只有绝对的敌意，才将一种现代解政治化、对立中立化的空间再度政治化。列宁、斯大林和毛泽东，这就是绝对敌对性的绝对完成，以及在哲学上和历史上的具体化。② 尽管施米特出于自己的理论目的把马克思的国家观和政治观激进化和敌对化，但是德里达恰恰从施米特颂扬马克思的革命、战争和斗争观念出发来解构马克思主义。德里达以批判资本的逻

① 转引自 Jacques Derrida, *Politics of Friendship*, trans., G.Collins, New York/Lodon, 1997, p.140。

② 参见 Jacques Derrida, *Politics of Friendship*, trans., G.Collins, New York/Lodon, 1997, p.148。

辑、国家、民族国家、国际法为出发点，其理论基础在于马克思的国家消亡论，也就是说，新国际的共产主义意味着扬弃主权、国家、民族、领土界限、政党、工人国际这样的政治观念，新国际中的团结或结盟不能依赖于阶级性的亲密关系，并不是说阶级、阶级差别消亡了。它包含着对人、社会、人的联合的新的理解——“没有机构的联盟友爱”。新国际思想中提倡的这种人的联合的实质内涵在于作为信任、信仰对象的弥赛亚性，就是不可解构的正义。它意味着与自身的非同一性、无尽的不完备性、无限的超越性；意味着我与他者的关系在于我希望他到来，他者以他者的身份到来。这种到来不是简单的“将来的存在”，而是迫在眉睫的存在，具有紧迫性的正在到来。将到来的他者具有非同一性，是某种不可预知的他者，超越和震惊每一种明确预期等待的人，它就存在于现有的存在中。没有他者和革命，就没有正义和真正的未来。革命不是在夺取政权意义上说的，任何革命都要承担伦理的责任。

德里达没有像西方马克思主义者们那样为现代发达社会民主斗争提供具体的革命策略，仅仅指出了政治与文化观念、社会生活实践之间的复杂关系。民主的功能不再是阶级统治的工具或手段，民主应该向社会关系广阔延伸。德里达反对在任何实体性的一般价值或抽象的普遍理性之上理解民主，他强调，自由、民主和平等之间存在着张力，未来民主并不是要建立一个和谐一致的友爱团体，而是要通过对他者的责任来补充民主的理念和实践。民主不再是上层建筑，而是社会关系的建构，是人与人之间差异的友爱的联结。现代社会是容纳了多样化利益冲突的民主体系。民主的核心不仅是自我决断，也是尊重他者。人们不只是在市场和生产中流动的劳动者，也不再处于阶级霸权之中，彼此还具有社会关联和伦理责任。德里达强调平等和社会公正的、全球范围的民主政治，同时指出民主的本真内涵和复杂性决定了真正的民主永远不能实现，但是，民主本身的解构力量使其不断改进，不断完善，不断超越自身，民主永远有改进的空间。即将到来的民主的弥赛亚性使民主处于不断的流动过程之中。可以说，传统马克思主义理论中缺乏民主的内涵，但是德里达要用“未来民主”理论来加以完善和补充，其理论上的“空想”成分多于现实中的可“实践性”。

再次，德里达以承诺政治分析方法取代阶级分析方法，提出了新国际和未来民主的承诺。由于阶级斗争概念在马克思主义者看来是马克思主义话语中处于核心和支配性的概念，所以，德里达被谴责是一种“对阶级政治学的拒绝”和“无阶级的新国际”[①]。德里达指出，阶级斗争预设了社会阶级认同的原则，国际联盟只是被伪造出来的，它并不共属于某一个阶级。在 20 世纪 60 年代，在某种资本主义现代性摧毁了对阶级最为敏感的定义准则的时代境况下，马克思主义话语中关于社会阶级认同的概念和原则是需要进行批判性的重新阐释的。在倡导

① Lewis 和 Ahmad 对德里达的谴责参见［法］雅克·德里达：《马克思和儿子们》，载于《友爱政治学及其他》，胡继华译，吉林人民出版社 2005 年版，第 527 页。

继承一种批判性的分析形式下，德里达所分析的社会阶级的自我认同问题并没有排除斗争和对抗，恰恰相反，是在这种求霸权的斗争的联系中构建起来的。[①] 德里达强调，新国际中的团结和结盟不能依赖于阶级性的亲密关系，这并不意味着阶级的消失或阶级差异和对立冲突的减弱。阶级斗争和种种社会力量相互冲突的研究虽然是不可或缺的，但并不意味着肯定它在任何时刻都是最佳手段。不能把阶级斗争当作神圣的话语方式，正如詹姆逊所说："即便在马克思主义者们当中，对阶级概念的否弃已经成为当今的一种义不容辞的姿态了……"[②]

新国际是幽灵政治学反思的结果，是苦难、亲和性和希望的一种结合。新国际不是自由、民主、人权等普遍性话语的实现，而是对于人类生存苦难的一种深切关怀。在《马克思的幽灵》中，德里达说："新国际正通过国际法的这些危机而被寻求；它已经开始在否弃人权话语的界限，只要市场法则，外债以及科学技术上的、军事上的和经济上的发展上的不平等在比人类历史上的任何时期都程度更深地维持着一种有实效的不平等（如它当今盛行的那样凶暴），那么人权话语就是不敷用的，有时还是虚伪的，而且在任何情况下都是形式主义的，与其自身不一致的。因为在一个人们有勇气以一个自由民主的理想的

---

① 参见［法］雅克·德里达：《马克思和儿子们》，载于《友爱政治学及其他》，胡继华译，吉林人民出版社 2005 年版，第 523 页。

② Fredric Jameson, *Marx's Purloined Letter*, in Michael Sprinker's *Ghostly Demarcations: On Jacques Derrida's Spectres of Marx*, p.46.

名义来传新福音的时代，必须将它大声疾呼出来：永远不要再有像在地球和人类的历史上的那么多人所遭受过的那些暴力、不平等、排外、因而还有经济上的压迫。”① 新国际不是在历史终结的狂欢中欢呼自由民主制和资本主义市场的胜利，不是庆祝意识形态的终结和宏大解放话语的终结，而是让我们永远也不要无视那些不可胜数的苦难事实的存在。② 新国际不是一种国际联盟，而是一种没有机构组织的联盟友爱。德里达批判了国家、民族国家、国家主权、公民资格等概念依据社会认同的同一性和排他性，指出新国际超出了这种基于自然血亲上同源假想的阶级认同和社会认同，它“没有身份，没有头衔，也没有姓名；即使不是偷偷摸摸的，也几乎是不公开的；没有盟约，完全‘脱节’，没有协作，没有政党，没有国家，没有国家共同体，没有共享的公民资格，没有共同归属的阶级。”③

德里达阐明了解构主义的承诺政治分析方法和未来民主的承诺。德里达指出，阶级和阶级斗争的分析只是政治理论研究中诸多维度中一个维度，绝不是唯一一个，还有民族国家内部政治斗争维度、市民社会或民族性的维度、政党战略维度等，诸多维度没有哪一个是更优的或更根本的，而是要根据特定境

---

① ［法］雅克·德里达：《马克思和儿子们》，载于《友爱政治学及其他》，胡继华译，吉林人民出版社 2005 年版，第 527 页。

② 参见［法］雅克·德里达：《马克思的幽灵》，何一译，中国人民大学出版社 1999 年版，第 121 页。

③ ［法］雅克·德里达：《马克思的幽灵》，何一译，中国人民大学出版社 1999 年版，第 121 页。

况中的紧急事件来评价。德里达选用的是另一个维度——政治承诺分析，这样就超越了诸阶级、社会力量之间的差异和对立。政治分析维度的评估和选择，没有任何关于现在的预设和可计算性，必须在种种境况下不断地重新开始，这样才有行动和决断。在德里达看来，在任何情况下，决断不能由一种实存的知识体系演绎而来，不可决断的事物就是决断的境况。①

在政治承诺的政治分析维度之下，新国际不是一种抽象的和乌托邦的幻想，而是未来民主的承诺。在德里达看来，重新政治化的基本条件就是解放和正义的弥赛亚承诺。幽灵性是最激进的政治化活动的形式，它远非被封闭于重复行为中，而是被积极地定向于未来，是积极的。② 马克思不仅论说了国家、权力和国家机器，还预言了国家的消亡和政治的终结，也预言了共产主义和自由人的联合体。在德里达看来，马克思主义的遗传不仅是激进的批判精神，更主要的是解放的维度和弥赛亚的允诺。德里达指出，对马克思政治哲学中政治、革命、政党、阶级等问题的探讨，都会将我们带回到幽灵问题。尤其是马克思宣布和召唤着某种即将到来的在场——共产主义的幽灵，并且指出“这种幽灵将会变成现实，变成一种活生生的现实。这种真正的生活必须现实与宣示自身，它必须超出欧洲之

① 参见［法］雅克·德里达：《马克思和儿子们》，载于《友爱政治学及其他》，胡继华译，吉林人民出版社 2005 年版，第 526 页。

② 参见［法］雅克·德里达：《马克思和儿子们》，载于《友爱政治学及其他》，胡继华译，吉林人民出版社 2005 年版，第 504 页。

外，在某个国家的普遍维度中呈现它自身。马克思已经将党的形式赋予了某种力量的特有的政治结构，根据《共产党宣言》，这种力量必将成为革命、变革、占用、国家的消灭、政治事物的终结等的原动力。（因为政治事物的这种独一的终结将符合于对一种绝对活生生的现实的呈现，这就成为如下思考的另一个理由了：政治事物的本质将总是带着非本质的形象，带着幽灵的真正的非本质）”①

反对资本主义的全球一体化，必须跨越阶级、民族国家和传统共同体的障碍，建立一种真正的民主。而真正的民主，在德里达看来，既不能简单地还原为公民权，也不是一种政治制度或一种民族国家的体制，其最重要的维度是许诺和期待。解构并没有瓦解民主的理想，解构的民主既是传统的，又是现实的，更是未来的。未来民主是将要到来的民主，但是它并不意味着一个将来的民主、一个新的政体或一个新的民族国家的体制，以匡正或提高所谓的民主的实际状况，而是对一种在我们称之为的民主之内从未包含的真正民主的承诺，它首先意味着我们梦想的这一民主在概念上是与承诺联系在一起的。平等、自由、言论自由、新闻自由——所有这些都作为承诺铭刻在未来民主之中。作为一种承诺的未来民主，是一个超时间性的历史化的政治概念，将一直是一种承诺，永远即将到来。我们不

① ［法］雅克·德里达：《马克思和儿子们》，载于《友爱政治学及其他》，胡继华译，吉林人民出版社2005年版，第497页。

必等待民主在将来的发生、出现，我们必须出于一种对于异质的他者的责任，不放弃民主的理想和解放的希望，在此时此刻为民主的到来做必要的准备，力图思考它、捍卫它并为之奋斗。这是一种责戒，一种直接的责戒，无法推延。

总之，德里达的友爱继承了马克思的传统并给予补充，从全新的角度继承了马克思的遗产，尤其是马克思主义的解放维度和正义追求。德里达对马克思主义的继承和弘扬，有利于激发我们在新的时代背景下深入理解马克思的哲学思想和资本主义批判理论，真正发掘马克思主义的遗产，继承马克思主义的真谛，进而从马克思主义的批判精神出发来审视现代社会和全球化发展。我们作为马克思主义者不能总是小心翼翼维护自己的话语权利，护卫着马克思主义的边界，生怕别人僭越，也不能专注于马克思的个别观点，而是要不断地为马克思主义注入新的时代元素，结合现实生活世界的变化和需要，赋予马克思主义以新的时代特征，这正是马克思主义中国化的意义和任务之所在。

德里达对马克思哲学的理解和阐释不只停留在在字面和本本上，而是把马克思哲学的本质精神贯彻到对现实的分析和批判中，使得马克思哲学得到应用和发展。但是，在德里达的理论中以及他对马克思的理解中也充满各种矛盾、局限和错误。比如，由于其解构式的写作风格，使其个别观点存在理论混乱和逻辑错误，也有的观点存在着理论立场上的或具体见解方面的错误；甚至存在背离马克思思想和基本原则之处。例如，德里达也并不自称为马克思主义者，也不属于某些政党。我们回到马克思不是把他作为一个革命者或政治家，而是作为一位政治哲学家，最终把他当作一位伟大的哲学家来阅读他的作品。[①]这里德里达有些断章取义，马克思自称不是马克思主义者是在特定的理论背景下做出的，不具有绝对性。马克思曾说："对实践的唯物主义者即共产主义者来说，全部问题都在于使现存世界革命化，实际地反对并改变现存的事物。"[②]从这句话中可以看出，马克思不仅自认为是一位共产主义者，而且是一位实践的唯物主义者。这也是德里达的一个重要的失误。问题的关键在于德里达有没有像马克思把共产主义理想实现的任务交付给无产阶级和无产阶级革命，为其建构的理想铺设一条通达的现实道路。也就是说，德里达和马克思的区别不在于理论的实践性，而是在于实践本身。

在马克思看来，哲学不是单纯地解释世界的理论，而是革命地、批判地解释世界并现实地改造世界的理论。实践不断推动着世界及人与世界、人与人关系的变革和发展，也推动着哲学的变革革命。所以，马克思哲学也是一种实践哲学。解构和实践有某些相似之处，都内含着否定性、革命性。不同的是马克思把实践落实为人的活动，超越性和创造性的自由自觉的实践活动不仅是人存在的本质特征，更是人的本质力量的确

---

① 参见［法］雅克·德里达：《马克思的幽灵》，何一译，中国人民大学出版社1999年版，第47页。

② 《马克思恩格斯选集》第1卷，人民出版社2012年版，第155页。

证。它超越了自在世界的预成性和封闭性，以其生成性和敞开性标志着自身的特质。因为人的存在和人的历史是一个开放的过程，在这一不断生成的过程中，人不仅要用自己的对象化活动扬弃自然物的给定性，而且要不断地超越和扬弃人的造物及人的活动的异化。马克思主义哲学作为人的生存意义之自我澄明和自觉展示，必然以人的实践的超越本性为基础，必然表现为人的实践的超越本性自觉展现及人的存在的本质性的文化精神的自觉表达。马克思把哲学的历史使命定位在对一切束缚和妨碍人的自由和全面发展的自然的和异化的力量和存在展开超越性的分析和批判，要实现哲学的世界化和世界的哲学化，并通过消灭哲学而实现哲学。德里达在友爱、民主之中发现的自我超越的特质都源于人类自身实践活动的超越性和创造性，而后者才是最为根本的。人的生存本身就是不断展开、不断超越的过程，因而人类历史不断超越、不断发展、不断创造新的价值，它是一个不断超越给定的存在的自在性、异己性，不断扬弃异化和物化的过程，是一个永远不会一劳永逸地、一次性达到完善完满境地的过程，因此，马克思思想所自觉体现的关于人的存在的批判性文化精神和共产主义理想和解放维度才是不可或缺的。也只有在此基础之上，即将到来的民主作为一种弥赛亚性才能发挥作用，否则脱离人的实践活动本身，一切都是僵死的。

在这一点上，萨特和马克思更贴近。德里达的观点与萨特有某些相似之处，或者可以说有某种继承关系，但也存在许多不同之处。首先，萨特也对自我和他人关系问题做了思考。萨特认为，人是被抛诸到这个世界上的，注定是自由的，但是又不单纯是作为自在自为的自我存在，而是和他人“共在”。在笛卡尔的“我思”中我们不仅可以发现自我，也会看到他人。“他人是我和我本身之间不可缺少的中介：我对我自己感到羞耻，因为我向他人显现。而是通过他人的显现本身，我才能像对一个对象做判断那样对我本身做出判断，因为我正是作为对象对他人显现的。”①在萨特看来，他人和我同在，而且同样具有自由、思想和意志。因而萨特眼中的世界是一个“主观性林立”的世界②。但是，与德里达强调对他者的友爱不同的是，萨特对外部世界持有一种否定态度，人在遭遇外部世界时会产生出恶心的感觉，他渴望从恶心的感觉中体验到自己走向自由。而“一个人的自由被他人的自由加上枷锁。”③人与人之间有着某种不可摆脱的对立和冲突。萨特说：“如果与他人的关系被扭曲了，被败坏了，那么他人只能够是地狱。……其实，对于我们认识自己来说，他人是我们身上最为重要的因素……”④一

---

① ［法］让-保罗·萨特：《存在与虚无》，陈宣良等译，安徽文艺出版社1998年版，第297页。

② 参见［法］让-保罗·萨特：《存在主义是一种人道主义》，周煦良、汤永宽译，上海译文出版社2005年版，第22页。

③ ［法］让-保罗·萨特：《他人就是地狱：萨特自由选择论集》，关德群译，天津人民出版社2007年版，第32页。

④ ［法］让-保罗·萨特：《他人就是地狱：萨特自由选择论集》，关德群译，天津人民出版社2007年版，第8页。

个人应该保持自己的自由和自主，即使与别人结合在一起也是自为的。

其次，萨特也强调对他人、对人类的责任。萨特指出，人在选择自己是什么并进行行动的同时，也决定了他人是什么。因而，人类普遍性是被构造出来的。自我是人类形象的一个代表。个人的选择涉及所有人和所处的时代，因而包含着对类的责任感。情感不是人行动的原因，恰恰相反，情感是由人的行动形成的。萨特也说“离开爱的行动，是没有爱的”①，不能把情感、个人忠诚作为道德基础。萨特认为人必须为自己的存在和自己的行为承担责任，同时也要对所有的人负责。存在主义的核心思想就是自由承担责任的绝对性质；通过自由承担责任，任何人在体现一种人类类型时，也体现了自己以及因这种绝对承担责任而产生的对文化模式的相对性影响。② 萨特主张一种行动和自我承担责任的伦理学。“我的行动是代表全人类承担责任。”③因而，存在主义是一种人道主义。与别人的关系的道德才是人道主义，而它需要人的努力才能实现。德里达的友爱政治学更直接地把对他人的责任向度引入政治学和政治哲学之中，探究政治的伦理责任

① ［法］让-保罗·萨特：《存在主义是一种人道主义》，周煦良、汤永宽译，上海译文出版社2005年版，第18页。

② 参见［法］让-保罗·萨特：《存在主义是一种人道主义》，周煦良、汤永宽译，上海译文出版社2005年版，第23页。

③ ［法］让-保罗·萨特：《存在主义是一种人道主义》，周煦良、汤永宽译，上海译文出版社2005年版，第7页。

问题。

再次也是最为重要的是，和德里达相比，萨特更多地继承马克思的实践性和历史性。在他看来，马克思主义不是一种运用演绎分析方法研究现实的严格的理论，“自马克思以后，哲学就是一种具体的社会活动，一种介入。”[①] 萨特主张，人是把自己推向未来的存在，和德里达一样，萨特也强调人生活在可能性之中。“希望是人的一部分；人类的行动是超越的，那就是说，它总是在现在中孕育，从现在朝向一个未来的目标，我们又在现在中设法实现它；人类的行动在未来找到它的结局，找到它的完成；在行动方式中始终有希望在”[②]。然而，在萨特那里，人注定是要失败的，目标无法实现和失败是不可避免的，但这不意味着人生活在失望和绝望中。萨特说：存在主义不是“一种无作为论的哲学，因为它是用行动说明人的性质的；它也不是一种对人类的悲观主义描绘，因为它把人类的命运交到他自己手里”[③]。人的行动的一个基本特点是希望。追求超越的目的，把行动的目标投射到未来，人才得以存在。将信念和希望寄托于未来的行动之中，而不是以目标的实现确定存在的价值，目标本身就是存在。这并不是异想天开的幻想，行动就

---

① ［法］让-保罗·萨特：《他人就是地狱：萨特自由选择论集》，关德群译，天津人民出版社2007年版，第4页。

② ［法］让-保罗·萨特：《他人就是地狱：萨特自由选择论集》，关德群译，天津人民出版社2007年版，第33页。

③ ［法］让-保罗·萨特：《他人就是地狱：萨特自由选择论集》，关德群译，天津人民出版社2007年版，第20页。

是希望。萨特对他人、对社会的极端否定是一种绝望，但是这种绝望又不是悲观主义的。在萨特看来，总是处于未来目的的实现过程之中，在自身之外寻求一个解放自己的理想和目标，人才是真正的人。不存在先验的人的本性，只有在人的活动和斗争中确立人的关系和人的存在。“我们只能通过它将要成为的东西而理解它，它的当下现状是由它自身的可能性而决定的。”① 因而，人的本质有一个生成的过程。人不是他现有一切的总和，而是他一切可能性的总体。希望存在于行动的性质本身之中，也存在于历史前进之中。正是在这个意义上，萨特断言的：“马克思主义非但没有衰竭，而且还十分年轻，几乎还处在童年时代：它才刚刚发展。因此，它仍然是我们时代的哲学：它是不可超越的，因为产生它的情势还没有被超越。我们的思想不管怎样，都只能在这种土壤上形成它们必然处于这种土壤为他们提供的范围内，或是在虚空中消失或衰退。”② 与萨特不同，为了避免使自己陷入形而上学，德里达始终回避对人的本质、存在、实践、历史等问题做出正面阐释。

① ［法］让-保罗·萨特：《他人就是地狱：萨特自由选择论集》，关德群译，天津人民出版社2007年版，第13页。

② ［法］让-保罗·萨特：《辨证理性批判》上卷，林骧华译，安徽文艺出版社1998年版，第28页。

第三节 新的政治哲学理念和政治实践

瑞安在《马克思主义与解构》对解构主义和马克思主义关系的分析中，就涉及了解构主义对后马克思主义以及欧洲左翼激进民主政治的影响，已经透露出德里达的思想对现实的政治影响力。友爱政治学是德里达面对全球化背景下的民主政治、国际关系和人际交往中出现的问题而进行的反思。一方面，德里达的友爱政治思想对于后马克思主义理论和欧洲左翼激进民主政治的发展起到巨大的推动作用。另一方面，在德里达的深刻反思中，以及在他与当代众多思想家的交流对话甚至分庭抗礼中，这些问题越来越多地被人们所关注和思考，成为当代政治哲学中最前沿也是最为重要的问题。德里达从一种对他者的尊重和友爱出发，倡导打破血缘、种族、财产、民族、国家等限制建构一种自由、平等的人际关系和共同体关系，这种友爱政治学必然会引起当代人的共鸣，影响全球化中人们的伦理和政治关系建构，以及更大范围的民主框架的建构。

一、当代马克思主义研究以及欧洲左翼激进民主政治的新走向

德里达晚期的政治哲学研究，尤其是关于友爱、民主、正义、政治和解放等主题的研究对于当代马克思主义研究以及欧

洲左翼激进民主政治的发展具有很大的推动作用和激励力量。20 世纪 90 年代前后，世界共产主义运动明显陷入了低潮时期。左翼知识分子则在继续探讨“马克思主义向何处去？”的问题。德里达在这时向马克思表示致敬，而他对马克思的支持和捍卫，引发人们重新思考马克思主义，推动了马克思主义思潮的继续发展。从广义上来说，德里达本人就和福柯、鲍德里亚和利奥塔等哲学家一样被归在“后马克思主义”的阵营之中，他在解构哲学基础之上对马克思主义进行的分析批判和研究是当代马克思主义研究中的重要分支之一。

德里达的解构主义理论和友爱民主理论也深深影响了狭义上的“后马克思主义”的代表即拉克劳和墨菲，他们立足于解构主义的立场，对传统的马克思主义概念及其理论进行批判分析，探索激进民主政治建设和共产主义运动的新路径。首先，解构主义不仅为后马克思主义提供了理论研究方法，也提供了一种后现代风格的文化政治。消解中心和终极价值的解构策略本身就是一种方法论。德里达从方法论上批判了结构主义结构中心论，使用解构、颠倒、分延、播撒、踪迹、替补打破等级森严的思想体系，展示出本文自身内在的逻辑矛盾，以分延的意义取代意义确定性，以播撒揭穿本文的结构，以踪迹和替补弥补意义的空白，以边缘取代中心。后马克思主义以解构主义为理论基础，对马克思主义思想和当代资本主义社会现实进行了深入分析和反思。其次，解构的理论旨趣也影响了后马克思主义的研究方向和研究主题。在解构主义理论的启示之下，后马克思主义者们论述的主题不再是继承经典马克思主义的论题，进行宏观政治分析和革命实践理论探讨，而是探讨社会分工（如性别、性特征、种族性）或政治关注（生态学）等马克思很少论及的问题。在拉克劳和墨菲看来，在马克思主义理论中，资本主义社会的阶级对立和阶级革命的观点在20世纪末显然不合时宜了。因为“资本主义现实与马克思主义理论范畴能合法包容的东西之间存在着日渐扩大的裂痕”。[①] 在拉克劳和墨菲看来，作为革命主体的工人阶级已经变得支离破碎了，不再是一个统一的集体或联盟组织；社会主义也不再是工人阶级的解放运动，而是“一个充满了不同的话语、多元的差异的主体的社会。它绝不仅仅由传统马克思主义所谓的工人阶级及其同盟者农民构成，还包括妇女、第三世界移民、学生等弱势群体或边缘群体，它是一个由社会的各个不同阶层组成的多样化社会”[②]。也正是基于解构主义对二元对立的等级结构的颠覆，拉克劳和墨菲转向被压制和奴役的弱势群体。对弱势群体的关注，应当成为后马克思主义的重点。工人阶级的消解，就意味着对阶级和阶级斗争概念的拒斥。“身份”或者“主体身份”，成为拉克劳重新建构马克思主义的重要范畴，也是激进民主政治纲领的核心概念。再次，友爱政治理论有助于推进激

① [英] 拉克劳、墨菲：《领导权与社会主义策略》，尹树广译，黑龙江人民出版社2003年版，“第2版序言”。

② 孔明安：《论后马克思主义的解构基础——拉克劳与墨菲的“后马克思主义”理论特征剖析》，《哲学研究》2004年第7期。

进民主政治理论和实践的发展。德里达从文本入手分析并解构大家所认同的友爱观念和政治观念。德里达回到文本，是为了前行而不是为了到达。他希望通过文本的解构打破被关注和认同的秩序，并通过文本革命倡导一种尊重差异性、关爱他者的伦理学，和一种不断超越现存秩序的民主政治。德里达通过解构的文本革命使现存秩序朝着一种更激进的民主化的方向前进。拉克劳和墨菲的政治目标是“激进民主”。拉克劳和墨菲认为传统马克思主义理论完全是一种本质主义的“宏大”叙述，马克思的有关概念，诸如阶级、革命、历史必然性和客观规律等，都是本质主义话语叙述的表现，都是需要加以解构的。在拉克劳的《我们时代革命的新反思》一书中，“革命”已经失去了马克思的原本意义，而是被“激进民主”的左派革命策略所替代。①正像德里达所说的，在后马克思主义那里，马克思只是作为一种历史不在场的幽灵而发生作用。马克思提倡通过无产阶级革命推翻资产阶级统治，夺取政权，建立无产阶级民主专政的社会主义国家，并逐步实现共产主义。在拉克劳和墨菲看来，无产阶级的后工业社会之下已经不再是一个稳定而富有革命性的存在。在资本主义全球化背景下，随着社会条件的发展变化，无产阶级革命已经不合时宜，也不可能取得胜利。唯一的希望就是以新革命的方式在资产阶级体制内部不断地扩大民主。

---

① 参见孔明安：《论后马克思主义的解构基础——拉克劳与墨菲的“后马克思主义”理论特征剖析》，《哲学研究》2004 年第 7 期。

德里达和作为西方马克思主义重要代表的哈贝马斯逐渐地形成共识和合作。早年德里达与哈贝马斯一直在进行思想交锋，两人经过多次辩论和对话。正如汪堂家总结的：德里达和哈贝马斯的关系经历了从误解、理解到合作的过程。[①]哈贝马斯与德里达论争的核心是关于启蒙运动所倡扬的现代性的基本政治理念。哈贝马斯极力维护这些现代性的核心理念和价值，而德里达的解构则触动了这些基本政治理念的基本前提。哈贝马斯的交往行动理论在平等对话和协商的基础上，关注个体存在的平等性。哈贝马斯维护普遍平等的对话原则，并力图通过协商对话，达成一致，消除存在者的差异性形成共同体统一的成员意识，进而通过商谈伦理来重建现代道德体系和程序民主的政治秩序。德里达指出，这就忽视了不平等霸权势力之下，不平等世界政治经济格局之下，协商和对话只能实现表面上的平等，而本质上是不平等的。多元化的社会中，很难把社会成员完全置于一种共同的价值观念或生活规范中。对话依然是一种语言逻各斯中心主义的表现，并且是诉求一种同一性。德里达指出，在这种普遍平等的道德原则之外，还应该有非互惠、非对称的友爱和关心，即对于弱势群体关爱，这是走向正义必不可少的路径，也是人类不可推卸的责任。德里达关注异质性和边缘人群，尊重他者不可计算的尊严。哈贝马斯反过来指责

---

① 参见汪家堂：《汪家堂讲德里达》，北京大学出版社 2008 年版，第 18 页。

德里达对现代性的全盘否定和对人类普遍解放的放弃。基于对现代人为摆脱专制政权的统治方式所作出的努力的肯定，哈贝马斯把德里达、福柯和利奥塔等人归为后现代主义者，力图摧毁启蒙运动的基本结果即现代性。德里达质疑启蒙运动的平等、博爱等政治理想。德里达不接受哈贝马斯的批评，提出新的启蒙概念，将要来临的启蒙、未来的启蒙。自称非但不反对启蒙，而是将启蒙进行到底。德里达提出无条件的理性和新启蒙，来拯救理性和启蒙不被限定于市场经济的计算活动的推动之下，而是由富有情感的理性和友爱驱动。

虽然，哈贝马斯和德里达分别作为现代性的捍卫者和现代性的批判者，在现代性的价值和理念上存在诸多差异，但是同为哲学家的责任感和使命感，使二者在维护正义上是一致的。经过交锋之后，哈贝马斯也认识到这一点，也开始关注个体存在的差异性和他性。德里达的辩护不断拉近和法兰克福学派的距离，和哈贝马斯的距离，尤其是在社会批判理论上有某种相近性，在政治哲学上也有可以合作的可能性。到 90 年代以后，面对全球化背景下新的社会环境和政治形势，德里达探讨了友爱、政治、马克思、宽恕、款待、正义、法律等一系列主题，与此相呼应哈贝马斯也推出了《包容他者》《跨民族结构》等著作，二者在关注他者、建立跨民族国家的新的交往和民主、实现正义等方面逐渐形成共识。

针对“9 · 11”事件，两位思想家从不同侧面切入做出回应和反思，但是，二人都对古老的战争、公民和军事、民族或国际的观念提出质疑，对美国以超级大国和世界警察的身份进行霸权和强势干预的行为提出批评，同时质疑美国通过现代媒体技术使恐怖主义威胁扩散到全世界，并且通过这种第三者的视野促使其他国家接受并无条件支持反恐的做法。① 德里达质疑了主权的地缘政治的古老规则，标示出传统政治观念以及联合国和国际法体制下全球政治的危机。“9·11”事件表明，卡尔·施米特那种划分敌友的政治概念依然存在，现今世界并没有走出奉行“霍布斯主义”的丛林原则。世界范围内的康德主义之“永久和平”是一个“应然”的绝对律令，但也不过是遥远未来的理想状态。哈贝马斯质疑了国际法的效能以及恐怖主义和公共领域的合法性，主张以积极参与的公共领域为基础建构民主政府，诉诸交往行为的建立和主体间性的确立来实现解放，同时致力于弘扬欧洲启蒙精神，克服欧洲中心主义，使欧洲消解美国的霸权地位。

两位思想家的另一个共识，就是都把新世界秩序和未来的希望寄托于欧洲。德里达寻求的新国际是超出了民族国家框架，超出了今天所谓的“世界主义”，超出了作为新世界联合国，可以称之为“变异的世界主义者（另它的世界主义者）”。德里达说：“我称之为‘新国际’的东西，迫使我们在国际法和规范世界秩序的组织中发生变化（国际货币基金组织 FMI，

---

① 参见［美］博拉朵莉：《恐怖时代的哲学家：与哈贝马斯和德里达对话》，王志宏译，华夏出版社 2005 年版，“序言”。

国际贸易组织 OMC，西方八国首脑会议 G8，特别是联合国），至少要改变其公约，组成，而首先应该改变地点——尽可能地离纽约远”①。德里达把世界主义的新国际的希望寄托于欧洲。德里达认为，应该“扬弃”全球政治②，使国家的主权不再与领土相关，也不再与交流的技术与军事或非军事的战略有关，这种解体实际上使古老的欧洲政治观念产生危机。德里达并不是认为应该反对政治，他也指出主权在某些形势下是好东西，比如在反对某些全球市场力量的斗争中，他是主张应该保留和改革的欧洲遗产。就像他在《流氓》（Voyous）一书中所指出的，涉及作为欧洲观念的民主，这个观念的存在从来没有令人满意过，而同时又仍然有待来临。③德里达所追求的新国际，与他所深恶痛绝的福山的“普遍同质国家”志趣迥异，却与哈贝马斯有些相近之处。哈贝马斯一直致力于推动欧盟的建立，并给予理论和实践的支持。在 2003 年哈贝马斯组织策划一批学者主张欧洲团结起来形成一种欧洲认同，建立新欧洲、核心欧洲来对抗美国霸权政治，为世界的未来发展承担责任。德里达由于病痛，没有亲自撰写文章，而是在哈贝马斯的文章

① ［法］雅克·德里达：《最后的谈话：我向我自己开战》，中国学术论坛，www.FRChina.net.

② 参见《一切国家的全球政治，尚须努力！》，转引自［法］雅克·德里达：《最后的谈话：我向我自己开战》，中国学术论坛，www.FRChina.net.

③ Voyous 也译“无赖”，参见汪家堂：《汪家堂讲德里达》，北京大学出版社 2008 年版，第 229 页。

后署名。[①] 但是，德里达此前就已经明确表示，欧洲应该承担新的责任指令的召唤，要为人类的未来，为国际法的未来负起责任。德里达指出，这里的欧洲，不是存在诸多内部战争潜在威胁的欧洲共同体，而是说将要来临的欧洲。德里达说："这不是希望建立一个成为另一个超级军事大国的欧洲，以保护市场，与其他集团相抗衡，而是一个来撒播新的变异世界主义者政治种子的欧洲。对我来说，这是唯一可能的出路。"[②] 德里达继续解释说："当我说'欧洲'，我说的是：一个变异世界主义者的欧洲，改革独立和国际法的观念和实践的欧洲。是具有真正的军事实力、独立于北大西洋公约组织和美国的非进攻又非防御的军事力量，它将毫不迟疑地执行最终得到新联合国遵守的各种决定（比如，在以色列或其他地方的紧急决定）。它还是人们由之能够最好地思考某种世俗性形态的地方，比如：社会公正、同样还有欧洲遗产的形态。"[③]

由此，我们可以断定，德里达并没有放弃启蒙计划，也没有放弃左派。"德里达一向以民主左派自居"[④]，在一次题

---

① 参见［德］哈贝马斯等：《旧欧洲 · 新欧洲 · 核心欧洲》，邓伯宸译，中央编译出版社 2010 年版，第 1 页。

② ［法］雅克 · 德里达：《最后的谈话：我向我自己开战》，中国学术论坛，www. FRChina.net.

③ ［法］雅克 · 德里达：《最后的谈话：我向我自己开战》，中国学术论坛，www. FRChina.net.

④ 陆扬：《后现代性的文本阐释：福柯与德里达》，上海三联书店 2000 年版，第 295 页。

为《解构主义和实用主义》的讲演中，德里达说：“作为一个左派政治人物，我的愿望是解构主义的某些元素可以服务于或者——因为斗争仍在继续，特别是在美国——将服务于左派的政治化和再政治化，而不是仅仅圈定在学院的范围之中。”① 由此可见，德里达其实是非常希望他的理论能被用于政治实践领域，而不是局限在理论世界。《往返莫斯科》中德里达说，迄今他只要一听到《国际歌》，依然是心潮澎湃，不能自已。他的感动当然不光是由于音乐的震撼力量，更多的是出于作为哲学家的责任感和使命感。一种国际主义的情感潜藏在德里达的心中。或许德里达希望解构主义具有强大的解构力量。德里达曾指出，每一次哲学讨论会都必然有其政治意义。德里达“向制度、向社会的和政治的结构、向最顽固的传统挑战”②。解构主义不是中立的，而是一种积极的参与和介入。德里达通过自己的参与推动着欧洲左翼激进民主政治实践的发展和深入。但是，即便德里达有意重构左派政治学并实现世界的公正，但是即使解构的利刃再锋利，也终是显得力不从心。

---

① 转引自［美］马克·里拉：《当知识分子遇到政治》，邓晓菁等译，新星出版社 2005 年版，第 177 页。

② ［法］雅克·德里达：《一种疯狂守护着思想》，何佩群译，上海人民出版社 1997 年版，第 21 页。

二、全球化中的伦理与民主

哲学思考本身就带有伦理关怀。在回答一位青年朋友提出的"你何时写一部伦理学"时，海德格尔就存在论与伦理学的关系作出回答："伦理学深思人的居所，那么把存在的真理作为一个生存着的人的原始的基本成分来思的那个思本身就已经是原始的伦理学"①。德里达的友爱政治学是对人类生存状态的深入反思，其中包含着深刻的伦理关怀和民主诉求，所以这一思想对于全球化背景下的伦理和民主的理论发展及其实践都起到一定的促动作用。

德里达告诉我们，现代政治的封闭性和敌对化与包含着古希腊以来的兄弟情谊的友爱观念之间有着密切的关系，要想摆脱政治技术化和敌对化的危机，必须打破这种兄弟情谊建立一种新的友爱关系。这种新的友爱关系是建立在对他者、对人类的责任之上的，人与人之间彼此关爱、好客、相互接纳、相互尊重，跨越地域、民族、主权国家、语言等障碍，四海之内皆兄弟，但同时这种新的友爱关系并不是要求人们相互同化，而是要保留人的个性和特殊性，保留差异性，人与人要保持距离，尊重异己，倾听不同的声音，不只爱亲人、朋友，也要爱陌生人，甚至爱敌人。在这种友爱的普遍性基础上建立的民主

① 参见海德格尔：《关于人道主义的通信》，载于《海德格尔选集》上卷，熊伟译，上海三联书店 1996 年版，第 400 页。

才能跨越民族国家的界限，才能化解残酷的战争。德里达从友爱的视角来分析民主政治问题，他不再把友爱限制在私人领域，而是揭示了友爱和民主政治的密切联系，重新阐明了友爱的政治意蕴和政治价值。从中我们可以看出，解构不只是语言游戏或文本游戏，也不是虚无主义和反历史主义，而是强烈关注现实的政治问题，它具有终极价值的取向和深刻的伦理关怀。新的友爱民主的政治哲学对于解决全球化背景下的许多政治矛盾和政治问题具有一定的指导意义。

西方工业国家高扬自由民主的旗号，凭借市场经济体系和技术创新，改变着世界的格局，形成了来势凶猛的经济和政治的全球化浪潮。马克思认为，人与人的交往模式是建立在生产劳动基础之上的生产关系。今日，全球化已经成为一种不可抵挡的趋势，在不断地深入和加强。而伴随着全球化不断拓展深入，不可避免地导致了人的生活方式的变化，因而也导致了个体交往和国际交往的变化：

一方面，在全球化趋势下，整个世界个体之间的交往超越了时间和空间的限制，打破了原有的狭小封闭的生活空间。随着信息和通讯技术的发展，全球联系网络不断加深，为个体跨越国界行为创造可能性。世界愈来愈小，成为“地球村”。个体的自主性和多样选择性不断加强，对于民族国家的依赖性不断减弱。个体以全球公民身份，加入全球体系之中，与传统的国家公民身份剥离。以人类认同超越民族认同和国家认同。人们在全球范围内流动，移民、公民权等问题凸显出来。交往不再是生产关系，不是阶级、阶层、利益集团的划分。朋友不再局限在亲属、邻居、同事、同学，从范围来说趋向无限化，保持差异化，互相尊重。德里达认为，伦理学和政治学的疑难和悖谬中，包含不可能的可能性。伦理和政治责任是对不可能性负责。所以，传统的政治理论迷失了方向，有待于发现一种新的民主与自由。

另一方面，全球化背景下，国家不再能通过制度创新来实现社会基本团结，出现民族国家的认同危机。原有的国际交往中以民族国家为单位，界限分明形成壁垒。由于利益划分和意识形态冲突而造成的两大阵营的对峙结束了，国际关系的主体不再是敌对，而是和平和发展。全球化使各国交往扩大，合作往来范围扩大，频率增加。跨国界的公民权利、普遍的自由、平等、和平的呼声和诉求越来越响亮。

德里达的友爱政治学，并不是空洞思辨的抽象理论，不是解构的文字游戏，而是和现实息息相关，是德里达对冷战结束后全球政治现实的深入反思。在全球化趋势日益深入背景下，友爱政治学以一种他者伦理为依托为大规模的跨国界交往和国际交往提供一种新的政治理念和民主实践模式。普遍的友爱关系就是民主的理想和价值维度的具体内涵，这一理想和价值维度是解决当代超民族国家问题、跨文化交流问题和人类共同发展问题的重要价值基础。

针对欧洲面临的移民和入籍问题，在《友爱的政治学》之后，德里达在 1997 年又出版了著作《论款待》。书中德里达把友爱政治学理论中对他者的接纳和好客的思想集中阐述并进一步发挥，提出一种新的民主和款待模式，即一种超越国界的世界主义的民主和款待模式。德里达指出，"款待"就是对他者的热情好客态度。这一观念一方面是希腊文化的遗产，如斯多葛学派就提出了世界公民的概念，另一方面也是基督教文化的遗产，如圣保罗说过我们都是兄弟，都是上帝的儿子，所以我们彼此不是陌生人，同属于这个世界，是这个世界的公民。德里达发现这个传统一直延续到康德，在康德的世界主义里款被附加了条件：比如对方应当是另一个国家的公民，给予对方访问的权利，但是不能够居留下来等。这样一种新的款待模式，德里达指出，其世界主义的好客盛情就和政治、国家、政府和公民权联系了起来，严格控制起了居留及其时间。而德里达却从勒维纳斯对他者的无限责任出发，主张超越民族国家的界限，实践一种更大范围的款待和世界主义的民主。在德里达看来，欢迎他者是一个无条件的命令，不论他或她是谁，不求证明、名字、语境抑或护照。所以，一个世界主义者对于外国人应该接纳和款待。也就是说，向他者敞开空间，打开他的屋子、他的语言、他的文化、他的国家。事实上，它们早已经敞开了，而且必须无条件保持它们的畅通。但是，德里达也意识到，这一无条件的款待有可能将友谊的伦理给整个儿颠倒过来，一旦任何人都可以进入我的空间、我的屋子、我的城市、我的国家、我的语言，就可能会把我的空间、我的屋子弄得一团糟。有鉴于此，各国政治事件中就用条件来规范无条件，因而也就意味着法律、权利、习俗，意味着有边界和限制，如移民法。德里达的“款待”理论具有非常明确的现实性和针对性。

在当代，日益频繁的全球交往和日益扩大的局域矛盾和冲突同时并存。尽管康德希冀的永久和平还没有实现，但是康德式的世界公民社会理想开始复兴。德里达主张打碎民族国家的框架，打碎基于自然和假想的血缘关系建立起来的政治共同体，其主旨也是建构一种全球性的公民社会或一种全球民主。因而，可以说德里达的友爱政治学提供一种全球化中的新的伦理和民主。解构背后暗藏着的伦理—政治意蕴具体表现在德里达的“他者”概念上，以及由他者衍生出来的“不可决断性”和“责任”。尊重差异，好客，彼此信任，非对称性的友爱关系，正是全球化之下，个体交往乃至国际交往的典范。德里达的友爱政治学从一个独特视角出发，为我们关注他者、超越现存秩序提供了理论依据。

友爱的政治学证明人道主义的终结，它引导着后人道主义理论。这种无中心的自我、解构的主体，没有固定的身份，没有固定的原则，没有道德规范或政治的基础。但是，问题是一个由这样的后人道主义的主体组成的社会将怎样运作，我们怎样和我们无中心的自我一起生存，这是后现代思想一直悬置不论的问题，也是折磨德里达的主要问题。很多人指责后现代主义和解构主义，指出无中心的自我是社会的政治灾难，是启蒙计划的退却，后人道主义主体的变化的价值被直接地描述成碎片的自我。于是，解构被看作是西方价值崩溃的表征和描述。

解构不可避免地要对无中心主体理论的政治含义做出回答。在《友爱的政治学》中，德里达回应了施米特的敌人的政治学，通过勒维纳斯接近了他人的踪迹，从“友爱”问题的思考回应现代民主政治的困境和后现代的价值虚无。解构赠与我们一份礼物，包括一种无条件的友爱，一种超越地缘、血缘以及民族国家的大写民主，一种对于绝对他者的责任。

维特根斯坦曾说，一种新的政治必然要求一种新的语言。解构所倡导的别一种政治也有自己的语言，即他者的声音。传统形而上学观念惧怕他者，想通过压制他者使他者惧怕。而解构理论之中包含对他者的承认，尊重他者，并赋予他者话语权利，允许他者说话。德里达所说的他者包括所有在现存秩序中处于边缘地位被边缘化的存在，在现存秩序的意义体系中未被再现或未被符号化的存在。[①] 德里达重新分析了主体、主体间性、主体和共同体的关系，以他者为中心，使现存秩序成为一个对他者或他者的语言开放的敞开的体系。他者作为一种异质性的存在使现存秩序中有了不确定的和不可决断的因素。这种不可决断性不是在需要做出果断决定时犹豫不决，而是“对于现存的可计算的秩序和规则来说是异质而陌生的，但它必须……在现存的秩序和规则下作出不可能的决定。尚未经历过不可决断性的决定不会是一个自由的决定，而只不过是某个可

① 参见夏光：《后结构主义思潮与后现代社会理论》，社会科学文献出版社 2003 年版，第 346—347 页。

计算过程之合乎程序的应用和展开。它或许是合法的，但不是公正的”①。不可决断性是在现存秩序和常规体制下作出不可能的决定。德里达主张的不可决断性是从他者或他者性之中产生出来的，如果想使一个决定真正有意义或者是公正的，就必须考虑到在现存体制内被压抑和排斥的他者或他者性。正是由于解构对他者的无限尊重和对现存秩序的无限超越，使解构和正义联系起来。没有由于他者存在而产生的不可决断性，就没有公正或正义。“用他者的语言将自我与他者联系起来是所有可能的正义之条件”②。用德里达的话来说，对现存秩序的所有前提的解构，是一个无止境的过程，“是在一个无限的正义观念的基础上进行的——之所以是无限的，是因为是不可还原的；之所以是不可还原的，是因为有他者的存在；而他者总会无条件地以其独特性而出现”。③ 在现存体制内，在既定语境下作出的可预知的决定是没有责任感的，只有在不可决断的情境之下作出的决断才是具有责任感的，因为在不可决断性之中包含

① Kearney Richard, Derrida’s Ethical Turn, in *Working through Derrida,* edited by Gary B. Madison, Evanston Illinois: Northwestern University Press, 1993, p.37.

② Kearney Richard, Derrida’s Ethical Turn, in *Working through Derrida,* edited by Gary B. Madison, Evanston Illinois: Northwestern University Press, 1993, p.36.

③ Kearney Richard, Derrida’s Ethical Turn, in *Working through Derrida,* edited by Gary B. Madison, Evanston Illinois: Northwestern University Press, 1993, p.38.

着解构，在德里达看来，解构就是履行责任，他说：“解构意味着责任感的增加”。①

所以，可以说，解构主义是传统形而上学终结之后的后形而上学之思。它不接受一切既定的观念和价值，接受一切多样性和未知的可能性，承认并尊重他者，同时对于他者、对于他者整体承担责任。解构不是否定形而上学，而是否定特定的形而上学思维方式。形而上学作为对存在的关怀是不可否定的，其中必然蕴含伦理价值和责任。伦理和政治的责任意味着解构不受限制，对于文学、哲学、技术、一切制度和民主方方面面的解构恰恰是出于对他者的责任的承担。

三、现代性反思视域下的友爱政治学评价

面对现代社会的现实发展与其理论构想之间的差距，尤其是民主的理想与资本主义自由民主政治的困境之间的断裂，以及自由、平等和博爱的启蒙理想和充满竞争、敌意和排斥的社会之间的反差，使有责任感的思想家们都转向对现代社会的反思和对作为现代社会核心原则的现代性的批判。

现代性视域下的民主困境所呈现的理想维度和制度维度的分裂，实际上是理性化进程的一种危机表征。现代社会自由民

① Kearney Richard, Derrida’s Ethical Turn, in *Working through Derrida,* edited by Gary B. Madison, Evanston Illinois: Northwestern University Press, 1993, p.36.

主政治的危机既是交换价值理性和政治权力工具理性扩张的结果，也是主体自身理性膨胀的结果。一方面，工具理性膨胀使现代政治越来越倾向于技术主义。尽管现代资本主义国家作为守夜人、社会监管人日益中立化，其目的就是协调资本主义社会矛盾，使各种社会利益组织成一个维护资本利益的整体。但是这种政治从来都是由权力、统治、支配和服从、顺从、屈从两方面构成，像经济中的金钱原则一样，其核心原则是权力原则。在工具理性的支配之下，手段取代价值目的，只要能够实现普遍主义和抽象的理想和目的的一切手段都获得合理性。而手段的合理性来源于人的理性。启蒙中的理性主义坚信通过人类的理性设计和实践，可以安排社会组织生活，实现人类普遍的政治理想，因此，现代社会逐渐走向管制化。人也成为手段，而不是康德说的目的，最终丧失了主体的自由。因此，自由民主政治逐渐走向国家主义和专制。另一方面，价值理性缺失使现代社会成为一个政治和道德分裂的世界。高效率的分工生产促使个人分化，导致了由分化的个人组建的社会处于价值缺失、私欲膨胀和道德败坏，威胁了社会协调一致和共同的道德信仰。抽象的普遍理想在现实中的遥不可及，也逐渐遭到人们的质疑甚至遗弃。而传统上使社会协调一致的情感、道德准则和神圣事物都失去了作用，功利主义和技术主义处于支配地位。

当代思想家纷纷展开对现代性的普遍主义、抽象化和理性化的批判，其中最为核心的靶子就是工具理性的膨胀和价值理性的缺失，以及主体理性化的膨胀和主体的个人原子主义。所以，当代思想家在对现代性进行反思批判的同时，都在极力重构社会价值和个人伦理关系，罗尔斯的正义、麦金泰尔的共同善、哈贝马斯的交往理性、勒维纳斯的他者伦理学、阿伦特的道德心（良知）等。德里达的友爱政治学本质上也是对现代性和启蒙精神的反思。他对现代性视域下的国家和民主制度的反思，与整个现代性批判的共同趋势一致，其目的也是修补现代性引发的问题。与众多思想家一样，德里达也把发现现代性过度追求理性化、普遍化、抽象化，导致了文化和理想价值的缺失。所以，在福山等人宣扬资本主义自由民主制度大获全胜的时候，他站出来指出，资本主义自由民主制度面临的危机。德里达在为现代社会进行诊治时，从西方文化中友爱观念的发展谱系入手，分析欧洲文化观念经历在其发展过程中，尤其是在现代化的过程中出现的偏颇，指出友爱观念中的同质化和普遍化诉求所引发的现代民主政治的排斥性、对抗性和狭隘性。为了解决现代民主政治的危机，德里达也力图重构现代社会中人与人的关系，重构理想价值维度，因而提出一种新的友爱和未来民主。德里达所解构的传统的友爱、政治和民主观念，也是建立在传统形而上学思维方式的基础之上确立起来的，并一直被非批判地继承和传扬。例如，在友爱和民主观念谱系之中存在着趋同排异；从柏拉图、亚里士多德一直到施米特的政治理解包含着作为政治概念基础的二元对立即敌友划分；在传统政治理论中包含着结构性原则即基于血缘关系的家园、邻近性、存在、在场以及认同原则。因此，才衍生出充满敌对和战争的政治，人们总是保护自己免受他者的他者性的入侵，把他者视为对手或敌人，而且力图同化、统治甚至消灭对方。战争、杀人、种族灭绝都是友爱政治的反面。德里达质疑了关于友爱、政治和民主问题的权威性话语和通常性的理解，指出在西方文化传统中的观念，如自由、平等、博爱、民主等，都是人们约定俗成而建立的抽象观念，是以一种语言掩盖了同一实体中的差异，这些抽象概念的建立，也就意味着等级制度的存在。破除逻各斯中心主义本身就意味着将差异从语言的暴政中解放出来。在政治上，就是允许新的思想、发明和表达，赋予边缘、局部、异己的力量表达意见的权利，放弃排外性。友爱政治就是一种差异政治，因而，民主是一种承认差异和维护差异的机制。民族、国家、公民等同质性的范畴，不再具有政治意义。民族依然存在，却只指涉个人的“身份认同”，不再是在排他性中谋求垄断权，也不褫夺个人的人权。民主本身就具有多样性和内在矛盾，民主就永远没有一种固定的形式，在德里达看来甚至没有一个明确的概念可以描述它，民主内在的矛盾不断地自我超越，又永远无法超越。

但是德里达作为一位独特的、总是出人意料的有创造性的思想家，他的友爱政治学所进行的现代性反思批判，与其他进行现代性批判的思想家存在很多不同的独特之处。首先，德里达所寻求和重构的价值不是像麦金泰尔一样主张回归古典的价值，寻求某种希腊时期的伦理精神或价值诉求来弥补现代性的价值缺失。也不是像罗尔斯一样，以现代文化精神为基础重构一种新的价值理念。德里达的解构主义的独特之处在于，基于欧洲文化本身寻找其内在的文化价值。他在重新反思西方文化精神的发展，进行文化批判和解构的基础之上，在其内部引出独特的精神特质和价值原则，使文化观念之中被忽视、被排斥、被压制的内容获得解放，这也使欧洲文化重新获得活力，恢复了文化自身内部的传承和自我更新的生命力。

其次，德里达也主张重构人与人之间的友爱关系，但是与哈贝马斯强调对话和协商以达成一致不同，与罗尔斯通过民主协商实现重叠共识不同，德里达的基本原则是维护异质性。德里达力图用一种没有政治的政治摆脱近代以来的技术主义政治观，使伦理和价值的范畴融入到政治实践之中，重构政治和民主的内涵，突出了民主和政治在维护人与人之间关系中的价值。民主的核心不仅是自由平等，而且正义，而正义的背后作为支撑的恰恰是友爱。正义就是他者，对他者的责任。这是德里达的背景支撑，即存在论和他者伦理学。但是，德里达既没有像哈贝马斯那样简单地以主体间性弥补主体性的膨胀，强调人与人之间的交往关系的建立；也不是像勒维纳斯一样以他者来制约自我的扩张，强调把他者作为伦理学的出发点。德里达强调人与人关系对民主和政治的重要意义，但是他想重构的友爱关系并不是那种追求同质性的亲密的关系，而是一种保持距离、保持沉默、保持异质性的关系。在这种关系中，自我和他者并不是固定不变的，而是交互式的。

再次，德里达也强调恢复理性价值来弥补现代性中文化价值的缺失，但是德里达不再追求那种普遍化的、抽象的、乌托邦式的理想，不是把民主理想的实现寄托于未来的某一时刻的到来，不是力图通过制度设计和建构来实现民主的价值理想。在德里达看来，真正的民主自身就是理想价值，永远不能实现，也不能接近，因为它自身是多样化并且不断变动的。民主本身具有一种幽灵性和弥赛亚性，它总是理想性的、不在场的但同时也是不断出场的。德里达指出民主自身内在地具有一种解构的力量。民主有限度，又追求超出界限，实现自由平等的理想。解构的民主中包含着突破界限、自我完善的力量源泉。和马克思主义者期待的共产主义理想也略有区别，德里达不是把理想的实现看作一个现实的运动过程，一个不断接近理想的过程，在他看来，民主本身就是当下的责任，不存在与理想接近的过程，只存在以民主理想审视现代社会的责任。

由此，德里达的友爱政治学在存在论、民主、政治、正义之间打开一条敞开的通道。但是，不可否认的是，德里达的友爱政治学中也存在着局限性。首先，德里达以友爱为基点对现代民主政治进行批判尽管深入到深层的社会文化观念，但是友爱观念也源于生活世界，即人的存在方式。友爱是人类群居生活的产物，也是人的本性。那种兄弟情谊的友爱观念是在现实生活状态下形成的。德里达要求我们“不要抹除他者的异质性。这要求（也许是命令）我们得让自己朝向未来，使自己加入到这个我们之中，……这是一个重新组合的联盟，它无配偶、无组织、无政党、无民族、无国家、无所有权（它就是我们后面戏称为新国际的‘共产主义’）”。① 在马克思看来，市民社会是国家的基础，以友爱为基础建构的共同体也是政治的根基之所在。但是，如何切实地摆脱自然血亲关系，如何剪断政治和家庭、民族、国家之间的脐带，德里达没有给出具体的实施方案。而且，是否一定要摆脱也是值得思考的问题。爱国主义、民族荣誉感在德里达的伦理之中完全失去意义，那么是不是就意味着要形成一种普遍的人类主义或世界主义观念呢？德里达的意图是如此但并没有加以深入分析。

其次，德里达把自由民主政治体制的困境完全归咎于兄弟情谊的友爱观念和模式，并力图通过建构一种最低限度的友爱来挽救民主。虽然其为我们分析西方文化和政治现实提供了一个新的视角，但这种观点不免有些片面和极端，缺乏全面性，忽略了现实之中政治问题的复杂性，忽略了资本、利益、意识形态、文化、宗教、权利等等因素对于政治现实的影响。而且德里达构想的使民主政治摆脱困境的方式缺乏合理性和现实可操作性，因而在实际操作中显得软弱和苍白。德里达实际上以一种迂回的方式回答了本文开篇提出的民主的理想和制度断裂的问题。他既不是用某种民主体制来实现理想的民主，也没有

---

① ［法］雅克·德里达：《马克思的幽灵》，何一译，中国人民大学出版社 1999 年版，第 42—43 页。

提出制度的民主怎样融入民主的理想，而只是揭示了民主自身的解构力量会不断超出自身的界限，同时又倡导未来民主的弥赛亚性之下，我们不是毫无作为的期待和等待，而是要对民主的即将到来承担责任。那么我们到底该如何承担责任呢？

同时要指出的是，对于正处于现代化建设进程之中的中国而言，现代性还没有真正形成，一方面，我们在积极实现社会发展、推动现代化进程的同时要吸取西方国家现代化的成功经验和失败教训，在深刻理解现代性的内涵和现代性的反思批判的基础上扬长避短，实现国家迅猛发展。另一方面，要看到中西方文化传统和社会背景的差异，不能完全照搬西方的理论和实践。中国的民主政治建设不乏精神文化价值和伦理理念，但是我们面临的问题是制度的缺失，传统文化与民主政治文化的不契合，以及民众民主政治素质有待提高。因而，德里达的友爱政治学对于我国的民主政治建设的启示意义有限。

综上所述，当代政治哲学无论其探讨的主题是自由、平等问题，还是正义、善的问题，归根结底都可以归结为自我和他人关系问题。人与人之间交往和友爱关系是社会的真正基础，也体现了社会民主的价值。现代社会冲突的解决不能把冲突强制压制下去或漠视现实中的对抗，也不可能单纯依赖法律条文和分配规则，必须以宽容的精神看待现代社会分化带来的较为个人化和多样化的生活世界。不能把现代社会看成是一个彻底失范的世界，蔑视建立积极的人与人之间的交往关系和政治公正的可能性。也不能实施强制纪律和宗教般的信仰来加强个人之间的紧密联系和集体意识。现代民主政治危机的解决，应该寻求新的途径，从基本的正义原则出发解决对抗和冲突，要维护生活世界的多样化和创造力，维护个体的异质性和独特性，同时不断扩大生活世界中个体交往，甚至超越民族国家界限建立全球性的友爱关系。尽管制度和道德、分配和认同、哲学和政治之间的矛盾永远也解决不了，但是展现矛盾带有悲剧中命运的震颤力。正是这种矛盾的张力推动着人类的进步和对理想的无限追求。

如何处理自我和他人、自我和共同体之间的关系，这是自古希腊就探究的主题，也是当代政治学家和哲学家不可回避的话题。德里达回到政治哲学的源头，对这一最根本的问题加以反思，并且把其纳入到全球化时代背景下的当代世界政治现实之中，既有对现实生存境遇下种种危机的深入反思，又有对未来理想情境的大胆预想。德里达对文本的细致解读和严密论证，对现实的积极关注，对一种负责任的伦理和政治的捍卫，值得使那些保守主义的学院派学者重新审视德里达对于法国和我们的时代的意义。德里达不是对启蒙精神的全部颠覆，而是重新反思启蒙所追求的价值原则，正如史密斯所说："如果解构体现和吸收了某种马克思主义的精神，这是因为它也将某种启蒙精神贯彻到底，尤其是将理性与民主之间的至关重要的联系推到了极致，也将对普遍性的渴望推到了极致，而这种普遍性变成了一种新世界主义。解构具有一种启蒙的谱系，从德里达有关理性、民主和普遍性的论断中看到这一点。”[①] 德里达对强权政治的谴责和对平等、友爱、民主、正义的新世界秩序的构想，无疑促使霸权国家收敛并反思自己的野蛮行径，也给处于边缘并企图摆脱困境的民族和国家注入了新的希望和动力。

最后，让我们和德里达一起充满期待地呼唤：“自由和平等的体验，可能谦恭地体验这种友爱，而这种友爱最终就是正义，就是超越法律的正义，以非尺度来度量的正义。我们何时准备体验这种自由与平等呢？哦，我民主的朋友们！”[②]。

总之，《友爱政治学》作为德里达“政治学转向”的成熟作品，也是德里达晚期政治哲学思想的核心。德里达以友爱为切入点，解构了传统和公认的友爱、政治和民主观念和实践，并提出新的友爱观念和未来民主的构想。在对友爱的解构之中，关涉的不仅是伦理学的问题，也是存在论的，更是政治学的。友爱是人的生存方式，是生命本身的需要，是对生命的责任和尊重。友爱和人的存在、和哲学思考息息相关。友爱是一个哲学问题。从希腊开始，爱和哲学的同一就贯穿于整个哲学史。哲学即爱智慧，对智慧之爱。爱的本质就是生命或精神力量。友爱不是一种形式结构，而是一种生存的敞开状态。爱是确认自我存在的方式，在尊重作为存在之自我的同时，也爱异

---

① James K.A.Smith, *Jacques Derrida :Live Theory*, New York and London: Continuum, 2005 , p. 88.

② Jacques Derrida, *Politics of Friendship*, trans., G.Collins, New York/Lodon, 1997, p.306.

己的他者。友爱是民主政治的纽带。民主的深层基础是与他者之间的友爱关系，是对生命、对存在的肯定和热爱。基于一定友爱观念基础之上的民主，总是不断地为自己设定界限又不断超出界限，因而，在某种意义上来说，民主和解构之间有共通之处。民主内在地具有一种解构的力量，而解构也只有在民主的氛围之下才能更充分地实现。

在友爱政治学之中，不仅深刻地体现出解构的伦理维度，也包含着批判精神、解放价值和超验维度，这些在某种意义上说与马克思主义具有某种契合性。针对前苏联解体后马克思主义面临的困境，德里达号召重提马克思主义和共产主义。他强调马克思主义的理想并没有破灭，马克思主义对资本主义的批判并没有过时，它超越时间，超越国家和公民的限制，才能实现人真正的自由、平等和民主。所以德里达召唤着共产主义的幽灵，保卫马克思。德里达继承了马克思的超越精神，提出超越同一和互惠的狭隘友爱观念，建立保持差异、相互尊重，甚至超越时空的友爱共同体。从德里达对马克思主义精神实质的继承中可以看到，德里达在《友爱政治学》中所阐述的思想仍然是马克思主义的。他从全新的角度，发展了马克思主义的精神，强调了没有教条的乌托邦理想，召唤共产主义的幽灵，认为马克思主义的解放维度和正义追求仍然具有重大的理论和现实意义。德里达不仅把马克思主义看作一种批评哲学，更是像布洛赫一样把他看作一种带有救世主义色彩的“希望哲学”。在全球化时代，请出马克思的幽灵，让共产主义的理想如同一个他者站在西方社会的面前，是维护和坚持正义的事业的基本选择。德里达对马克思主义的继承和弘扬，有利于激发我们在新的时代背景下深入理解马克思的哲学思想和资本主义批判理论，真正发掘马克思主义遗产，继承马克思主义的真谛，从而弘扬马克思主义关于人类自由解放追求的理想维度。

德里达对友爱政治的解构和未来民主的构想对于全球化背景下的新政治理念和政治实践产生了重要影响。解构主义不仅为后马克思主义提供了解构的研究方法和策略，也提供了种后现代风格的文化政治。最为重要的是，解构的理论旨趣也影响了后马克思主义的研究方向和研究主题。德里达以解构理论为武器向制度、社会制度、政治结构以及最顽固的传统挑战开靶。友爱政治理论有助于推进激进民主政治理论和实践的发展。同时，德里达也以民主左派自居，通过自己的参与推动着欧洲左翼激进民主政治实践向更广、更深发展。

结　语

德里达的著述风格或许不能让人接受，他的观点或许不能令人信服，但是，他永远能激发人们对司空见惯、习以为常之事重新进行哲学思考，激发人们以一种新的方式重新进入那些经典和传统之中，激发人们在哲学之中和“哲学的边缘”重新进行哲学思考。德里达的文本给人的那种精神的愉悦就在于，尽管你很难读懂他的文字，但是，你所读懂的和读不懂的都能激发你真正的哲学思考。德里达就是哲学在当代的化身。

德里达把勒维纳的他者、布朗肖的共同体、康德的永久和平、尼采的未来哲学家、马克思的共产主义融合在一起，形成一个即将到来的未来友爱和未来民主，一个没有共同体的共同体，一个出于对他者责任而相互信任和友爱的民主共同体，并以此来解构我们所认同的友爱观念和民主观念。《友爱的政治学》中，德里达试图全面阐释哲学、政治学与伦理学，就是说，德里达在这部书中试图着手全面处理他个人以及哲学、政治学迄今为止遗留的最关键的问题和难度最大的问题。因而，这部书可以说德里达最杰出的著作，是德里达思想的集大成，无疑也是这个时代最丰富和最渊博的著作之一。

友爱政治学是解构策略在伦理—政治领域的实践，足以反驳人们对于解构的种种质疑和批评。通过理解友爱政治学，我们可以进一步理解解构的本质，解构中蕴含的伦理价值以及解构和民主的关系。解构是形而上学终结之后的一种哲学思考。解构不是自身封闭的体系，而是向外敞开的结构，它源于一种内在于生存结构本身中的自我解构力量。在解构之中，包含着一种伦理。解构追求最终不可解构的正义，并以正义为标尺，解构一切非正义的结构和力量。同时，解构与民主具有相互依存性。没有民主就没有解构，没有解构就没有民主。解构不是放弃正义的伦理、政治和法律问题的虚无主义，而是勇敢地承担责任。在正义不可能的无限性面前，责任也是无限的。解构主义的责任就是不断地解构，打破人们独断的迷梦。当人们以为正义、民主和解放已经实现之际，解构主义就会敲响警示之钟。它会提醒我们，正义、民主、解放仍旧总是即将到来。

友爱政治也并非一个完整自洽的真理体系，德里达从未试图去建构这样一个封闭的体系。因而，德里达也会陷入解构的漩涡之中。他是通过对于西方文明史中思想家的著述所表述的友爱观念和民主观念入手的。其中包含着思想资源的取舍和解读恰当与否的问题。

一方面，德里达在分析西方思想史中友爱观念的阐述过程中，在整个系谱中并没有穷尽所有观点，而是列举了几个典型，而这些典型思想家的选择是为解构的主题服务的。即便这种选择没有问题，按照解构理论，对其思想的诠释也不可能与原作者的本意相同，不可避免地会存在断章取义和自以为是的理解。

另一方面，德里达遭遇质疑最多的是未来民主的实践性。尽管德里达的解构理论不像福柯等人所批评的那样局限于文本而与伦理、政治现实毫不相干，尤其是友爱政治理论更直接地反驳了这些批评，但是无可否认，德里达对传统友爱观念、政治观念以及民主政治实践解构毕竟只是文本解构。或者从表面上看，解构是对思想家的批评，是对文本的解构，但是解构绝不仅仅是文字游戏。解构是对社会机制、政治体制得以建立的深层文化逻辑和文化观念的质疑，而同时，又挖掘出在其文化观念中内蕴的被压抑和被隐藏的那些闪光点。德里达的书表面看起来是杂乱无章的，好像不断地在离题，充满逻辑上的错误，但实际上却是处处紧扣主题并把主题不断延伸。他不是力图解决问题，而是使问题繁殖。我们在德里达的思想中，找不到任何结论和答案，更毋宁说是解决问题的措施，但却能在他的引领之下体验无止境的意义的延异。但是我们还是不禁要追问：这样的友爱无需社会基础和社会条件吗？跨民族国家的世界体系可能吗？无政治的政治学如何可能？或许，对德里达来说，重要的不是解决问题而是发现问题。

从当代世界社会发展的视角来看，我们必须肯定，德里达的友爱政治学在某些具体问题上的分析，为全球化下的伦理和民主政治的理论和实践提供了有益的参考。而且德里达的友爱政治学的思想，对于中国的友爱观念和民主政治观念及实践同样具有启示意义。作为一个泱泱大国，历经5000年的历史文化积淀，中国一直是以自然血缘关系维系着的紧密的共同体。封建宗法观念和儒家伦理道德内化在每一个中华儿女的血液里。一方面，这些传统文化观念为人们提供了以和为贵，宽容礼让的伦理观念，使中华之邦成为一个礼仪之邦。另一方面，在传统文化的熏染下，也锻铸了一种等级观念和臣民心理，严重地阻碍民主观念的形成和民主政治制度的建设。德里达所批评的在西方友爱发展谱系中的兄弟情谊的友爱典范，在中国友爱观念中也同样居于主导地位，也具有追求德性、同一性、互惠性和男性中心主义的特征。因而，我们可以借助于德里达友爱政治学的分析，反思我国的友爱观念和民主实践。同时，我们也要清醒地看到，友爱政治学是德里达以西方文化和欧洲政治共同体为背景反思全球化下友爱和民主、政治问题的结果，无论从其解构的思想基础还是社会现实背景来说，都与中国的实际情况有所不同。因而，绝不能把友爱政治思想的基本结论拿来作为建构中国民主政治的依据，而是需要结合中国的具体现实，对德里达的观点、结论和方法进行具体的分析和批判性的学习。

参考文献

英文原著

[1] Jacques Derrida，*Politics of Friendship,* translated by G. Collins，New York/Lodon，1977.

[2] J.Derrida，*Ethics, Institutions, and The Right to Philosophy*，Peter Pericles Trifonas，2002.

[3] Jacques Derrida，*Adieu to Emmanuel Levinas*，Meridian Stanford University Press，2001.

[4] A.J.P Thomson，*Deconstruction and Democracy*，continuum London /New york，2005.

[5] Christina Howells，*Derrida——Deconstruction from Phenomenology to Ethics*，Hardcover，1998.

[6] Diane Moira Duncan，*The Pre-Text of Ethics On Derrida and*

Levinas, Peter Lang New York，Washington DC Baltimore Bern, 2001.

[7] Eduardo A. Velasquez, *Love and Friendship——Rethinking Politics and Affection in Modern Times*，LEXINGTON BOOKS lanham boulder New York Oxford, 2003.

[8] E.Laclau, *New Reflections on The Revolution of Our Time*, New York/Lodon, 1990.

[9] Morag Patrick, *Derrida, Responsibility and Politics*, Department of Philosophy University College Dublin, 1997.

[10] Nitzsche, *Human, All-Too-Human——a book for free spirit*, translate by Marion Faber and Stephen Lehman, University of Nebraska Press, 1996.

[11] Simon Critchley, *TheEthics of Deconstruction: Derrida and Levinas*, Edinburgh Uniuersity Press, 1999.

[12] Simon Critchley, *Ethics-Politics-Subjectivity: Essays on Derrida, Levinas and Contemporary French Thought*, Hardcover, 1998.

[13] Terence r.Wright, *The Ethics of Deconstruction: Derrida and Levinas*, Style 1995.

中文著作

（一）德里达的中文译著

[1] [法] 雅克・德里达:《多义的记忆》，蒋梓骅译，中央编译出版社 1999 年版。

[2] [法] 雅克・德里达:《论文字学》，汪堂家译，上海译文出版社 1999 年版。

[3] [法] 雅克 · 德里达:《书写与差异》,张宁译,生活 · 读书 · 新知三联书店 2001 年版。

[4] [法] 雅克 · 德里达:《声音与现象》,杜小真译,商务印书馆 2002 年版。

[5] [法] 雅克 · 德里达、伊丽莎白 · 卢迪内斯库:《明天会怎样》,苏旭译,中信出版社 2002 年版。

[6] [法] 雅克 · 德里达:《多重立场》,佘碧平译,生活 · 读书 · 新知三联书店 2004 年版。

[7] [法] 雅克 · 德里达:《胡塞尔〈几何学的起源〉引论》,方向红译,南京大学出版社 2004 年版。

[8] [法] 雅克 · 德里达:《文字行动》,赵兴国译,中国社会科学出版社 1998 年版。

[9] [法] 雅克 · 德里达:《马克思的幽灵》,何一译,中国人民大学出版社 1999 年版。

[10] [法] 雅克 · 德里达:《解构与思想的未来》,夏可君编校,吉林人民出版社 2006 年版。

[11] [法] 雅克 · 德里达:《友爱的政治学及其他》,胡继华译,吉林人民出版社 2006 年版。

(二)相关文献

[1] [英] 斯图亚特 · 西姆:《德里达与历史的终结》,王昆译,北京大学出版社 2005 年版。

[2] [英] 克里斯托弗 · 诺里斯:《德里达》,吴易译,昆仑出版社 1999 年版。

[3] [美] 乔纳森 · 卡勒:《论解构》,陆阳译,中国社会科学出

版社 1998 年版。

[4] [法] 弗朗索瓦 · 多斯:《从结构到解构——法国 20 世纪思想主潮》，季广茂译，中央编译出版社 2004 年版。

[5] 王民安主编:《生产》(第一辑、第二辑)，广西师范大学出版社 2004 年版。

[6] 曾庆豹编:《德里达与宗教》，道风基督教文化评论出版社 2004 年版。

[7] 胡继华:《后现代语境中伦理文化转向——论勒维纳斯、德里达和南希》，京华出版社 2005 年版。

[8] 杜小真、张宁编:《德里达中国讲演录》，中央编译出版社 2003 年版。

[9] 包亚明编:《一种疯狂守护着思想》，何佩群译，上海人民出版社 1997 年版。

[10] 陆扬:《后现代性的文本阐释——福柯与德里达》，上海三联书店 2000 年版。

[11] 杨大春、尚杰主编:《当代法国哲学诸论题——法国哲学研究》，人民出版社 2005 年版。

[12] 高宣扬编:《法兰西思想评论》，同济大学出版社 2005 年版。

[13] 高宣扬:《当代法国思想五十年》，中国人民大学出版社 2005 年版。

[14] 尚杰:《归隐之路——20 世纪法国哲学的踪迹》，江苏人民出版社 2002 年版。

[15] 万俊人主编:《20 世纪西方伦理学经典Ⅳ——伦理学前沿 . 道德和社会》，中国人民大学出版社 2005 年版。

[16] 尚杰:《从胡塞尔到德里达》，江苏人民出版社 2008 年版。

[17] 岳梁:《幽灵学方法批判》，人民出版社 2008 年版。

[18] 汪堂家:《汪堂家讲德里达》，北京大学出版社 2008 年版。

[19] 陆扬:《德里达的幽灵》，武汉大学出版社 2008 年版。

[20] 陈晓明:《德里达的底线》，北京大学出版社 2009 年版。

（三）其他相关文献

[1] [古希腊] 柏拉图:《柏拉图全集》（第一卷），王晓朝译，人民出版社 2002 年版。

[2] [古希腊] 亚里士多德:《尼各马科伦理学》，苗力田译，中国人民大学出版社 2003 年版。

[3] [古希腊] 亚里士多德:《政治学》，吴寿彭译，商务印书馆 2001 年版。

[4] [古罗马] 西塞罗:《论老年 论友谊 论责任》，徐奕春译，商务印书馆 2004 年版。

[5] [德] 卡尔·白舍客:《基督宗教伦理学》（第二卷），静也等译，生活·读书·新知三联书店 2002 年版。

[6] [法] 蒙田:《蒙田文集》，译林出版社 1997 年版。

[7] [法] 让-雅克·卢梭:《论人类不平等的起源和基础》，高煜译，广西师范大学出版社 2002 年版。

[8] [法] 托克维尔:《旧制度与大革命》，冯棠译，商务印书馆 1992 年版。

[9] [法] 托克维尔:《论美国的民主》，董果量译，商务印书馆 1991 年版。

[10] [德] 康德:《实践理性批判》，邓晓芒译，人民出版社 2001 年版。

[11]［德］康德:《永久和平论》，何兆武译，上海世纪出版集团2005年版。

[12]［德］康德:《道德形而上学原理》，苗力田译，上海人民出版社2002年版。

[13]《马克思恩格斯选集》(1—4卷)，人民出版社1995年版。

[14]［德］尼采:《查拉斯图拉如是说》，尹溟译，贵州人民出版社2004年版。

[15]［德］尼采:《道德系谱学》，陈芳郁译，水牛图书出版事业有限公司1995年版。

[16]［德］尼采:《超善恶》，张念东等译，中央编译出版社2000年版。

[17]［德］卡尔·施米特:《政治的浪漫派》，冯克利、刘峰译，上海人民出版社2004年版。

[18]［德］卡尔·施米特:《政治的概念》，刘宗坤等译，上海人民出版社2003年版。

[19]［德］迈尔:《隐匿的对话——施米特与施特劳斯》，朱雁冰等译，华夏出版社2002年版。

[20]［美］约翰·麦考米克:《施米特对自由主义的批判》，徐志跃译，华夏出版社2005年版。

[21]［美］汉娜·阿伦特:《人的条件》，竺乾威等译，上海人民出版社1999年版。

[22]［美］汉娜·阿伦特:《耶路撒冷的艾希曼:伦理的现代困境》，孙传钊译，吉林人民出版社2003年版。

[23]［美］哈耶克:《自由秩序原理》(上、下)，邓正来译，上海三联书店1997年版。

[24]［英］以塞亚·伯林:《自由论》，胡传胜译，译林出版社

2003年版。

[25] [德] 海德格尔:《海德格尔选集》,孙周兴编,上海三联书店1996年版。

[26] [德] 韦伯:《韦伯作品集Ⅰ学术与政治》,钱永祥等译,广西师范大学出版社2002年版。

[27] [美] 约翰·罗尔斯:《正义论》,何怀宏等译,中国社会科学出版社1988年版。

[28] [美] 约翰·罗尔斯:《作为公正的正义——正义新论》,姚大志译,上海三联书店2002年版。

[29] [美] A.麦金太尔:《追求美德——伦理理论研究》,宋继杰译,译林出版社2003年版。

[30] [美] 马克·E.沃伦:《民主与信任》,吴辉译,华夏出版社2004年版。

[31] [德] 于尔根·哈贝马斯:《现代性的哲学话语》,译林出版社2004年版。

[32] [德] 于尔根·哈贝马斯:《交往行为理论》,上海人民出版社2004年版。

[33] [德] 于尔根·哈贝马斯:《包容他者》,上海人民出版社2004年版。

[34] [英] 齐格蒙特·鲍曼:《共同体》,欧阳景根译,江苏人民出版社2003年版。

[35] [美] 道格拉斯·凯尔纳、斯蒂文·贝斯特:《后现代理论——批判性的质疑》,张志斌译,中央编译出版社2004年版。

[36] [美] 利奥塔:《后现代状况》,岛子译,湖南美术出版社1996年版。

[37] [美] 安东尼·吉登斯:《超越左与右》,《激进政治的未来》,

李惠斌等译，社会科学出版社 2003 年版。

[38]［美］查特尔·墨菲：《政治的回归》，王恒、臧佩洪译，江苏人民出版社 2001 年版。

[39]［英］恩斯特·拉克劳、查特尔·墨菲：《领导权与社会主义的策略——走进激进民主》，尹树广译，黑龙江人民出版社 2003 年版。

[40]［美］斯蒂芬·K. 怀特：《政治理论与后现代主义》，孙曙光译，辽宁教育出版社 2004 年版。

[41]［德］马丁布伯：《我与你》，陈维刚译，上海三联书店 2002 年版。

[42]［美］乔·萨托利：《民主新论》，冯克利、阎克文译，东方出版社 1998 年版。

[43]［美］塞缪尔·亨廷顿：《文明冲突与世界秩序的重建》，周琪等译，新华出版社 1996 年版。

[44]［美］弗兰西斯·福山：《历史的终结及最后之人》，黄胜强译，中国社会科学出版社 2003 年版。

[45]［德］胡塞尔：《笛卡尔式的沉思》，张廷国译，中国城市出版社 2002 年版。

[46]［德］胡塞尔：《胡塞尔选集》，倪梁康选编，上海三联书店 1997 年版。

[47]［德］勒维纳斯：《上帝、死亡、时间》，余中先译，上海三联书店 1997 年版。

[48]［德］卡林·瓦尔特编：《哲言集：我与他》，陆世澄等译，上海三联书店 2006 年版。

[49]［加］威尔·金里卡：《当代政治哲学》（上、下），刘莘译，上海三联书店 2004 年版。

[50] 张奎良:《马克思的哲学历程》，上海人民出版社 1993 年版。

[51] 丁立群:《哲学: 实践与终极关怀》，黑龙江人民出版社 2001 年版。

[52] 张政文:《康德批判哲学的还原与批判》，社会科学文献出版社 2004 年版。

[53] 尹树广:《20 世纪 70 年代以来西方马克思主义的国家理论》，黑龙江人民出版社 2003 年版。

[54] 尹树广:《国家批判理论》，黑龙江人民出版社 2002 年版。

[55] 俞吾金、陈学明:《国外马克思主义哲学流派新编》，复旦大学出版社 2002 年版。

[56] 张一兵、胡大平:《西方马克思主义哲学的历史逻辑》，南京大学出版社 2003 年版。

责任编辑：杜文丽
封面设计：汪　莹

图书在版编目（CIP）数据

解构主义友爱政治学研究 / 曹丽新 著 . —北京：人民出版社，2025.5
ISBN 978 – 7 – 01 – 024313 – 9

I. ①解…　II. ①曹…　III. ①德里达（Derrida, Jacques 1930–2004）– 解构主义 – 政治哲学 – 研究　IV. ① B565.59

中国版本图书馆 CIP 数据核字（2021）第 242977 号

解构主义友爱政治学研究
JIEGOU ZHUYI YOUAI ZHENGZHIXUE YANJIU

曹丽新　著

人民出版社 出版发行
（100706　北京市东城区隆福寺街 99 号）

北京建宏印刷有限公司印刷　新华书店经销

2025 年 5 月第 1 版　2025 年 5 月北京第 1 次印刷
开本：880 毫米 ×1230 毫米 1/32　印张：13.75
字数：295 千字

ISBN 978 – 7 – 01 – 024313 – 9　定价：60.00 元

邮购地址 100706　北京市东城区隆福寺街 99 号
人民东方图书销售中心　电话（010）65250042　65289539